L A

POLITIQUE

NATURELLE.

T O M E   S E C O N D.

LA
POLITIQUE
NATURELLE.
OU
DISCOURS
SUR LES
VRAIS PRINCIPES
DU
GOUVERNEMENT.

PAR UN ANCIEN MAGISTRAT.

Vis confili expers mole ruit fuâ.
HORAT. ODE IV. Lib. III. vers 65.

TOME SECOND.

LONDRES.
MDCCLXXIII.

POLITIQUE
NATURELLE.

TOME SECOND

Sommaire du Cinquieme Discours.

DES ABUS

DE LA SOUVERAINETÉ.

DU POUVOIR ABSOLU.

DU DESPOTISME

ET DE LA TYRANNIE.

§. I. *Définition du Despotisme.*

Tous les hommes desirent le bonheur, mais il en est très peu à qui le fort permette d'en jouir. Nulle Société ne peut être heureuse sans liberté, néanmoins, par une fatalité déplorable, presque toutes les Nations gémissent dans les fers. Les contrées les plus vastes sont soumises aux volontés arbitraires d'un petit nombre de mortels à qui l'on diroit que le destin a livré, sans réserve, le reste des humains. Sur quelque partie de la terre que nous portions nos regards, dans les climats glacés du septentrion, sous les zônes les plus tempérées, dans ces pays qu'un soleil brûlant échauffe de ses rayons, par-tout nous voyons des Peuples soumis à des monstres sans pitié qui les gouvernent avec un sceptre de fer. Des millions d'hommes ne semblent nés,

que pour travailler au bien-être d'un feul homme qui fe croit un Dieu, & qui dès lors fe perfuade qu'il ne doit rien à des êtres qu'il fuppofe
d'un ordre inférieur, ni à la Société de qui il
tient fon pouvoir. Il s'imagine que tout lui eft
permis, que les loix les plus facrées de la Nature
font faites pour céder à fes caprices, en un
mot, qu'à lui feul appartient le droit de nuire à
tous, fans que perfonne ait celui de s'en plaindre.

LE *Defpotifme* eft un pouvoir ufurpé qui fe
fonde fur la prétention abfurde, que la volonté
quelconque du Souverain doit faire la loi dans
la Société. La *Tyrannie* n'eft que cette volonté,
quand elle eft injufte. Un Tyran eft un Souverain qui, en forçant la Société de plier fous fes
volontés les plus injuftes, ne fait que réalifer les
prétentions du Defpote. Il faudroit qu'un homme fût bien ftupide, fi pour être un Souverain,
au lieu d'être un Tyran, il ne lui en coûtoit que
la peine de faire des loix, & qu'il ne les fît pas.

PRESQUE tous ceux qui gouvernent les hommes veulent exercer fur eux l'Autorité la plus
illimitée; cependant ils font effrayés des noms
de *Defpote* & de *Tyran*; ils ne peuvent fe diffimuler combien ces titres font odieux. Sous les
Souverains les plus pervers, il eft des Sujets
favorifés qui, partageant avec leurs maîtres les
fruits de l'oppreffion, fouffrent impatiemment
qu'on leur donne les vrais noms qu'ils méritent.
L'adminiftration la plus corrompue trouve toujours
& des adhérents & des apologiftes. D'un autre
côté, tout homme méchant croit avoir à fe
plaindre du Gouvernement qui contient fes paf-

ſions, ou qui ne ſe prête point à ſes vues déréglées; il ſe plaint alors de vivre ſous le Deſpotiſme. Bien plus, il eſt des hommes qui prodiguent le nom de Tyrans aux Souverains les
plus vertueux, dès qu'ils n'adoptent point leurs
idées, ou refuſent de ſe prêter à leurs paſſions,
à leur fanatiſme, à leurs fureurs intolérantes,
ou même encore, lorſqu'ils les empêchent de
nuire. L'homme corrompu trouve légitime tout
pouvoir qui favoriſe ſes égarements, & traite
de tyrannie celui qui les réprime. Pour ôter
toute équivoque, tâchons de fixer le vrai ſens
que l'on doit attacher à la Tyrannie.

§. II. *De la Tyrannie.*

Le Tyran eſt un Souverain qui abuſe des
forces de la Société pour la ſoumettre à ſes propres paſſions qu'il ſubſtitue aux loix. En général, la Tyrannie eſt l'injuſtice appuyée de la force: Elle n'eſt propre à aucune forme de Gouvernement. Sous la Démocratie, le Peuple devient le plus ſouvent un tyran déraiſonnable qui
ne connoît d'autres regles que les caprices qu'on
a ſçu lui inſpirer. Dans ce Peuple ſi vanté,
qui bannit Ariſtide, Miltiade & Cimon, qui
fit empoiſonner Socrate, qui livra Phocion au
ſupplice, je ne vois qu'un Tyran ingrat, injuſte
inhumain: dans ces Spartiates qui traitoient leurs
Hélotes avec une barbarie étudiée, je ne vois
que des monſtres odieux: enfin dans ce Sénat
Romain, oppreſſeur de ſes Concitoyens ou du
reſte de la terre, je ne vois encore que des Tyrans vainqueurs d'une foule d'autres Tyrans.
L'Ariſtocratie n'eſt très ſouvent que la tyrannie

de pluſieurs Citoyens, ligués pour ſoumettre les autres à leurs vues intéreſſées.　Les *Inquiſiteurs d'Etat* de Veniſe ſont des Tyrans autoriſés par le Sénat à détruire, même ſur des ſoupçons, tous ceux qui peuvent inquiéter leur Gouvernement ombrageux.　Sous le Gouvernement mixte, la Tyrannie peut s'introduire, dès qu'un des Ordres de l'Etat, entre leſquels le pouvoir ſuprème eſt partagé, s'en ſert pour opprimer les autres.　Enfin la Monarchie dégénere en tyrannie, dès que le Monarque emploie le pouvoir que la Nation lui confie pour ſoumettre les loix à ſes injuſtes caprices.　On vit ſous la tyrannie, dès que la juſtice ceſſant de commander eſt forcée de plier ſous les paſſions de l'homme.

§. III. *Signes de la Tyrannie.*

QUELS ſont donc les caracteres auxquels la Société reconnoîtra la tyrannie? D'après quoi jugera-t-elle ſi ſes Chefs abuſent de leur pouvoir? C'eſt une tyrannie de ſubſtituer ſes paſſions aux loix de la Nature & aux intérêts de la Société: c'eſt une tyrannie d'aſſervir une Nation avec les forces qu'elle n'a confiées que pour ſa propre ſûreté: c'eſt une tyrannie de vouloir ſans la loi ſe rendre l'arbitre de la vie, de la perſonne, de la liberté, des biens de ſes Sujets: c'eſt une tyrannie de prodiguer ſans néceſſité réelle le ſang & les tréſors des Peuples: c'eſt une tyrannie de troubler les conſciences des hommes & de les forcer à ſe conformer à ſes propres opinions, à ſon culte, à ſes préjugés: c'eſt une tyrannie de faire taire les loix pour les uns, & de s'en ſervir pour égorger les autres: c'eſt une

tyrannie de priver le mérite & la vertu des récompenfes qui leur font dues, pour les accorder
à l'inutilité & au crime : enfin c'eft une tyrannie
de vouloir commander à une Nation contre fon
gré.

TELS font les traits généraux fur lefquels
la raifon & l'équité veulent que la Société regle
fes jugemens. Voyons maintenant d'où peut
naître cette paffion fi générale qui porte tous les
Souverains à défirer l'exercice d'un pouvoir dont
le nom les effraie, & dont les effets, quoique
toujours funeftes pour eux - mêmes, leur parois-
fent fi dignes d'envic.

§. IV. *Du defir de dominer.*

LE defir de dominer & d'être préféré aux
autres, eft une paffion naturelle à tous les hommes : elle eft fondée fur l'amour de foi fi effentiel à notre efpece, qui fait que nous voudrions
fans ceffe obliger nos femblables de travailler à
notre bien - être, de contenter nos défirs, de
nous procurer des plaifirs. La plupart des hommes veulent exercer un empire abfolu dans la
fphere qui les environne. Un pere de famille
ne fait - il pas fouvent éprouver à fa femme,
à fes enfans, à fes domeftiques, à ceux qui dépendent de lui, les effets de fes caprices les plus
injuftes? Tout homme que la raifon n'éclaire &
ne retient pas, eft ennemi de la liberté des autres; il craint que l'indépendance dont il les
voit jouir, ne le prive lui - même des fervices &
des fecours qu'il voudroit en tirer : il fe flatte
que la force les obligera bien mieux à concourir

à ses vues. L'homme le plus amoureux de sa propre liberté, est souvent le tyran de celle des êtres qui lui sont subordonnés. La moitié du genre humain est réduite à gémir sous l'oppression de l'autre.

NÉANMOINS ce désir que chaque homme a de dominer, l'oblige de lutter contre l'amour de la liberté ou de l'indépendance qui anime ses semblables, & qui leur est également naturel. Il subsiste donc un conflict perpétuel entre les différens membres de la Société. Personne ne consent à se soumettre à un autre, s'il n'y trouve de l'avantage, c'est-à-dire, s'il n'espere recueillir les fruits de sa soumission. Ainsi l'espoir du bonheur fait que l'on sacrifie sous condition l'amour de l'indépendance : personne ne renonce gratuitement aux droits de sa nature; personne ne consent à se voir asservir sans profit. Tout homme voudroit conserver sa liberté; tout homme oppose une volonté permanente, à celle qui veut le subjuguer; la force ou la ruse décident le combat entre la passion de dominer & celle d'être libre, qui sont également naturelles aux hommes.

LE même combat qui se livre entre des individus de l'espece humaine, subsiste entre les Nations & ceux qui les gouvernent. Chaque membre veut être libre, c'est le vœu général de la Société; mais les intérêts, les passions, les idées de ses membres, rarement d'accord entre eux, les empêchent de se réunir pour agir de concert & pour opposer une digue assez puissante aux volontés d'un Souverain qui marche constam-

ment

ment à son but, ou qui les divise pour les faire
servir à ses projets.   Le combat est donc toujours très inégal entre les Peuples & ceux qui
les gouvernent.   En effet les Souverains, dépositaires des forces de l'Etat & distributeurs de
ses bienfaits, trouvent sans peine les moyens de
faire entrer dans leurs complots des hommes sé-
duits ou intimidés, dont les secours mercénaires
les aident à subjuguer le reste de leurs Concitoyens; l'intérêt particulier met ceux-ci aux prises, leur fait perdre de vue l'intérêt général, &
rend inutiles les efforts qu'ils pourroient faire
pour arrêter les entreprises de leurs Chefs.   Par
une suite de cette division, il n'est que très peu
de contrées dans le monde où l'homme le plus
vertueux jouisse tranquillement de sa personne,
de son bien, & puisse dire avec assûrance que
l'une & l'autre sont à lui & ne deviendront jamais la proie d'un usurpateur.

§. V. *Origine du Despotisme.*

L'IDOLÂTRIE fit tomber le statuaire aux
pieds de l'image que ses mains avoient formée.
La superstition fit tomber les Nations aux pieds
des Chefs qu'elles avoient créés.

QUELQU'AIENT été les efforts des Souverains & de leurs associés pour priver le reste de
la Nation de la liberté, & pour prendre sur elle
une autorité sans bornes; peut-être ne seroient-
ils jamais parvenus à la faire totalement plier,
si l'opinion & l'ignorance ne fussent venues à
leur secours.   La superstition, fondée sur la
crainte que les Peuples ont des puissances

invisibles qui gouvernent la nature, se joignit à
la force, elle engourdit l'entendement des hommes, elle les accoutuma au joug que leur raison
rejettoit; l'opinion consolida, l'ouvrage de la
violence. Ainsi la superstition produisit ce miracle; des terreurs surnaturelles redoublerent
la timidité naturelle que faisoit naître la force;
les Nations accoutumées à trembler sous des
Chefs barbares, tremblerent encore plus sous
des Dieux qui approuvoient la barbarie.

§. VI. *Causes de l'Esclavage.*

Les hommes ne sont esclaves que parce qu'ils
sont timides, ignorants, déraisonnables. S'il
est des pays où regne la liberté, ce sont ceux
où la raison a le plus de pouvoir. Cessons donc
d'attribuer toujours au climat, l'esclavage sous
lequel gémissent la plupart des Peuples. Les
sables brûlans de la Lybie, les plaines fertiles de
l'Asie, les forêts glacées du Nord obéissent é-
galement à des Despotes révérés. Les super-
stitions des Peuples, quoique très variées entre
elles, s'accordent toutes à les endormir dans
l'ignorance & les fers. Comment imaginer que
le climat puisse être la cause unique de leur servitude? Dira-t-on que le soleil qui échauffoit
les Grecs & les Romains, autrefois si jaloux de
leur liberté, ne lance plus les mêmes rayons sur
leurs descendans dégénérés? Leurs mains ne
cultivent-elles point aujourd'hui les champs jadis
arrosés du sang de leurs ancêtres magnanimes?
Ces esclaves avilis ne foulent-ils pas sous leurs
pieds les monuments de leurs peres glorieux?
Ce n'est donc point le climat qui soumet au Des-

potifme, il s'introduit par la force & la rufe, il s'établit & fe maintient par la violence, par l'impofture & fur-tout par la fuperftition: elle feule eft en poffeffion de priver les hommes de lumieres & de leur interdire l'ufage de la raifon: elle feule leur fait méconnoître leur nature, leur dignité, leurs privileges inaliénables; après les avoir trompés au nom des Dieux, elle les fait trembler aux pieds des Rois.

§. VII. *Effets de la Superftition.*

Il ne fallut rien moins qu'un délire confacré par le ciel, pour faire croire à des êtres amoureux de la liberté, cherchant fans ceffe le bonheur, que les dépofitaires de l'Autorité Publique avoient reçu des Dieux, le droit de les affervir & de les rendre malheureux. Il fallut des Religions qui peigniffent la Divinité fous les traits d'un Tyran, pour faire croire à des hommes que des Tyrans injuftes la repréfentoient fur la terre. Il fallut l'aveuglement le plus complet, pour confondre l'abus avec le pouvoir, la loi avec le caprice, la violence avec le droit, l'injuftice avec l'équité. Ce fut, fans doute, dans ces moments d'ivreffe, que les Rois prétendirent avoir pris avec leurs Peuples des engagements fubreptices, fi avantageux pour eux feuls, & fi nuifibles pour les infortunés. avec lefquels ils difoient avoir contracté; ces Rois fe font perfuadés que ni la nature, ni la raifon, ni le tems, ni la volonté des Peuples, ni la néceffité même des chofes ne pouvoient anéantir un pacte infidieux. Ainfi ils s'arrogent le droit d'être impunément injuftes, fans ceffer d'être les maîtres; les Na-

tions intimidées oferent rarement contredire les
puiffances céleftes, armées avec celles de la terre
pour les tenir fous le joug. La voix de l'impofture avoit crié aux hommes : ,, foumettez vous
,, fans murmure à des êtres privilégiés que les
,, Dieux irrités ont établis fur vos têtes ; étouf-
,, fez les cris d'une nature rebelle qui vous or-
,, donne de vous conferver, qui vous permet de
,, vous défendre, qui veut que vous cherchiez
,, votre bonheur. Abjurez une raifon criminel-
,, le ; qu'elle n'examine point des droits que le
,, ciel autorife. Votre fang, votre exiftence,
,, votre vie appartiennent à un mortel que les
,, puiffances d'en - haut ont choifi pour vous
,, commander ; il aura le droit de vous rendre
,, malheureux ; il fera l'exécuteur des vengeances
,, divines ; il fera le miniftre des fureurs du
,, Très - Haut : pour vous, il ne vous reftera
,, pas même le droit de vous plaindre. Si votre
,, audace vous faifoit douter de ces oracles, &
,, le fer & le feu vous pourfuivroient en ce mon-
,, de, & des tourmens éternels puniroient dans
,, un autre votre défobéiffance facrilege.''

ACCABLÉ de fes craintes & rempli de préjugés, l'homme porta fes chaînes avec patience :
il fit taire fa raifon, il réfifta au defir d'améliorer fon fort ; il craignit de redoubler fes maux,
au lieu de les foulager ; il prit fes calamités,
fuites naturelles des paffions & des folies de fes
injuftes maîtres, pour des châtiments du ciel
auxquels il falloit humblement fe foumettre.
Lorfqu'un heureux hafard lui donna des Souverains plus humains & plus raifonnables, il en
rendit graces aux Dieux : lorfque le fort lui don-

na des Tyrans, il les prit pour des fléaux du ciel juſtement courroucé de ſes fautes. Il devint donc de plus en plus aveugle & ſuperſtitieux. La tyrannie & la ſuperſtition ſe ſervent preſque toujours de ſupports & d'aliments réciproques. C'eſt ainſi que la plupart des Peuples de la terre ſont tombés dans cette langueur, dans cette ſtupidité, dans cette inertie qui les rend preſqu'inſenſibles aux maux qu'ils ne ceſſent d'éprouver.

§. VIII. *Orgueil du Deſpote.*

Tout homme qui ſe ſent du pouvoir, eſt tenté de ſe croire un être privilégié. Un bonheur continuel le rend inſenſible aux miſeres des autres hommes, & lui endurcit le cœur: l'impunité l'enhardit au crime; le ſuccès de ſes entrepriſes l'enorgueillit; à la fin il ſe perſuade qu'il eſt d'une autre eſpece, que le reſte des mortels qu'il voit anéantis à ſes pieds; il finit par les mépriſer. Parvenu à regarder ſes ſemblables comme des êtres indifférents & abjects, quels motifs auroit-il pour s'occuper de leur bonheur? Comment pourroit-il ſonger qu'il leur doit quelque choſe? Ces ſentimens hautains ſont encore entretenus par l'inexpérience de la miſere. Tout mortel qui n'a jamais goûté la coupe de l'infortune, ne peut être ſenſible aux peines des infortunés: l'homme heureux eſt communément un être ſans pitié. Que deviendra donc un Prince en qui ces diſpoſitions ſont alimentées par l'éducation & fortifiées par l'habitude? Entouré, dès l'enfance, de vils flatteurs qu'il voit proſternés à ſes pieds, leurs leçons ſeroient-elles bien propres à contenir ſes paſſions? Depuis

l'âge le plus tendre, il est environné d'empoison-
neurs qui lui répetent sans cesse qu'il est tout,
que son Peuple n'est rien; il n'entend que des
esclaves qui l'entretiennent de sa propre grandeur
& du néant des autres; il ne voit que des Courtisans vicieux qui le corrompent dans l'espoir de
tirer parti de ses inclinations dépravées: il n'é-
coute que des Prêtres qui le tiennent dans l'ignorance de ses devoirs, & l'abbreuvent de préjugés: il ne connoît d'autres vertus que celles que
lui inspirent des fanatiques qui n'en ont eux-
mêmes aucune idée. Ses yeux ne rencontrent
que des hommes engraissés du sang des Peuples,
qui lui dérobent le spectacle des infortunes qu'ils
causent. Quelles dispositions assez heureuses ré-
sisteroient aux impressions de tant de gens, ligués
pour dépraver un Souverain! Il seroit un prodige, s'il ne devenoit un monstre d'orgueil &
d'insensibilité. Sans les flatteurs, existeroit-il
tant de Tyrans sur la terre?

ELEVÉS dans la licence & retenus dans l'i-
gnorance de tous devoirs, les Despotes devinrent les ennemis nés & les fléaux de leurs Sujets.
Renfermés dans leurs palais, afin d'être plus
respectables, ils se rendirent invisibles comme
les Dieux. Endormis dans la mollesse, ils ne
songerent nullement à s'occuper des soins pénibles de l'administration; ils se livrerent à l'oisive-
té, à l'indolence, à la débauche. Les Nations
furent épuisées pour fournir aux plaisirs fantasques de leurs Tyrans ennuyés, à l'avidité de
leurs Ministres, & au luxe insultant de leurs
Cours. De tous les attributs de la Divinité que
ces indignes Souverains prétendirent représenter,

la bienfaifance, l'humanité, la juftice furent les feuls qu'ils oublierent de montrer. Accoutumés dès l'enfance à dédaigner les hommes, à fe croire des êtres furnaturels, ils ne laifferent plus tomber leurs regards fur une foule méprifée. Il n'y eut plus qu'un feul homme dans chaque Société, elle ne travailla que pour lui, il ne fit rien pour elle; lorfqu'il s'en fouvint, ce ne fût que pour aggraver fes maux, pour appefantir fes chaînes, pour imaginer des moyens ingénieux d'augmenter fes miferes.

DEVENU féroce à force d'orgueil & de flatteries, le Defpote ne ménagea pas plus la vie de fes Sujets que leurs propriétés: ufurpateur d'un pouvoir que rien ne put contenir, il ne regarda les hommes que comme des marche-pieds faits pour le conduire où fon ambition le guidoit. Sous les prétextes les plus légers, on lui vit entreprendre fans remords des guerres auffi inutiles que cruelles. Les Sujets d'un maître abfolu ne connoiffent rien de facré, que fes volontés les plus folles. Ils fe font un honneur de périr par fes ordres; ils mettent toute leur gloire à fe dévouer pour lui; contenter fes defirs eft l'objet unique de toutes les actions: dans une Nation dégradée, les Citoyens ne fe diftinguent que par l'empreffement qu'ils montrent de plaire ou d'obéir à leur maître. L'unique reffource qui refte à la vanité d'un Peuple avili, eft de s'approprier la vaine gloire de fon Tyran. Celui-ci, couronné de lauriers également couverts du fang de fes Ennemis & de fes Sujets, commande encore plus infolemment à fes Etats dépeuplés, épuifés, malheureux même de leurs victoires.

§. IX. *Foiblesse du Despote.*

La bonté d'un Despote est souvent plus funeste à ses Peuples que sa méchanceté. Dans les mains d'un Prince, indolent, & privé de fermeté, quand par lui-même il seroit équitable, doux & sensible, le pouvoir absolu ne rend point ses Sujets plus heureux. La Nation, à l'insçu de son chef, gémit sous l'oppression de tous les Tyrans subalternes chargés des détails de l'administration. La foiblesse & l'incurie que l'éducation fait communément contracter aux Princes, les livrent à la conduite de quelques Favoris qui rendent leurs vertus inutiles, & qui seuls savent mettre leurs foiblesses à profit. Egalement attentifs à s'assurer de la faveur, à soumettre leurs Maîtres, & à tenir les Peuples sous le joug, ces Ministres ne sont occupés que d'eux-mêmes; la Nation est la victime de complots & d'intrigues qui n'ont que leur propre crédit pour objet. Sous un tel Despotisme, la vérité, les cris de l'infortune, la vertu sont écartés du Trône; les trésors de la Société ne servent qu'à rassasier l'avidité des Courtisans, & à récompenser les flatteurs, les parasites, les maîtresses de ceux qui distribuent les graces. Les forces de l'Etat sont successivement épuisées par des hommes frivoles & sans vues, que la faveur éleve & détruit à chaque instant. Qui est-ce qui s'occuperoit péniblement du soin d'acquérir des talents, lorsque l'intrigue & l'ignorance décident seules du mérite, & disposent des places? Les guerres ne sont entreprises que pour satisfaire le caprice & la vanité de quelques Grands; nul système dans l'administration; nulle suite dans les

projets; nul plan dans la conduite; la Nation
devient à tout moment le jouet des cabales des
Miniſtres & de l'indolence du Souverain. A
quoi ſervent les vertus du maître, quand l'injuſtice ou le délire de ſes repréſentans ne connoiſſent aucun frein?

§. X. *Maximes abſurdes du Deſpotiſme.*

C'est une maxime adoptée par le Deſpotiſme
que, non ſeulement ſes ordres ne doivent jamais
trouver de réſiſtance, mais encore *que l'autorité
ne doit jamais reculer.* Y a-t-il donc de la foibleſſe
ou de la honte à céder à la raiſon? N'eſt-il pas
plus noble & plus glorieux de reconnoître ſes erreurs, que de perſiſter ſottement dans des folies
avérées? Eſt-il un Prince que l'aveu ingénu des
fautes cauſées par la ſurpriſe ne rendît cent fois
plus reſpectable à ſon Peuple que ſon opiniâtreté
à ſoutenir une injuſtice? Mais les Deſpotes par la
crainte d'être mépriſés, ſe rendent déteſtables;
à l'exemple des Miniſtres infaillibles de la Religion, ils ne veulent jamais avouer qu'ils ont pu
ſe tromper; ils craindroient que leurs decrets ne
perdiſſent le ton ſublime des oracles.

S'ils conſentoient à les changer; comme ces
oracles ne ſont communément que l'ouvrage de
la paſſion, de l'intrigue, de la faveur, quelques
conſéquences qu'ils aient, quelqu'onéreux & révoltant qu'ils ſoient pour les Peuples, quelque
contradictoires qu'ils paroiſſent, ils deviennent
irrévocables & ſont toujours exécutés. L'autorité d'un Deſpote n'eſt point faite pour plier ou
reculer devant l'équité; tout homme qui parle

en fon nom doit être foutenu ; tous ceux qui le repréfentent font cenfés illuminés comme lui ; les Sujets deviennent criminels & féditieux, dès qu'ils ofent murmurer. Par cette affreufe politique, les Peuples gémiffent fans ceffe fous la Tyrannie de tous ceux qui font revêtus du pouvoir: ceux-ci font toujours fûrs d'être appuyés dans leurs oppreffions. Les foibles & les opprimés ont toujours tort fous un Gouvernement inique. Une Nation entiere eft traitée en rebelle pour foutenir le crime ou la folie d'un Tyran fubalterne.

§. XI. *Folies du Defpotifme.*

TELS font les effets que produit le Defpotifme; telles font les fuites d'un pouvoir qui n'eft point tempéré par des Loix. Que fera-ce fi le Souverain eft un Tyran féroce qui, dépourvu d'humanité, écrafe fciemment fes Peuples fous le poid de fes paffions, s'il confent à être détefté pourvu qu'il infpire de la crainte, en un mot, s'il s'eft fait un front qui ne rougit d'aucun forfait? Que fera-ce fi le pouvoir fuprême fe trouve dans les mains de ces Tyrans fyftématiques qui prennent pour maximes de rendre leurs Sujets malheureux, afin de les rendre plus fouples & plus foumis! Que fera-ce fi ce pouvoir eft échu en partage à un conquérant ambitieux, qui ne regarde le fang de fes efclaves que comme une vile monnoie, pour lui acquérir des triomphes & de nouveaux Etats! Ces effets font bien plus funeftes encore, lorfque l'inertie & une longue fervitude ont énervé les Etats. Car ne nous y trompons pas, il ne peut y avoir de forces réelles, de puiffance, d'uniformité dans la marche du Defpotifme; l'impétuofité, le caprice, l'ignorance guident communément fes confeils. Tout fe fait avec violence, fous un Gouvernement violent. Les loix, les mœurs, les ufages changent en un inftant. Rien de fixe & de permanent fous une volonté toujours mobile & toujours obéie. Sans ceffe elle eft occupée à élever pour détruire, à réparer enfuite ce que fon imprudence avoit détruit. Des Princes qui fe fuccedent ne font jamais animés d'un même efprit; la mort d'un Souverain abfolu change en un inftant la forme de fa Nation; par des fecouffes fubites & réitérées dont la fantaifie feule eft le mobile, elle eft forcée de prendre le ton que le maître lui donne. Sous un Monarque guerrier tout fe porte vers la guerre; eft-il efclave de la fuperftition? tout devient dévot ou feint de l'être. A-t-il des goûts faftueux? le Peuple eft forcé de les payer de fa fueur. Eft-il par hafard éclairé ou fecondé par des Miniftres habiles? un fucceffeur ignorant, des Miniftres jaloux ou incapables fe piqueront de rendre inutiles fes travaux, & prendront en tout le contrepied de leurs prédéceffeurs. Eft-ii impérieux? tout tremble. Eft-il foible? tout tombe dans l'anarchie. En un mot, une contrée foumife au Defpotifme ne prendra jamais l'affiette que des loix ftables peuvent feules donner à un Gouvernement.

§. XII. *Sa force eft précaire.*

QUELQUE réculées que foient les limites d'un Etat Defpotique, quelque nombreufes que foient fes cohortes, quelques foient fes tréfors & la fertilité de fon fol, l'expérience de tous les tems prouve que tous ces avantages font rendus inutiles par le délire de l'adminiftration ; fes fuccès momentanés ne font que des météores paffagers, & le Defpote finit par échouer dans toutes fes entreprifes. Des armées compofées d'efclaves font commandées par des favoris incapables. Une milice inconfidérée ne connoît d'autre mobile qu'un honneur chimérique qui n'eft réellement fondé que fur la vanité : les richeffes de l'Etat font diffipées par des Miniftres prodigues, & ne font employées qu'à fatisfaire le luxe, la moleffe & la frivolité de quelques Sultanes où de quelques Courtifans. Les récompenfes font arrachées au mérite & fervent à payer les hommages honteux que la baffeffe rend aux vices du Maître & de fes Vifirs. Les talents, la fcience, la vertu négligés, écartés ou punis font des objets incommodes ou inconnus au Defpote & à fes appuis. Comment l'incapacité jaloufe favoriferoit-elle le mérite qui lui fait toujours ombrage ? Comment l'impofture inquiete chercheroit-elle la vérité qui dévoileroit fes complots ? Comment des ames abjectes & des cœurs endurcis dans le crime rendroient-ils juftice à la grandeur d'ame & à la vertu qui les forceroient de rougir ? Les vrais talents ne trouvent accès qu'auprès des Souverains qui, ayant eux-mêmes des talents, fçavent les démêler, les encourager & les forcer par leurs bienfaits à s'approcher du Thrône.

§. XIII. *Le Patriotifme eft incompatible avec le Defpotifme.*

Il ne peut y avoir de Patrie fous les volontés d'un Defpote. Un tel maître eft fait pour étouffer l'énergie, la grandeur d'ame, la paffion pour la vraie gloire, l'amour du bien public. Les cœurs des Peuples affervis ne font point fufceptibles de ce beau feu qui embrafe le Citoyen généreux. Quel intérêt peut animer les Sujets du Defpotifme? Combattront-ils pour leurs poffeffions? Rien n'eft à eux, tout appartient au maître. Défendront-ils leur bonheur? En eft-il fous la Tyrannie? La gloire fera-t-elle leur mobile? Il n'en eft point pour des efclaves. S'armeront-ils pour leur fûreté? Il n'en eft point fous des Tyrans. L'efclave, qui n'a jamais qu'une exiftence précaire, enfeigne dès l'enfance la baffeffe à fa poftérité méprifée; il eft faifi de crainte à la vue de tout homme qui jouit du crédit & du pouvoir. Il fçait que les Loix elles-mêmes font forcées de fe taire devant l'autorité; il fçait que la juftice eft fans pouvoir pour protéger le foible; il fçait que le bon droit a tort dans un pays où la volonté du maître décide à tout moment du jufte ou de l'injufte & peut anéantir les loix. Ainfi, dès fa naiffance, accoutumé à s'avilir, l'efclave du Defpotifme ne fentira jamais les mouvemens de cette noble fierté qui, répandue chez les Citoyens, rend une nation grande, puiffante & redoutable à fes ennemis.

§. XIV. *Ses effets fur l'agriculture & le commerce.*

VAINEMENT fe flatteroit-on de voir l'agriculture fleurir dans des contrées foumifes à des maîtres abfolus. Les campagnes rendues défertes par la rigueur des impôts font encore plus dépeuplées, lorfque des guerres réitérées arrachent l'élite des cultivateurs à la charrue. La mifere force le laboureur à fuir fon champ, il cherche dans les villes, un afile contre l'oppreffion & la pauvreté! il y trouve une fubfiftance plus facile & des reffources contre une oifiveté que la Tyrannie rend néceffaire. Le Sujet du Defpote chercheroit - il à fe multiplier? Hélas! il prévoit que fes enfans feroient comme lui deftinés à des malheurs fans fin. Borné à une chétive fubfiftance que le travail le plus rude ne lui procure qu'à peine, en augmentant fa famille, il augmenteroit des befoins qu'il ne pourroit fatisfaire. Son induftrie lui deviendroit funefte parce qu'elle feroit bientôt retomber fur fa tête des vexations nouvelles. „ Les Pays, dit l'Auteur de *l'efprit des loix*, ne „ font point cultivés en raifon de leur fertilité, „ mais en raifon de leur liberté: l'on ne fait rien „ mieux que ce que l'on fait librement. ”

Le commerce, enfant de la liberté, pourroit-il profpérer fous la tyrannie? Tout y devient monopole ou exaction. Le négoce eft méprifé fous des Souverains partiaux qui ne diftinguent que ceux de leurs efclaves dont le bras fert à enchaîner tous les autres. Dans un pays où le hazard, l'intrigue & la faveur décident de tout, où le crédit & le pouvoir font les feuls objets révérés, quel mobile encourageroit un commerce dédaigné par les Grands, opprimé, limité, circonfcrit par le Gouvernement, expofé aux extorfions de fes publicains? Si par une faveur du fort, le Commerçant s'eft enrichi, il s'empreffe de fortir d'un Etat peu confidéré; féduit par le préjugé, il renonce bientôt à la profeffion de fes peres, pour paffer à une condition dans laquelle il efpere joüir d'une oifiveté orgueilleufe qui le rende inutile à l'Etat: fi le Defpotifme déploie toute sa rigueur, si l'oppression est excessive, l'homme enrichi enfouira son or, il ne jouira de rien, il se gardera bien de montrer de l'aisance & des richesses qui tenteroient l'avidité des suppôts d'un pouvoir à qui tout est permis.

§. XV. *De la Noblesse sous le Despotisme.*

Q'uest-ce que la Noblesse dans un Etat Despotique? Peut-il y avoir quelque avantage, quelque prérogative, quelque rang dans une Nation où le Sultan est tout, & où les Sujets ne font que ce qu'il lui plaît? Il n'existe de grandeur, que pour ceux que le Despote éleve: il n'est de prérogatives, que pour les ames basses qu'il favorise; il n'est de protection, que pour ceux qui consentent à ramper & à s'avilir. Choisis eux-mêmes par la cabale ou l'intrigue, les hommes revêtus du pouvoir ont rarement les talents de l'administration. Occupés uniquement d'intrigues, du soin de se maintenir dans la faveur, ils s'embarrassent très peu de mériter les suffrages d'une Nation qui ne peut rien & dont ils peuvent étouffer les soupirs. L'émulation de bien faire n'existe point pour eux; il ne s'agit que de plaire à un maître indolent, indifférent, toujours facile à tromper, ou bien à ceux qui ont du crédit sur lui. Ce n'est communément ni l'incapacité, ni les plaintes publiques, ni les crimes qui font déplacer les ministres d'un Despote, ou qui font tomber ses favoris en disgrace; c'est le caprice du maître, ce sont les cabales de ceux dont ce maître est le jouet, qui font & défont les Visirs & les Satrapes; un Sultan dépourvu de raison & de sens, ne sçait pas s'il doit être content ou mécontent des hommes qu'il emploie; ſes ſentimens d'affection ou de haine ne ſont pas même à lui. Comment des Maîtres de cette trempe ſeroient-ils fidélement ſervis? Leurs Miniſtres chancelants vivent à la journée; lorſque la faveur les abandonne, ils rentrent dans l'oubli; leur ambition eſt alors foiblement dédommagée par la jouiſſance des richeſſes d'une Nation épuiſée, dont ils ſe ſont attiré le mépris & la haîne; leur pouvoir eſt remis en des mains tout auſſi peu capables. La Société eſt ſucceſſivement la proie de Miniſtres ignorans & pervers qui, en ſe l'arrachant tour-à-tour, lui font des plaies profondes. Un Deſpote n'eſt pas fait pour avoir des Miniſtres zélés & vertueux. La vertu, les tälents, le mérite n'approchent point de ſon trône; la baſſeſſe, l'intrigue, le vice conduiſent ſeuls à ſa faveur: incapable lui-même, il ne choiſit que des hommes avilis; la grandeur d'ame, la fierté noble compagne du mérite, ſeroient des titres d'excluſion & des crimes dans des eſclaves deſtinés également à ramper.

§. XVI. *Il anéantit toute Juſtice.*

QUELLE Juſtice peut-on attendre d'un pouvoir fondé lui-même ſur l'injuſtice, la violence & la déraiſon! Les loix ſont ſans ceſſe, ou éludées par adreſſe, ou violées ouvertement: elles ſont obſcures, pour que la fantaiſie puiſſe toujours les interpréter: elles ſont contradictoires & multipliées, parce que chaque circonſtance momentanée, chaque caprice du maître ou de ſes puiſſants Miniſtres, chaque intérêt en fait naître de nouvelles. Ces loix inventées par la paſſion

d'un

d'un seul ou d'un petit nombre font communément destructives pour la Nation: contraires à la nature, elles multiplient les infracteurs; dictées par l'intérêt, elles punissent avec atrocité & sans proportion. Les formes que l'habitude & l'usage rendent respectables aux Peuples sont les seules barrieres qui leur restent: mais souvent elles disparoissent à la volonté du Souverain pour qui rien n'est sacré. Les droits, les prérogatives, les privileges des Corps, des Grands, des Particuliers ne peuvent être stables; tout ce qui seroit immobile deviendroit un embarras; le Despotisme toujours changeant veut des étres mobiles qui se prêtent à tous ses mouvements: semblable à ces enfans volontaires que la contrainte irrite, il veut tout briser à son gré; les juges qu'il choisit pour perdre ceux qui lui déplaisent, vendus à la faveur ou tremblants à la voix du crédit, ne prononcent que les arrêts qui leur ont été dictés. La Majesté des loix & la vénération due à leurs organes ne font point faites pour des pays où la force seule est respectée. La noblesse, le rang, les titres n'y font que de vains noms dont le Maître flatte la vanité puérile de quelques-uns de ses esclaves, sans leur procurer ni sûreté ni prérogatives réelles. Le pouvoir absolu fait rentrer à chaque instant dans la poussiere les têtes les plus orgueilleuses. Tant que leur faveur subsiste, les Grands éblouissent une Nation servile par leur éclat passager; dès qu'elle les abandonne, on fuit, on foule aux pieds, on tourne en ridicule les objets que l'on avoit révérés. Il n'est point de Corps qui ne soit avili sous un Maître dont la volonté suprême décide du sort, du rang, des droits de tous ses Sujets. Les Grands, sous le

Defpotifme, n'ont que le funefte avantage d'être plus près de la foudre, & d'éprouver plus rudement fes coups. Le Citoyen le plus obfcur d'une Nation libre, jouit de plus de fûreté, de privileges, de grandeur véritable, que tous ces hommes décorés & titrés qu'un Monarque abfolu peut à volonté plonger dans le néant.

§. XVII. *Les grands Etats font expofés au Defpotifme.*

PLUS un Empire eft vafte, plus fes Sujets font nombreux, plus il eft opulent, & plus il eft expofé à tomber dans les fers du Defpotifme. Dans un Etat étendu, la réunion des volontés qui voudroient s'oppofer à l'oppreffion, devient prefqu'impoffible. Bien plus, quand même le Souverain feroit difpofé à contenter fes Peuples, les cris des Provinces éloignées peuvent rarement fe faire entendre jufqu'au Trône; leurs befoins ne font prefque jamais connus du Maître. D'ailleurs les forces de l'Autorité Publique doivent augmenter en raifon de la multiplicité des paffions qu'elles ont à contenir. Il eft très difficile qu'un pays étendu puiffe être bien gouverné. Si les Souverains n'avoient fous leurs loix que le nombre de Sujets dont il leur eft poffible de s'occuper, il n'y auroit point tant de Defpotes & de Tyrans fur la terre. L'on néglige communément les chofes que l'on trouve au-deffus de fes forces: l'expérience nous montre que le génie des Rois n'eft pas, pour l'ordinaire, plus étendu que celui des autres hommes: la terreur & la force fuppléent à la capacité du Maître.

§. XVIII. *Le Gouvernement Militaire y conduit*

Un Gouvernement Militaire doit tôt ou tard dégénérer en Despotisme. Toute Nation que sa position ou les volontés de son Chef obligeront de tenir de grandes armées sur pied, finira bientôt par être totalement asservie. Tout Etat qui fait des conquêtes, n'est pas loin de sa chûte. Une soldatesque étourdie s'attache au sort de son maître; elle ne connoît point d'ordres que les siens. Le Despotisme est une conspiration contre les Peuples, tramée par le Souverain avec une partie de ses Sujets pour enchaîner tous les autres. Soumis à une discipline rigoureuse, le Soldat est lui-même façonné à l'esclavage & par conséquent l'ennemi de la liberté des autres. Il ne connoît d'ailleurs que l'autorité visible qui lui commande, & méprise la loi, cette volonté cachée qui commande aux autres citoyens. Des hommes que l'habitude familiarise avec le carnage & la violence, s'accoutument à regarder la force comme un droit. Ainsi la milice, soumise au Despote oblige la Société à porter ses fers sans murmure. Mais le Despotisme toujours inconséquent, dégoûte souvent ceux-mêmes que son intérêt devroit l'engager à ménager; ne connoissant jamais de regles que son caprice, il fait quelquefois éprouver son ingratitude à ceux-mêmes qui affermissent sa puissance: des injustices, des passe-droits, des préférences injustes, des récompenses dont la faveur décide seule, abattent le courage du guerrier. Le pouvoir absolu se croiroit limité, s'il se faisoit un devoir d'être juste, même à l'égard de ses complices. Inconsidéré dans sa marche, le Despote ne voit pas que bien loin d'être indépendant lui-même ou véritablement absolu, il dépend réellement de ses Janissaires, d'une Soldatesque fougeuse & prompte à s'enflammer. Il ne voit pas souvent que les brigands devroient au moins être équitables entre eux.

Ainsi, sous un Despote, l'esclave stipendié qui sert à enchaîner ses concitoyens, n'est pas sûr lui-même d'obtenir les récompenses qu'il a cru mériter en trahissant son pays; il est lui-même la victime du pouvoir capricieux & injuste qu'il soutient; son maître sans égard pour ses services; le punit de l'avoir servi. Il peut bien y avoir une fureur aveugle dans les soldats d'un maître absolu, on peut trouver dans leurs chefs une fougue insensée, un honneur de convention ; mais la vraie valeur est un sentiment raisonné qui ne peut avoir pour objet que le bien réel de la Patrie. Le Citoyen d'un pays libre, se défend lui-même, en combattant sous ses Chefs; le soldat d'un Despote n'est qu'un vil mercenaire qui ne combat que pour la vanité de son maître, & pour se procurer à lui-même des objets futiles, & vains, & des récompenses précaires.

§. XIX. *Les Prêtres amis du Despotisme.*

Les Despotes de tous les âges ont employé avec succès le crédit du Sacerdoce pour asservir les Peuples & les retenir dans leurs chaînes. Les Ministres des Dieux furent chargés d'entretenir l'ignorance des Peuples & de redoubler les ténèbres de leurs esprits. L'intérêt du Despotisme fut toujours de ménager des Sujets que l'opinion rendoit vénérables aux autres. Plus un Gouvernement est injuste, plus le sacerdoce lui devient utile pour seconder ses efforts, & pour contenir les Peuples que le malheur pourroit réduire au désespoir. Plus les Tyrans font de malheureux, plus les Prêtres doivent fixer vers le ciel les yeux des Peuples, pour les empêcher de songer à leurs maux. Egalement ennemis de la raison & de la liberté des hommes, les Tyrans & les Prêtres font faits pour s'unir afin d'éterniser les calamités de la terre.

Les maux du genre humain eussent été au moins soulagés si le Sacerdoce se fût servi de l'ascendant que l'opinion lui donnoît sur les Maîtres de la terre, pour contenir leurs passions & pour soutenir les droits de la liberté opprimée; mais son empire, fondé lui-même sur la terreur, sur l'imposture, sur l'aveuglement, exigea, comme le Despotisme, que les hommes fussent esclaves & abjurassent la raison pour jamais. Le Prêtre entra donc dans la ligue du Souverain Indépendant lui-même, opulent, considéré, il fournit à l'Autorité des moyens surnaturels d'asservir la Société. Cette sombre politique causa les ravages les plus terribles dans un grand nombre d'Etats: les intérêts des Princes identifiés avec ceux du Prêtre, les engagerent presque toujours à soutenir ses querelles. Leur confédération eut pour objet d'exterminer la raison, la liberté, la science; ceux qui ne prennent point la raison pour guide font toujours les ennemis jurés de la raison des autres.

§. XX. *Despotisme des opinions.*

Telle est l'origine de ces proscriptions & de ces persécutions sanglantes que les Despotes firent souvent éprouver aux objets de la vengeance des Prêtres. Les Tyrans voulurent toujours exercer leur Tyrannie, même sur la pensée; ceux qui ne penserent pas comme eux, leur parurent des rebelles indignes de vivre Par cette Politique insensée, & par une lâche complaisance pour les Ministres des Dieux, les Princes ébranlerent souvent leurs Etats, ils se firent à eux-mêmes des plaies incurables. Mais un Tyran dévôt & son Prêtre imposteur ne comptent point avoir de sujets, s'ils n'ont des esclaves stupides, ou de vrais automates: ils aiment mieux régner sur des animaux abrutis, que sur des êtres raisonnables. Toute liberté de penser fait horreur au Despotisme qui l'étouffe avec fureur: des hommes destinés au malheur ne sont faits ni pour connoître ni pour chercher la vérité.

§. XXI. *Influence du Despotisme sur les sciences.*

Sous un Despote, les sciences, les arts, l'industrie, les talents, enfants de la liberté, uniquement tournés vers des objets frivoles s'énervent & se dégradent; ils ne prêtent leurs secours qu'aux monuments méprisables de l'orgueil du Maître, de la vanité de ses Favoris, & au luxe insolent de quelques hommes engraissés de la substance des Peuples. Lorsque l'oppression a dépouillé les Etats, les arts & l'industrie sont obligés de fuir. La sagesse & la raison, faites pour guider les Souverains & les Peuples, sont des objets déplaisants pour tous ceux dont le pouvoir n'est fondé que sur le mensonge & le prestige: accablées sous le poids de la Tyrannie & de la Superstition, oseroient-elles faire entendre leurs voix plaintives dans l'Empire des Tyrans? La vé-

rité fut toujours profcrite par des hommes qui
n'en connoiffent pas le prix, qui la déteftent, qui
craignent qu'elle ne réveille les efprits & qu'elle ne rappelle les hommes à la nobleffe de leur ê-
tre. Les lumieres font inutiles ou dangereufes à
des malheureux dont on n'a nulle envie de foulager les peines. La Poëfie dégradée ne proftitue
fes accents qu'à la flatterie, à la frivolité; elle
ignore cet entoufiafme propre à embrafer les Peuples pour la Patrie, pour la gloire, pour la vertu; fon langage feroit inintelligible pour des ames
énervées & rétrécies par la crainte & par une longue pufillanimité. Le Génie retenu dans des entraves perpétuelles, ne peut prendre un libre ef-
for; fes aîles font attachées à la terre. Bien plus,
une Nation affervie eft tyrannifée jufques dans
fes plaifirs; il ne lui eft permis de s'amufer que
d'après les regles que lui prefcrivent les caprices
de l'Autorité; ce qui déplaît au Sultan, aux Sultanes, aux Vifirs n'eft point fait pour plaire à des
Sujets, dont les goûts mêmes doivent être fubordonnés. Tout languit & fe dégrade fous un pouvoir abfolu; tout prend du nerf & de la vigueur
par-tout où regne la liberté.

§. XXII. *Sur les mœurs.*

QUELLE peut-être enfin la morale dans des
pays foumis à des tyrans injuftes, inhumains,
avides, & fans mœurs, entourés d'une foule de
Courtifans, de Sycophantes, de Délateurs qui
partagent leurs paffions, & dont l'intérêt veut
que leurs Maîtres croupiffent dans les vices &
dans le crime? Infpirera-t-on dans un tel pays
à la jeuneffe l'amour de la Patrie? Hélas! les

mots de Patriotifme & de Révolte feroient des fy-
nonimes. Qui eſt-ce qui auroit l'audace de diſ-
tinguer la Nation ou la Patrie du Prince? Sa cour
eſt le centre commun auquel tout doit aboutir;
ce n'eſt que par des mœurs corrompues que l'on
peut plaire à des hommes corrompus; de bonnes
mœurs feroient la fatire des perſonnages les plus
puiſſants. Un Deſpote & ſes ſuppôts s'embarraſ-
ſent fort peu des mœurs de leurs eſclaves; ils ne
leur demandent que de la complaiſance, de la
baſſeſſe, une ſoumiſſion ſans bornes à leurs volontés déréglées. Que dis-je! ils préferent en eux
des mœurs très corrompues qui tiennent ceux qui
les ont dans la plus grande dépendance. Des ſujets vicieux, frivoles, diſſipés qui ne penſent à
rien, conviennent bien mieux à un Deſpote, que
des Citoyens réglés & qui ſongent à leurs devoirs.
Tout homme honnête eſt une plante étrangere
dans un pays deſpotique, il eſt fait pour y vé-
géter dans la retraite, il y paroîtroit ridicule &
mépriſable; des mœurs auſteres, des vertus utiles, l'amour du bien public le rendroient haïſſable
ou ſuſpect. L'activité, l'énergie, la grandeur d'ame
feroient des crimes en lui. Plaire aux Deſpotes
& à ceux qui diſpoſent de tout; leur ſacrifier ſon
honneur, ſes ſentiments, ſes talents; tâcher par
des intrigues & des baſſeſſes de s'élever aſſez haut
pour pouvoir foi-même ſuivre ſes paſſions ſans
crainte; s'efforcer de s'enrichir, afin d'acheter
des protecteurs & des complices, telle eſt la ſeule morale qui convienne à des eſclaves dont l'eſ-
ſence eſt d'être vils & méchants.

§. XXIII. *Indolence des Despotes.*

UN Souverain abſolu devient néceſſairement indolent. Il faut aux Princes, ainſi qu'aux autres hommes, des motifs pour agir, un intérêt pour faire le bien, un aiguillon qui les pouſſe à la gloire. En eſt-il pour un Deſpote accoutumé à dédaigner ſon Peuple, à mépriſer ſa colere, à ſe mettre au-deſſus de l'opinion publique, ou qui peut la forcer à ſe taire? Une Puiſſance affermie eſt ſujette à s'engourdir; ſa ſtupeur ſe communique à tous ceux que le Maître a chargés de gouverner l'Etat pour lui. Dès que l'attention du Monarque ceſſe de les réveiller, ils ſe livrent à la pareſſe, à la diſſipation, aux plaiſirs, & prennent pour le bien public une indifférence ſouvent auſſi dangereuſe que l'oppreſſion même. Les valets ſe négligent, les maux s'accumulent, tout tombe dans le déſordre, dès que l'oeil du Maître perd ſes Etats de vue. Lorſqu'un Souverain ne ſait point gré des ſervices qu'on rend à ſon pays, perſonne ne s'embarraſſe du ſoin de le ſervir: ſes ſerviteurs, uniquement occupés du préſent, ne ſongent nullement à l'avenir. Des Miniſtres négligents, frivoles & diſſipés ſont ſouvent auſſi nuiſibles à l'Etat, que les hommes les plus méchants. Des maux invétérés par la négligence, donnent la mort auſſi ſûrement que le fer. Des Princes dépourvus de lumieres choiſiſſent pour coopérateurs les hommes que la faveur ou l'intrigue leur font préférer: les mauvais Princes ne trouvent du mérite qu'à des hommes bas & ſans vertus; ils n'appellent à leurs conſeils que ceux qu'ils croient capables de leur faciliter les moyens d'écraſer leurs Sujets pour contenter leur propre a-

vidité. Rien de plus déplacé qu'un Vifir honnête homme ou bien intentionné auprès d'un
Souverain corrompu.

§. XXIV. *Influence du Despotisme sur le caractere des Peuples.*

L E Despotisme a des effets très marqués sur le
caractere de ses Sujets ; est-il excessif ; il les
plonge dans une langueur, dans une inaction,
dans une apathie, en un mot, dans un état qui
ressemble à la mort. Pour se convaincre de cette vérité, que l'on considere ces Asiatiques malheureux, perpétuellement plongés dans une oisi-
veté mélancolique, qui les empêche de jouir
d'aucuns des avantages que la Nature répand si
libéralement sur leur climat. Ils recourent à
l'opium pour s'étourdir sur les ennuis d'une existence incommode. Le Despotisme est-il plus
doux ? il fait des Sujets vains, étourdis, dissipés
qui, peu sûrs de ce qu'ils possedent, ne songent
point au lendemain, ou qui, comme des enfants,
sont contents de satisfaire leurs fantaisies du moment, sans jamais étendre leurs vues sur l'avenir
qu'ils ne pourroient envisager sans chagrin: ils
s'enivrent de plaisirs, d'amusements futiles & tâchent de se distraire des idées importunes. Les
Sujets d'un Despote sont ou dans la léthargie, ou
dans un délire habituel, qui les rendent également incapables de penser à leurs vrais intérêts.

§. XXV. *Il travaille à sa propre ruine.*

A I N S I le Despote est un insensé qui chaque
jour arrache quelques pierres de l'édifice qui le

couvre. Sa façon de régner n'eſt qu'un brigandage affreux, guidé par la folie qui finit par tout
ſacrifier à ſes chimeres. Comment la démence
prendroit-elle la raiſon pour conſeil? C'eſt pourtant vers ce Deſpotiſme fatal, que tendent ſans
ceſſe les vœux de tous ceux qui gouvernent les
hommes! Les Princes de la terre ſe croient très
n'alheureux, très foibles, très mépriſables, dès
qu'ils voient que tout ne leur eſt pas permis.
Lorſqu'à force de forfaits & de ruſes, ils ſont
enfin parvenus à dompter leurs Sujets, ils trouvent
que par leurs indignes triomphes, ils n'ont acquis
qu'une puiſſance précaire & chancelante; ils ſe
ſont mis ſous la tutelle de la force qui les maintient; ils vivent dans la crainte & les ſoupçons;
ils n'ont que des eſclaves ſans talents, ſans courage, ſans attachement, ſans vertus; ils éprouvent eux-mêmes les effets de l'épuiſement des
Sujets qu'ils ont long-tems opprimés. Le Deſpote finit toujours par régner ſur des ruines, ſur
des déſerts & ſur des hommes foibles, ſtupides
indigents, ſans induſtrie; il reſſemble à un lion
affamé dont la voracité a fait une vaſte ſolitude
de toute la contrée dont ſa caverne eſt entourée;
près de cet antre redoutable, on ne voit que des
oſſements ſecs & des ſquelettes décharnés.

Reste-t-il quelque vigueur aux Sujets? A-
lors ce ſont des bétès féroces toujours prêtes à
rompre leurs liens & à s'élancer ſur leur gardien
déteſté. La Tyrannie a-t-elle depuis long-tems
fixé ſon trône dans un pays? La dépopulation,
les guerres, la ſtérilité, la famine, la contagion
& les maladies ſont les ouvrages de ſes mains:
par elle la fertilité de la terre eſt rendue inutile;
ſa négligence ou ſon avarice banniſſent la ſalubrité

des Etats; ses extorsions multipliées mettent en fuite le commerce & l'industrie; ils ne peuvent habiter des pays voués à la misere.

Que sont donc devenues ces plaines fertiles de l'Asie, jadis si florissantes, & placées sous le ciel le plus favorable? Ce que l'histoire nous apprend de l'abondance merveilleuse de l'ancienne Egypte ne seroit-il donc qu'une fable? La Nature la plus généreuse travaille aujourd'hui vainement pour elle, & n'a pu résister à la tyrannie du Musulman farouche. C'est en vain que le Nil fertilise ses bords pour des habitans découragés par le pouvoir arbitraire: ses eaux, en séjournant sur des terres abandonnées, ne servent plus qu'à faire naître des pestes & le trépas préférable à la vie, pour des êtres que la tyrannie rend continuellement misérables. Quel aspect nous présentent les environs de Rome, cette ancienne capitale du monde? Soumise aujourd'hui à des Prêtres avides & peu faits pour songer à la postérité, ils y foulent insolemment les cendres des *Emile* & des *Scipion*, & ne songent point que les campagnes dont ils sont entourés infectent l'air & répandent la mort.

Ainsi le Despotisme vient à bout de vaincre la Nature & de la rendre cruelle. Des guerres inutiles, des révolutions sanglantes, des oppressions continuées sont parvenues à faire éclore des fléaux inconnus autrefois sous des Gouvernemens plus sages. Des Peuples, qui jadis vivoient dans l'abondance, sont aujourd'hui plongés dans la misere & dans d'épaisses ténebres; privés des douceurs de la vie & même du nécessaire, ils traînent des jours malheureux dans une indifférence ſtupide; les arts, les ſciences, l'induſtrie, les mœurs honnêtes ont fui depuis long-tems, à l'aſpect effrayant des Maîtres barbares qui les mépriſent, & à qui la ſuperſtition fait un mérite de l'ignorance.

§. XXVI. *Du Deſpotiſme Occidental.*

C'EST ſur-tout en Aſie, que le Deſpotiſme a depuis un grand nombre de ſiecles érigé ſon trône de fer au milieu des flots de ſang. Là, ſecondé par la ſuperſtition, il exerce ſes fureurs à front découvert. En Europe, plus ſyſtèmatique, plus circonſpect & plus retenu dans ſa marche, il ſe montre communément ſous des traits moins prononcés. On n'y voit point des Rois ſe baigner dans le ſang de leurs freres; ils n'envoient point le Cordon fatal aux Favoris qui leur déplaiſent; ils ne ſe ſouillent pas ſi ſouvent de meurtres & d'aſſaſſinats; mais on y trouve preſque par-tout des Monarques qui, ſous les prétextes les plus futiles, immolent ſans remors des millions de Sujets à leurs cruelles fantaiſies: on y rencontre des Souverains qui proſcrivent, tourmentent, & perſécutent pour des opinions; on y voit des tyrans qui s'efforcent d'étendre la tyrannie juſques ſur la penſée; on y trouve des Rois avilis qui, pour complaire à des Prêtres dont ils ne rougiſſent point de devenir les bourreaux, livrent aux ſupplices les plus affreux, des Citoyens condamnés par des tribunaux, juges dans leur propre cauſe. On n'y voit point des Souverains, comme quelques Conquérans Aſiatiques, pouſſer le mépris de l'humanité juſqu'à faire égorger des hommes pour leur ſervir de paſſage; mais on y trouve des palais & des monuments fondés fur les malheurs publics , & cimentés par le fang, la fueur & la fubftance de peuples affez aveugles pour applaudir la vanité de leurs fuperbes Monarques : on y voit des Souverains qui font taire les loix, qui fans ceffe violent la perfonne & les biens de leurs Sujets, qui fous des tyrans fubalternes, font gémir des Nations dont ils refufent d'entendre les cris; on y voit des Politiques infenfés qui, par la rigueur de leurs impôts, accablent & découragent la population, la culture, l'induftrie. Malgré tant d'excès, ces Princes fe croiroient outragés, fi on les traitoit de Tyrans, & leurs Sujets feroient eux - mêmes indignés d'être appellés des Efclaves. Les noms bien plus que les chofes ont droit d'allarmer l'efprit des hommes.

§. XXVII. *Du Defpotifme mitigé.*

Le Pouvoir abfolu ne produit point toujours des effets fi cruels. Souvent il modere fes excès; quelquefois le Souverain le plus illimité permet aux Sujets de refpirer; cela n'arrive que quand le fort les foumet à un Prince vertueux & fenfible, qui lie fes propres mains & fe foumet à des devoirs; mais il ceffe d'être un Defpote, dès qu'il fuit les loix de la Nature & de l'Equité. Le Sujet eft libre, dès qu'il jouit de fes droits. Cependant, quelque foit la félicité des Peuples, elle n'eft jamais que précaire & paffagere, à moins que des loix invariables ne lient les mains de leurs Maîtres. Sans celà un fucceffeur imprudent ou injufte ou fon Miniftre incapable détruifent, en un inftant, tous les avantages qu'avoit produit s'administration la plus sage. Il faut contraindre les Rois à ne point abuser de leurs forces ; la crainte les réveille & les rend vigilants ; la sécurité les endort. *Il seroit*, dit Gordon, *aussi avantageux pour les Peuples d'être gouvernés par un baromètre, que par des Souverains absolus.*

Il est des pays où la douceur des mœurs empêche le Pouvoir Suprême de déployer toute sa vigueur ; ses effets sont alors plus lents ; l'idée de la décence, la crainte du cri public contiennent les Princes & leurs Ministres, & les empêchent de donner un libre cours à leurs passions ; les Peuples endormis par des promesses pompeuses, ou amusés par des formes, oublient la puissance illimitée de leurs maîtres ; ils les croient soumis à des loix, parce qu'ils n'osent pas toujours les violer sans pudeur. Retenus par les liens des mœurs & de l'opinion, ceux-ci ne se permettent point d'user de tout leur pouvoir. De là cette distinction entre la Monarchie & le Despotisme, qui dans le fait se confondent ou font la même chose, toutes les fois que la Nation n'est point suffisamment garantie contre les entreprises d'un pouvoir trop actif & trop grand. La Monarchie dégénère en Despotisme, & celui-ci en Tyrannie, toutes les fois que le Prince est le maître des soldats, dispose à son gré des revenus de l'Etat, a seul le droit de mettre des impôts, n'est pas comptable à son Peuple de l'emploi des deniers publics.

Sous des gouvernements ainsi constitués, envain les Sujets se flattent de n'être pas des esclaves, parce qu'ils ne voient point leurs fers ; leurs Despotes débonnaires commencent par les endormir; & peu-à-peu, par une pente douce, les conduisent à la ruine. Dans ce calme perfide, on n'éprouve point, il est vrai, les secousses & les orages du Despotisme effréné, mais les ames des Sujets peu-à-peu s'habituent à leurs maux; ils ne s'en apperçoivent que fort tard; & lorsqu'ils les ressentent, s'ils en prennent de la colere, elle ressemble aux impatiences passageres de ces enfans que l'on appaise aussitôt qu'on leur présente quelques jouets. Quelques victoires infructueuses, un honneur chimérique qu'ils s'imaginent partager avec leurs Maîtres, des spectacles suffisent pour les consoler de leurs malheurs les plus sensibles. Ce Despotisme radouci n'en est pas moins fatal aux Nations. Les maladies de langueur, ainsi que les maladies aiguës, conduisent à la mort.

§. XXVIII. *Des vrais signes du Despotisme.*

Si parmi les Souverains, personne ne consent à prendre le nom de Tyran, à l'exception des Asiatiques avilis de longue main, il est peu de Sujets qui consentent à passer pour des esclaves. D'ailleurs il n'est point de Despotisme qui fasse également éprouver ses coups à tous ses Sujets. L'habitude rend le joug moins sensible; peu-à-peu les hommes se familiarisent avec l'injustice, ils s'apprivoisent avec l'oppression; les crimes qu'ils ont continuellement sous les yeux, cessent à la fin de les choquer & leur paroissent des choses très naturelles. Cette disposition, jointe au défaut de réflexions, fait souvent que des ames fort honnêtes ne sentent pas toute l'horreur des actions les plus injustes dont ils voient que

les

le Monarque & les Grands se rendent à tout moment coupables. Sous un tel Gouvernement, la force se change imperceptiblement en droit, l'usage empêche que l'iniquité n'effarouche, & l'inégalité des rangs persuade à la fin que tout est permis aux Grands, tandis que la plainte même est interdite aux Petits. Peu de gens en Europe sont effrayés des vexations auxquelles la chasse donne lieu à chaque instant. On trouve légitime que le laboureur soit privé d'une portion de la récolte, pour contribuer aux plaisirs de quelques oisifs puissants. Les corvées deviennent des droits légitimes; cependant le cultivateur est détourné de sa moisson, pour frayer des chemins plus faciles à quelques voyageurs délicats.

Le Despotisme n'en est pas moins dangereux, lorsqu'il peut se masquer sous l'apparence du bien public. Il fait alors des dupes; il a ses apologistes. ,, Qu'importe, dira l'habitant désœuvré d'u-
,, ne ville opulente, que je vive sous un pouvoir
,, absolu? Que manque-t-il à nos plaisirs? Quel-
,, le conversation plus libre, plus enjouée que la
,, nôtre? Vient-on dans nos maisons nous ravir
,, nos possessions? Quels chemins plus beaux que
,, les nôtres? Quelle Police plus vigilante? Quel-
,, le tranquilité plus douce? Qu'on nous laisse
,, nos fers, ils ne nous rendent pas si malheureux,
,, que ceux qui se vantent de leur prétendue li-
,, berté. Le bonheur est dans l'opinion; dès
,, qu'on se croit heureux, l'on n'a plus rien à
,, prétendre" Je répondrai à cet esclave content
& peu sensible aux maux de sa Patrie, qu'une
Société n'est bien gouvernée que lorsque le plus
grand nombre de ses membres est heureux. Que
faut-il pour les rendre heureux? Il faut que, sans

un travail exceffif, leurs befoins naturels foient fatisfaits. Eft-ce là le fort du plus grand nombre de vos Concitoyens? Leurs campagnes font-elles cultivées autant qu'elles peuvent l'être? Vos laboureurs robuftes & fains jouiffent-ils d'un bonheur qui réponde à leur utilité? Vos Provinces montrent-elles une population abondante? Leurs habitans cherchent-ils à fe multiplier? Les impôts arbitraires ne les forcent-ils pas fouvent de renoncer à l'héritage de leurs peres? Des travaux inutiles ne les détournent-ils point de leurs travaux néceffaires? Un commerce facile leur procure-t-il toujours un débit prompt & fûr de leurs denrées? Ont-ils des habitations & des vêtemens qui les mettent à couvert de la rigueur des faifons? Des loix impartiales commandent-elles également aux Grands comme aux Petits? Le crédit, la faveur ne facrifient-ils jamais de victimes innocentes? Le pauvre obtient-il une prompte juftice contre le riche ou l'homme en crédit? Le Citoyen, dans le fanctuaire de fa famille & dans le fein de l'amitié, fe trouve-t-il à couvert des inquifitions & des délations? La vengeance, le caprice ou l'intérêt d'un Vifir, de fa maîtreffe, de fon valet ne peuvent-elles pas à tout moment précipiter l'homme de bien dans un cachot? Le Grand lui-même eft-il complettement à l'abri des coups d'un maître fantafque & des calomnies de fa cour? L'homme riche a-t-il la jufte confiance de tranfmettre à fes enfans les biens que fon induftrie lui a procurés? Le négoce eft-il exempt des entraves de l'avidité? Enfin une heureufe tolérance permet-elle à tout Citoyen de penfer comme il lui plaît, pourvû qu'il agiffe conformément aux loix? Rien de tout cela, me direz-vous! Eh bien, répliquerai-je, vous êtes des efclaves.

LE Despote n'est injuste, le Tyran n'est criminel, que par ce qu'ils rendent le plus grand nombre de leurs sujets malheureux. Avec quelque rigueur qu'ils exercent leur empire, il est toujours des hommes favorisés qui échappent à leurs fureurs ou qui profitent de leurs crimes; ce sont eux qui se croient en droit d'en faire l'apologie. Qu'ils vantent donc leur bonheur; jamais leurs discours ne séduiront des Citoyens vertueux, sensibles aux infortunes de leurs semblables & aux maux de leur postérité qu'ils prévoient dans l'avenir. Jamais ces prétendus avantages n'éblouiront ces ames généreuses en qui l'oppression & l'injustice allument une juste colere. Tenté sans cesse de se bannir d'une Patrie opprimée, l'homme de bien n'y est retenu que par les liens du sang & de l'amitié; les vertus obscures & domestiques sont les seules qui puissent consoler le Citoyen honnête dans les malheurs de son pays.

LES hommes font dés esclaves partout où la volonté de l'homme est supérieure à la Loi. Les hommes font esclaves par-tout où l'on a besoin de pouvoir, de crédit, de richesses pour obtenir la justice. Les hommes font esclaves par-tout où le puissant, exempt de se conformer à la Loi, peut étouffer les cris de l'innocent qu'il opprime. Les hommes font esclaves par-tout où la Loi peut-être interprêtée, alors elle devient toujours partiale pour celui qui a du pouvoir, & destructive pour le malheureux.

§. XXIX. *Il ne peut être appellé Gouvernement.*

SOUS quelque aspect que le Despotisme se montre; il ne mérite point d'être qualifié de *Gou-*

vernement. Il n'eſt que la licence des Souverains exercée ſur des Peuples malheureux. Avec les vues les plus droites, comment ſe flatter qu'un ſeul homme, ou que pluſieurs hommes, remplis de foibleſſes puiſſent diriger avec préciſion les reſſorts compliqués du Gouvernement d'une Nation? Que ſera-ce, ſi le ſort des Peuples eſt remis entre les mains d'un maître vicieux, d'un mortel diviniſé par la flatterie, dénaturé par l'éducation, énervé par la molleſſe? Comment eſpérer qu'un Prince entouré d'une foule d'hommes vils, intéreſſés, ignorans, ſe laiſſe guider par les conſeils de l'équité, de l'humanité & de la raiſon? Il faudroit être un Dieu, un être infini dans ſes perfections pour ne jamais abuſer d'un pouvoir ſans limites. Il n'y a que la préſomption la plus extravagante qui puiſſe faire prétendre à l'autorité abſolue. Les Nations n'ont pu confier ſans reſtrictions à un ſeul homme ni à pluſieurs hommes, un pouvoir dont leur nature même les rendoit eſſentiellement incapables, dont leurs paſſions ne pouvoient qu'abuſer, & d'où le malheur de la Société devoit néceſſairement réſulter. Plus ce que les hommes entreprennent eſt au-deſſus de leurs forces, & plus ils s'en acquittent mal. On ne peut qu'abuſer d'un pouvoir dont l'uſage raiſonnable eſt impoſſible.

§. XXX. *Il invite à ſa propre deſtruction.*

Le Deſpotiſme ne peut donc être regardé que comme un combat inégal entre un brigand ou des brigands armés & une Société ſans défenſe. Ses droits ſont la force du Souverain & la foibleſſe des Sujets; ſes titres ſont, d'un côté l'impoſture, la ruſe, l'artifice; & de l'autre l'opinion, l'aveuglement, la ſotiſe. Ainſi ce joug odieux, dont la plupart des habitans de la terre ſentent plus ou moins la peſanteur, n'eſt qu'un abus révoltant contre lequel la nature & la raiſon s'élevent avec force, lors même que les Nations engourdies ſemblent s'y ſoumettre ſans murmure. Le Deſpotiſme eſt également funeſte au Souverain & aux Sujets. Dès qu'un homme eſt le maître de la Loi, il faut qu'il devienne méchant. Dès que ſes paſſions l'ont dépravé, ſon Empire, forcé de ſuivre les impulſions qu'il lui donne, ſe déprave comme lui. Alors le Tyran gouverne ſes Peuples comme des bétes féroces dont il craint la fureur; ſans ceſſe il travaille à les aigrir, à les agacer, à les rendre furieux; il les punit enſuite de leur méchanceté Plus il les craint, plus il redouble de mauvais traitements; ce n'eſt que par des forfaits multipliés, qu'il croit ſe mettre en ſûreté. Un Tyran n'eſt jamais entouré que d'ennemis; les Nations dont les Chefs ne conſultent jamais les deſirs, n'ont rien de commun avec eux; elle ne leur doivent que de l'indifférence: en ſont elles opprimées? Elles ne leur doivent que de la haîne; la force eſt alors la ſeule reſſource qui reſte contre la tyrannie; en ſe révoltant contre la Loi, les Tyrans donnent à leurs Sujets le ſignal de la révolte contre eux-mêmes. En opprimant le Peuple Romain, le Sénat fut un Tyran qui provoqua juſtement ſa fureur. En violant les loix & la liberté des Anglois, Charles I & ſon fils s'attirerent les cataſtrophes qui les priverent l'un de la vie, l'autre du Trône.

EN VAIN, Deſpotes inhumains! cherchez-vous à effrayer vos Peuples par vos chaînes, par vos cachots, par vos supplices: en vain la terreur de votre nom réduit-elle les Nations au silence: en vain les forcez-vous à mordre en frémissant la poussiere de vos pieds: en vain confiez-vous aux suppôts de votre pouvoir les forces les plus redoutables: jamais vous n'aurez d'amis sinceres; jamais vous n'aurez de Sujets; vous n'acheterez par vos bienfaits que des flatteurs, des complices, des traîtres, des conseillers infames, qui sous prétexte d'établir votre autorité, vous aideront à détruire les loix, la liberté, la vertu qui vous résistent: il vous déroberont l'odieuse vérité; ils vous cacheront l'abîme qu'ils creusent sous vos pas; mais ils ne donneront jamais la sérénité à vos ames, le sommeil à vos paupieres, la tranquillité à votre Empire; jamais il ne vous garantiront des efforts que la haine multipliée fera contre vos injustes volontés. Le dernier Sujet d'un Etat libre jouit d'une sûreté plus grande que le Tyran environné de toutes ses cohortes.

Toute puissance, pour être solide, doit se contenir dans de justes bornes. Plus les Souverains veulent avoir de force, & plus ils deviennent foibles; plus ils exercent leur pouvoir & plus leurs Peuples s'engourdissent. La vraie puissance du Maître dépend de la prospérité de ses Sujets. Le Tyran est un être isolé; il vit comme dans une terre étrangere; il n'y a de Patrie que pour le Roi Citoyen. L'instabilité du Gouvernement absolu, les révolutions auxquelles il est sans cesse exposé, devroient en dégouter tout être raisonnable: il est doux de régner; mais il est bien plus doux de régner en sûreté, de régner à l'ombre des Loix, de régner sur des Peuples heureux, affectionnés, soumis. Le Despote diſparoît, pour ainſi dire, à l'inſçu de ſes Sujets; perſonne ne s'intéreſſe à ſon ſort ; ſouvent ſa mort n'eſt annoncée que par le rebelle qui lui ſuccede. Dans un pays deſpotique, les eſclaves ne combattent que pour ſavoir le nom du Tyran qui doit les aſſervir. Les Monarques abſolus reſſemblent à ces enfans imprudens qui s'irritent contre ceux qui les empêchent de ſe bleſſer eux-mêmes. Le Deſpote peut être comparé à un joueur, ou bien au débauché qui après avoir ſacrifié & fortune & ſanté à des plaiſirs d'un moment, conſervent pendant toute la vie le regret de s'être contentés. Le Tyran aveuglé ne voit jamais les ſuites de ſes violences: ſouvent la Tyrannie s'exerce à l'inſçu du Souverain; ſes Miniſtres jouiſſent ſeuls de l'abus de ſon pouvoir. Il eſt rare que le Prince le plus abſolu ait une volonté; il n'eſt que le prête-nom des paſſions de ſes ſerviteurs, & ſouvent ſon Empire eſt ébranlé & l'univers en feu, pour des motifs qui le feroient rougir, s'il venoit à les démêler.

§. XXXI. *Contradictions du Deſpotiſme.*

CE ſeroit une erreur de croire que les Souverains abſolus, ou ceux qui préſident à leurs conſeils euſſent toujours un projet ſuivi, une volonté permanente de nuire & de perdre l'Etat. Le Deſpotiſme eſt communément plus étourdi que cruel, plus ſtupide que méchant. Quelquefois même il eſt tenté pour ſon propre intérêt de s'occuper du bien public: il eſt réduit ſouvent à chercher des remedes aux maux qu'il s'eſt faits; il s'apperçoit, mais preſque toujours trop tard, que le Prince ne peut être riche ſi les Sujets ſont

misérables; que ses armées ne peuvent être nom-
breuses, si ses Provinces sont dépeuplées; que
son commerce ne peut fleurir, s'il n'est protégé
& secouru; que ses Peuples ne pourront le seconder, si leur courage & leurs forces sont ab-
batus. Mais le Despote accoutumé à ne jamais
trouver de résistance, voudroit, pour ainsi dire,
renverser à son gré les loix de la Nature & triompher de la nécessité. Il veut que ses Provinces
soient cultivées, mais il ne consent point à sou-
lager le cultivateur. Il veut que son Empire soit
peuplé, mais la dureté de son Gouvernement force ses Sujets aux émigrations. Il veut du commerce, mais son avidité ne cesse de le gêner; il
veut du crédit, mais il viole à tout moment ses
engagements les plus solemnels; il veut des guerriers habiles & magnanimes, mais la cabale &
l'intrigue font nommer ses généraux & leur tiennent lieu de talents & de mérite. Il veut des
ames sensibles à l'honneur, tandis qu'il ne souffre
au-tour de lui que des ames serviles. Il veut
des Sujets attachés, tandis que tout ce qu'il fait
ne tend qu'à lui susciter des ennemis. Il voudroit
quelquefois connoître la vérité, mais toujours il
punit ceux qui l'annoncent; il veut des talens;
mais il ne récompense que l'ignorance ou la mé-
diocrité; il veut de l'industrie, mais il proscrit la
liberté. En un mot, le Despote voudroit jouir
de tous les avantages dont les vices de son administration doivent nécessairement le priver. Les
efforts que le pouvoir absolu fait pour améliorer
son sort, sont presque toujours infructueux; les
secousses & les changemens subits que son imprudence produit, ne servent souvent qu'à accélérer
la ruine de l'Empire qu'il avoit énervé.

§. XXXII: *Les Peuples n'y peuvent jamais con-*
sentir sincérement.

CESSONS donc de suppofer que des êtres raifonnables aient jamais pu confentir à un pouvoir
arbitraire; ne croyons point que de plein gré ils
aient compté fe mettre dans les fers; ne fuppo-
fons point que le plus grand nombre des habitans
de notre globe aient voulu ne vivre, ne travailler, n'arrofer la terre de leur fueur, que pour
rendre heureux quelques-uns de leurs femblables,
qui en échange de leurs peines ne leur procuras-
fent aucuns des avantages qu'ils ont droit de prétendre.

CROIRONS-NOUS de bonne foi que les Peuples
aient jamais pu dire à ceux qu'ils avoient choifis
pour Souverains: ,, gouvernez-nous comme il
,, vous conviendra; difpofez, fuivant vos fantai-
,, fies, de nous, de nos femmes, de nos enfans,
,, de nos biens, de notre liberté; nous confen-
,, tons à ne travailler que pour vous & pour ceux
,, que votre faveur diftinguera des autres; quel-
,, ques foient les excès auxquels la dépravation
,, de votre cœur ou le délire de votre efprit vous
,, porteront, nous y foufcrivons d'avance &
,, nous renonçons pour jamais au droit de nous
,, plaindre & de réprimer vos fureurs." Ils ont
dû dire: ,, nous avons confiance en vous comme
,, nos ancêtres l'ont eu dans les vôtres : vous
,, régnez parce que nous le voulons; nous vous
,, avons rendu dépofitaires d'un pouvoir dont
,, nous aurions pu abufer; vous vous en fervirez
,, pour notre bien ; mais nous ne confentirons
,, jamais au mal que vous voudriez nous faire.
,, Si vous devenez des oppreffeurs, nous devien-
,, drons vos ennemis." D 5

Si l'on affûre que c'est du ciel que la puiſſance des Rois eſt émanée, aura-t-on le front de prétendre qu'une Divinité bonne & juſte, telle qu'on devroit la ſuppoſer, ait dit à tous les habitans de la terre. „ Peuples! je ne vous ai créés, que pour „ être les jouets d'un homme privilégié; je ne „ vous ai raſſemblés en ſociété, que pour que „ vous fuſſiez des eſclaves plus malheureux que „ les ſauvages répandus dans les déſerts. Votre „ vie, votre champ, votre travail, votre liber- „ té appartiendront excluſivement à l'un d'entre „ vous, & jamais vous n'aurez le droit de réſis- „ ter à ſa méchanceté." Avec quelle inſolence n'outrage-t-on pas ſon Dieu, quand on en fait l'auteur, le défenſeur & l'appui des Tyrans qui déſolent la terre!

Quelques ſoient les principes ſublimes ſur leſquels le pouvoir abſolu ſe fonde : quelques ſoient ces prétendus droits divins que le menſonge a fait deſcendre du Ciel; quelques ſoient ces Dieux injuſtes que l'on ſuppoſe les fauteurs des Tyrans, jamais ni la force, ni l'impoſture, ni le tems ne pourront étouffer totalement le cri de la Nature. Elle réclame à tout moment dans le ſein de l'eſclave malheureux; c'eſt elle qui dit aux enfans de la terre que le Monarque le plus puiſſant n'eſt qu'un foible mortel comme eux; c'eſt elle qui montre à tout homme raiſonnable, que l'autorité du Prince ne vient que du conſentement de ſon Peuple; que le pouvoir confié pour le bonheur d'une Société ne peut être ſans crime employé à ſa deſtruction; qu'en ſe ſoumettant à des Rois, elle n'eſt point devenue captive. Que chaque homme, en renonçant à une indépendence nuiſible, n'a pu renoncer à la liberté néceſſaire à ſa félicité; que les Nations n'ont pu devenir les jouets des ouvrages de leurs mains.

§. XXXIII. *Les dangers pour ceux qui l'exercent.*

S I la raison parle avec cette énergie aux Peuples, elle ne parle pas avec moins de force à leurs Maîtres. „ O vous, dit-elle, qui commandez à
„ des hommes, songez à les rendre heureux ; s'ils
„ consentent à vous élever sur leurs têtes, c'est
„ pour eux-mêmes, & non pour repaître votre
„ orgueil. Soyez les organes de l'équité, si vous
„ voulez être obéis ; que l'utilité de tous dicte
„ ces Loix qui font, & la sûreté des Peuples, &
„ votre propre sûreté. N'écoutez pas ces indignes
„ flatteurs qui vous persuadent que vous êtes des
„ Dieux. Vous êtes des hommes comme le
„ dernier des Citoyens ; vous êtes sujets aux in-
„ firmités humaines ; si vous avez besoin de se-
„ cours comme les autres, vous êtes obligés com-
„ me eux de mériter l'affection de vos semblables.
„ Si vous êtes les images des Dieux, représen-
„ tez-nous des Divinités bienfaisantes, & non
„ des Démons acharnés à la désolation du genre
„ humain. Détrompez-vous de l'espoir insensé
„ d'être grands, puissants, heureux, lorsque
„ vos Sujets gémiront dans l'infortune. Désa-
„ busez-vous de la présomption absurde qui
„ vous fait imaginer que tous les Peuples de la
„ terre n'ont été destinés par une Providence
„ partiale que pour être les artisans de votre luxe,
„ les instruments de votre grandeur, les victimes
„ de votre ambition, les jouets de vos passions.
„ Administrateurs des biens des Nations ; pro-
„ tecteurs de leur sûreté ; défenseurs de leurs

,, droits; fongez que vous êtes à elles & qu'elles
,, ne font point à vous. Si vos ames affoupies
,, au fein de la grandeur, égarées par la flatterie,
,, énervées par la molleffe, font encore fenfibles
,, aux cris de la vertu; fi, étrangeres à la mifere,
,, elles peuvent s'ouvrir à la pitié, renoncez à
,, cette force barbare qui appefantit les fers d'une
,, multitude opprimée; préférez l'honneur folide
,, de commander à des hommes, à la vanité futile
,, de pouvoir écrafer des ferfs abrutis. Jouiffez
,, du plaifir de régner fur des Provinces fertiles;
,, fur des Peuples contents, fur des Villes fortu-
,, nées; laiffez à des Tyrans endurcis le barbare
,, avantage de régner fur des folitudes, des
,, fquelettes & fur des ruines."

S1 le langage de l'humanité ne peut rien fur
des cœurs inacceffibles au fentiment, que l'hiftoire les étonne par l'effrayant tableau des dangers
auxquels le Defpotifme, la Tyrannie expofent
les Souverains; elle leur montrera le fpectacle
redoutable de ces révoltes que l'oppreffion a rendu
tant de fois néceffaires; de ces conjurations fouvent tramées par la vertu réduite au défefpoir;
de ces glaives fufpendus fur la tête des ennemis
de l'humanité: en un mot, elle leur fera voir
des Trônes renverfés, des Defpotes réduits à la
mifere, des Tyrans égorgés, & confondant leur
fang avec celui des victimes de leur fureur. Ils
apprendront en frémiffant que la force fe détruit
par la force, & que la vie d'un Tyran eft dans
les mains de tout efclave affez ambitieux pour
méprifer la mort. Ils verront que les animaux
ftupides à qui le Defpotifme commande, excédés
de leurs maux, brifent à la fin leurs chaînes &
déchirent l'auteur de leur captivité: ils verront

que des Etats affoiblis par une adminiftration infenfée finiffent par n'avoir aucune force réelle, & deviennent tôt ou tard la proie de la conquête.

T E L eft le terme fatal de ce Defpotifme destructeur, & pour les Nations & pour leurs Maîtres, auquel une Politique fauffe fait néanmoins tendre fans ceffe les Souverains du monde. Parvenu une fois au comble de fes vœux, eût-ce pour lui que le Defpote dévafte fes Etats? Recueille-t-il au moins le fruit des violences que fes injuftices font éprouver à fon Peuple? Retiré dans le fond d'un férail impénétrable, livré aux ennuis d'une oifiveté faftidieufe; dégoûté des plaifirs & des voluptés qui ont énervé fes organes, importun à lui-même, fon incapacité permet rarement à fes débiles mains de prendre les rênes du Gouvernement. Le Sultan divinifé n'eft que l'efclave de fes Vifirs, le jouet de fes Courtifans, l'inftrument de fes Favoris. C'eft par leurs yeux qu'il eft forcé de voir; c'eft pour eux qu'il épuife fon Empire; c'eft pour les amufer que les Peuples font menés à la boucherie!

§. XXXIV. *Le Defpote craint la vertu.*

L E nom même du bien public eft banni des contrées où regne le pouvoir arbitraire. Une Nation n'eft plus rien, dès que le Prince eft tout. Comment fe formeroit-il de grands hommes fous des Maîtres qui donnent tout à la faveur, & n'ont aucune idée du mérite? Comment infpirer l'amour de la Patrie à des Courtifans qui ne cherchent qu'à la dévorer, & dont les intérêts ne fe trouvent que dans fa deftruction? Quels motifs les Grands auroient-ils pour fe rendre eſtimables aux yeux d'une Nation qu'ils dédaignent, ou pour plaire à des eſclaves qu'ils peuvent écraſer? Quel intérêt peut engager des Miniſtres à faire le bien, tandis qu'ils ſont aſſûrés qu'après eux, le bien qu'ils pourroient faire ne pourra ſubſiſter? D'ailleurs la Tyrannie ombrageuſe ne permet à aucun Sujet de plaire à ſes Concitoyens; ſe rendre populaire ſeroit un très grand crime; parler pour la Patrie ſeroit un attentat puniſſable. Le Deſpote veut être enviſagé tout ſeul; il eſt jaloux de tout; rien de plus odieux pour lui, que l'homme qui veut mériter de ſon Peuple; le grand homme en tout genre doit craindre d'être puni de ſes ſuccès; ils effraient le Maître; ils excitent ſa jalouſie ou celle de ſes indignes favoris; ſans vertus eux-mêmes, ou ils redoutent la vertu, ou ils la méconnoiſſent. La baſſeſſe, la flatterie, la délation, la complaiſance la plus lâche, voilà les qualités faites pour plaire à la Puiſſance vicieuſe, inquiete & jalouſe; ce n'eſt qu'en lui fourniſſant les moyens d'augmenter les miſeres publiques qu'on lui prouve ſon dévouement, ſa fidélité, ſes talens.

Pour plaire à des Tyrans, il faut être Tyran. Sous des Princes injuſtes, l'amour de la Patrie eſt une choſe impoſſible, la compaſſion pour ſes Concitoyens eſt un ſentiment inutile; la paſſion pour le bien public eſt une diſpoſition nuiſible; l'attachement pour ſes devoirs eſt une duperie; il n'y a que des menteurs qui puiſſent dire qu'ils aiment un tel Pays: il n'y a que des frippons & des méchants, qui ſe trouvent intéreſſés à maintenir ſa conſtitution.

Ainsi qu'on ne cherche point de vertus dans les Pays où le Deſpotiſme a fixé ſon empire. Un

Souverain dépourvu d'équité & de senfibilité, que fon ennui livre au vice, entouré d'hommes pervers familiarifés avec les crimes, donnent aux Peuples des exemples que l'admiration de la grandeur fait bientôt imiter. Le Citoyen croit être grand, estimable, important, en adoptant les vices & les folies de fes fupérieurs. Le Sujet du Defpotifme ne peut avoir aucune idée de noblefle & de grandeur; il n'a que de la vanité. Une cour faftueufe & vaine répand l'amour du fafte. Pour affermir fon pouvoir, tout Tyran fe trouve intéreffé à corrompre les mœurs de fes Sujets; il eft bien plus fûr de régner fur des hommes livrés au vice, à la molefle, aux défordres, que fur des hommes qui n'ont que des defirs modérés. La vertu éleve l'ame; le vice la déprime & l'avilit. La vertu réunit les Sujets, le vice les fépare. L'homme de mérite a de la grandeur, il eft jaloux de l'eftime publique; l'homme fans mérite eft craintif, bas, & fe trouve forcé de fe méprifer lui-même.

Des Courtifans intéreffés ne peuvent avoir que les difpofitions abjectes des efclaves & des parafites qui ne s'attachent que par un vil intérêt. Leurs ames fe rétréciffent; elles ignorent la vraie grandeur; elles deviennent pufillanimes; elles ne s'occupent que de frivolités. Une lâche indifférence s'empare de tous les Etats; rien n'eft capable de réchauffer des cœurs glacés par l'apathie; les revers de la Nation ne les touchent plus; les révolutions ne font ni redoutées ni prévues; fi quelque changement fubit fait difparoître le Defpote, le Defpotifme fubfifte toujours: il peut changer de formes; mais il eft néceffaire à des hommes corrompus, qu'une longue habitude a privés de fentimens honnêtes & généreux.

§. XXXV. *Le Defpotifme n'exige aucuns talents.*

ON demandera peut-être pourquoi la plupart des Nations gémiffent fous le Defpotifme? Pourquoi tant de Monarques s'efforcent toujours d'exercer un pouvoir abfolu? Je réponds que le Defpotifme eft de toutes les manieres de gouverner la plus facile. Sans génie, fans talens, fans vertu il eft aifé de régner par la terreur. On foumet bien mieux des aveugles, que des hommes clairvoyants. *Il ne faut*, dit la Bruyere, *ni art ni fcience pour exercer la Tyrannie.* On vient plus facilement à bout d'une foule de Sujets divifés par le vice, ifolés par la défiance, écrafés par la crainte, que d'une Nation vertueufe & raifonnable.

MALGRÉ l'affreux tableau qui vient d'être fait du Defpotifme, il peut quelquefois procurer un bien-être paffager à un Peuple. Donnez des *Trajan*, des *Antonin*, des *Marc-Aurele* au monde, & alors il ne fera pas néceffaire de limiter leur pouvoir; plus leur autorité fera grande, plus leurs Sujets feront fortunés; plus ils auront de force, & plus ils feront en état de combattre les abus & les maux invétérés dont les Nations font fouvent affligées; plus ils auront de puiffance, & plus les changemens qu'ils feront, procureront de biens à leurs Sujets. Mais l'hiftoire nous montre à chaque page que les bons Defpotes font rares & que les Tyrans font très communs; que les Princes les plus fages font très fouvent remplacés par des monftres, enfin que la puiffance illimitée corrompt l'efprit & le cœur, & vient à bout de pervertir les hommes les mieux difpofés. *Néron* fut un prodige au commencement de fon regne.

On ne manquera pas de nous dire que l'on a vu très fouvent des Nations foumifes au Defpotifme faire de très grandes chofes, ou jouer un rôle diftingué fur le théatre du monde. Mais nous repondrons en répétant que la puiffance momentanée, que les victoires fanglantes, que les conquêtes injuftes ne prouvent rien en faveur du bonheur réel des Peuples, qui doit être l'objet unique de tout Gouvernement; ces chofes prouvent au contraire que des Peuples ftupides ont été les victimes de leurs maîtres ambitieux. Les Mufulmans ont conquis jadis & l'Afie, & l'Afrique, & une partie de l'Europe fans ceffer un inftant d'être très malheureux.

Sous quelque point de vue qu'on envifage le Defpotifme, tout nous prouve qu'il eft le plus grand des fléaux du genre humain, & la fource la plus féconde des calamités durables dont les Peuples font accablés. Tout nous montre qu'il n'eft utile à perfonne, & qu'au lieu de procurer des avantages à celui qui l'exerce, il lui ôte l'affection de fes Sujets, la puiffance réelle, la grandeur véritable, toute fûreté perfonnelle, & finit par l'envelopper tôt ou tard dans la ruine de fa Nation. Enfin, s'il eft au monde une vérité démontrée en Politique, c'eft que, SANS LA LIBERTÉ NI LES SOUVERAINS NI LES SUJETS NE PEUVENT JOUIR D'UN BONHEUR PERMANENT.

Sommaire du Sixieme Discours.

DE LA

LIBERTÉ.

§. I. De l'amour de la Liberté.

L'AMOUR de la Liberté est la plus forte des passions de l'homme; il est fondé sur le desir de se conserver, & d'employer sans obstacles ses facultés pour rendre son existence heureuse. La Nature a gravé ce sentiment dans tous les cœurs; elle a voulu que chaque individu de l'espece humaine fût attaché à son être; la violence, l'habitude, l'ignorance, l'opinion peuvent quelquefois relâcher ou affoiblir ce lien ; mais rien ne parviendra jamais à le détruire; ce feu, quelquefois étouffé, renaîtra toujours de ses cendres.

QUOIQUE toutes les passions soient naturelles à l'homme, quoique tous les mouvements de son cœur aient pour objet sa conservation & son bienêtre, ils demandent pourtant à être guidés par la raison; sans elle l'amour de soi, l'intérêt personnel, le desir du bonheur sont souvent des impulsions aveugles dont les effets deviennent nuisibles & à nous-mêmes & aux autres. L'amour de soi,

E 2

quand il est éclairé, conduit à la vertu: lorsqu'il ne prend pour guide qu'une imagination égarée, lorsque l'ame trop émue est privée de la faculté de juger de l'objet de sa passion & des effets qu'elle peut avoir, l'amour de soi devient un vice; la liberté est nuisible, dès qu'elle n'est point subordonnée aux loix de la justice, de la raison, de la Société. L'usage qu'on en fait est injuste, dès qu'on franchit les bornes que ces loix lui prescrivent; il est illicite, lorsqu'il ne se renferme pas dans les limites fixées par le Pacte Social. En effet la Société, ayant pour objet le bien-être & la conservation de tous ses membres, acquiert des droits légitimes sur chacun de ceux qui profitent des avantages qu'elle procure: en vertu de ces avantages, elle peut justement circonscrire la liberté de ses membres ou en régler l'exercice: si chacun d'entre eux en faisoit un usage illimité & contraires à sa nature d'Etre Social, il rendroit ses associés malheureux & ne tarderoit pas à le devenir lui-même. La nature d'un être sociable lui impose donc l'obligation ou la nécessité de ne chercher son bonheur, que par des moyens qui ne soient point nuisibles à ses semblables; elle permet à chacun de se rendre heureux, mais elle ne veut point que ce soit en privant les autres du bonheur.

Lorsqu'on dit que la Nature fait naître tous les hommes libres, on ne veut point faire entendre que les hommes naissent dans une indépendance entiere. Dès qu'il existe pour eux des rapports, ils sont soumis à des regles; dans tous les instans de leur existence, ils sont sujets aux Loix que la Nature & la Raison leur imposent; enfin ils sont subordonnés à celles de la Société qui,

lorfque fes loix font juftes, n'eft que l'interprête
fidele de la Nature & de la Raifon.

Le Gouvernement, organe de la Société ou
chargé par elle de fixer les bornes de la liberté de
fes membres, s'explique par les Loix. Lorfque
ces Loix font juftes, elles font jouir les Citoyens
de toute la liberté que la Nature & la Raifon leur
permettent d'exercer, relativement aux befoins
& aux circonftances de la Société. Sous un Gouvernement injufte, fes Loix dictées par le caprice, la violence & l'intérêt particulier, privent
prefque toujours le Citoyen de fes droits les plus
raifonnables, & l'intérêt du légiflateur devient la
feule mefure de la liberté.

§. II. *Sa définition.*

Ainsi la Liberté eft la faculté de faire pour
fon bonheur tout ce que permet la nature de
l'homme en Société. Cette définition fera propre à diftinguer la vraie liberté de cette indépendance totale & chimérique qui ne fut jamais le
partage de l'homme ; elle nous fera connoître
combien elle differe de cette licence déraifonnable, dont l'ufage feroit contraire à nous-mêmes &
aux autres. Lorfque la liberté nous fait commettre des actions oppofées aux Loix de la Nature &
de la Raifon, & par conféquent contraires au but
de la Société, elle n'eft plus qu'un délire que nos
affociés ne peuvent tolérer, qu'ils doivent, pour
l'intérêt de tous, réprimer & punir. Mais d'un
autre côté, quand la loi nous empêche de faire
ce que la nature, la raifon, le bien de la Société
exigent de nous ou nous permettent, elle eft injufte & tyrannique ; elle excede fon pouvoir, vû

que toute loi civile ne peut qu'appliquer les loix de la Nature ou les interpréter de la maniere la plus conforme au bien de chaque Société.

LE bien de la Société totale doit donc être la mesure de la liberté de ses membres. Les hommes, en s'associant, lui soumettent leurs actions; ils s'imposent le devoir de ne point faire usage d'une indépendance illimitée, parce qu'elle détruiroit l'objet qui les rassemble. D'un autre côté, en sacrifiant cette indépendance nuisible, chacun d'eux n'a point consenti à se dépouiller du droit de faire ce qui, sans nuire aux autres, pouvoit contribuer à sa propre félicité & à sa propre sûreté. Ainsi jamais ni la Société ni ses membres n'ont pu renoncer à la liberté.

§. III. *Doit être distinguée de la licence.*

L'ILLUSTRE auteur de l'*Esprit des Loix* dit qu'*être libre n'est pas faire ce que l'on veut, mais faire ce qu'on doit vouloir.* D'après ce principe incontestable, il est aisé de sentir que nul homme sur la terre ne peut prétendre à une indépendance totale. Quelqu'origine que l'on donne au genre humain, l'homme, même tout seul, seroit toujours obligé de se conformer aux devoirs que sa nature lui prescrit; il ne pourroit les violer sans nuire à son propre bien-être. Mais il ne fut jamais parfaitement isolé ; il dépendit de ses parens, de sa famille, en un mot, de la Société où la naissance l'avoit placé. Quelques fussent les institutions & les conventions humaines, jamais elles ne purent accorder à aucun membre de la Société une indépendance absolue, ou le droit de faire ce qu'il vouloit. Pour qu'un homme fût in-

dépendant, il faudroit qu'il fortît de fa nature, il
faudroit qu'il renonçât à fon efpece. Des loix
néceffaires dirigent tous les êtres de la Nature &
conftituent pour nous l'ordre de l'univers ; des
loix naturelles également néceffaires dirigent les
hommes & maintiennent l'ordre dans la Société.
Le Souverain à qui fa Nation a confié le pouvoir
le plus étendu, eft forcé de reconnoître les loix
de cette Nature qui lui commande en fouveraine
ainfi qu'au plus foible de fes Sujets. Par la con-
ftitution éternelle & néceffaire des chofes, ces
loix ne font jamais tranfgreffées fans péril: l'homme tout feul qui les viole, en eft puni tôt ou tard
par la diminution ou la perte de fon bien-être:
l'homme focial qui les outrage eft châtié par la
haine de fes affociés dont l'idée produit en lui la
crainte & le remors: la Société toute entiere eft
punie de fes infractions aux loix de la Nature par
les défordres, les vices & les crimes qui la trou-
blent. Les Nations font punies de la violation
de ces mêmes loix par les malheurs durables qu'-
les fe font réciproquement éprouver. Les Tyrans & les Defpotes qui méconnoiffent ou méprif-
fent ces loix fi refpectables pour fe livrer à la licence de leurs paffions effrénées, en font févére-
ment châtiés, par les craintes, les foupçons, les
allarmes & la ruine de leur propre pouvoir. Tyrans licentieux! qui dans votre folie prétendez
affervir la Nature à vos injuftes caprices, elle eft
plus forte que vous & vos armées; elle vous
punit tôt ou tard de vos attentats & de vos re-
bellions.

GARDONS-NOUS donc de confondre une
indépendance chimérique totalement incompatible
avec l'ordre des chofes, ou une licence deftructi-

ve, avec la vraie liberté, qui doit être le partage de tout être sociable & raisonnable, qui est un droit inaliénable de sa nature, & dont il n'y a que l'injustice & la violence qui puissent le dépouiller.

§ IV. *Causes de la perte de la Liberté.*

MALGRÉ l'amour que tous les hommes ont pour la Liberté, malgré l'authenticité des titres qui constatent leurs droits, la terre est couverte de Peuples infortunés que des Maîtres hautains privent du bien le plus cher à tous les cœurs. Ce problême paroîtroit sans doute insoluble, si l'histoire ne nous faisoit connoître que la violence dans tous les âges établit autrefois la plupart des Gouvernemens ; la force & la ruse les ont depuis maintenus ; l'habitude, la paresse, la terreur & l'ignorance ont amorti les ressorts du cœur humain; elles sont, pour ainsi dire, parvenues à dénaturer l'homme & à l'avilir à ses propres yeux: une volonté toujours une, agissante, décidée dans les Souverains, rendit sans cesse inutiles, les efforts que pouvoit faire la Société communément divisée, engourdie & privée des forces nécessaires, soit pour maintenir ses droits, soit pour les recouvrer. L'intérêt des dépositaires du pouvoir, presque toujours séparé de celui de la Nation, en fit communément les ennemis les plus cruels de sa Liberté. Accoutumé à ne regarder ses Sujets que comme un troupeau d'esclaves dont il peut disposer à son gré, le Despote se figure que leurs actions, & même leurs pensées doivent être continuellement subordonnées à ses volontés suprêmes.

DES Maîtres abſolus, peu faits à la réſiſtance, encouragés par la flatterie, rendus ſourds à la raiſon, au-deſſus de toutes les regles, ſe perſuadent que la Nature, plus favorable pour eux que pour les autres, veut que, par un privilege ſpécial, ils jouiſſent ſeuls de la licence, tandis que leurs Sujets languiront dans les fers; rien ne manque à l'aſſerviſſement des Sujets & à l'orgueil de leurs Maîtres, lorſque la ſuperſtition vient donner la ſanction divine au Deſpotiſme & lorſqu'elle interdit aux hommes le deſir même d'améliorer leur ſort en ce monde.

§. V. *Dangers de la Licence.*

TELS ſont les obſtacles puiſſants qui s'oppoſent à la Liberté des Peuples. Trop adroits pour attaquer de front, un bien dont l'amour eſt gravé en caractéres ineffaçables dans le fond de leurs cœurs, les fauteurs de la tyrannie affectent ſans ceſſe de confondre la Liberté naturelle & raiſonnable avec l'indépendance, l'anarchie, la licence, en un mot, avec l'abus de la Liberté. Les membres d'une Société ne peuvent être libres qu'autant que des loix raiſonnables le permettent. N'obéir qu'à des loix juſtes, c'eſt jouir de toute la Liberté qu'un Citoyen puiſſe déſirer. Si le Pouvoir Souverain doit ſe renfermer dans de juſtes bornes, l'intérêt de la Société en met auſſi à la liberté; ſans celà chaque homme, dès qu'il en auroit la force, exerceroit ſur les autres la tyrannie la plus cruelle. Le Peuple dans la Démocratie n'a ſouvent aucune idée de Liberté, & ſon empire eſt ſouvent plus dur que celui du tyran le plus barbare. Si l'abus du Pouvoir introduit le Defpotifme, un enthoufiafme aveugle conduit à l'anarchie, défordre qui met chaque homme à la merci de fon femblable, qui rend la Société plus malheureufe que le Defpotifme, & qui bientôt l'amene. Celui-ci fait, fans doute, un grand nombre de malheureux; l'autre étend l'infortune à tous les membres de la Société. Si ceux qui gouvernent les hommes ne peuvent qu'abufer du Pouvoir, le Peuple, quand la raifon ou fon intérêt véritable ceffent de l'éclairer, ne peut qu'abufer de fa liberté. C'eft comme on l'a vu cidevant dans le fein des Tyrans, que les Nations affoiblies par la licence & l'anarchie vont fe confoler de leurs défordres. La liberté, fans la raifon, eft une arme funefte. Un Peuple vertueux connoît feul les droits de la vraie liberté. L'hiftoire de la plupart des Républiques nous offre fans ceffe le tableau révoltant des Nations que l'anarchie baigna dans leur propre fang.

§. VI. *Ses remedes*

Il n'y a que des loix fages & fondées fur la raifon qui puiffent mettre la Société également à couvert, & des entreprifes du Defpotifme, & des malheurs de la Licence. Ainfi ne nous y trompons pas, la véritable liberté n'eft le partage exclufif d'aucun Gouvernement. Dans la Démocratie, le Peuple, Souverain en apparence, n'eft que trop fouvent l'efclave des Démagogues pervers qui le flattent & qui allument fes paffions, & devient un Tyran. L'intérêt & la paffion changent quelquefois les Républicains les plus jaloux de leur propre liberté, en des oppreffeurs très injuftes de la liberté des autres.

L'ENFANT fans expérience ou fans raifon ne peut qu'abufer à fon propre préjudice de la liberté qu'on lui laiffe: l'éducation, en cultivant fes facultés, lui apprend à diftinguer les paffions qu'il doit fuivre de celles qu'il doit réprimer. La faine Politique devroit être l'éducation des Peuples; elle devroit les inftruire, leur former l'efprit & le cœur, les rendre humains & juftes, les rendre fociables. Mais une fauffe politique, ou néglige l'inftruction des Citoyens ou s'y oppofe formellement; trop fouvent ceux qui gouvernent les Nations ne leur donnent que des exemples d'injuftices, de violences, de perfidies propres à confondre dans les têtes toutes les idées de la morale: celle des Princes n'eft très fouvent qu'un long tiffu de crimes. Des Souverains licentieux enfeignent la licence à leurs Sujets. Des Prêtres trompeurs ou fanatiques, loin d'inftruire les Peuples, les rendent infociables & turbulents. Egarés par de tels conducteurs, les hommes ont rarement des idées faines de liberté, & fe conduifent en bétes féroces pour l'aquérir ou la défendre.

SOUVENT, par un étrange abus des mots, la liberté fert de mafque même à la Tyrannie la plus évidente. Le Noble Polonois, le Prince Germanique n'appellent-ils pas *Liberté*, le droit de faire gémir leurs Serfs & leurs Sujets fous l'oppreffion la plus cruelle, fans que ceux-ci puiffent trouver aucun appui dans l'autorité du Monarque? Sous le gouvernement féodal, des Seigneurs armés & turbulents donnoient le nom de liberté aux violences qu'ils exerçoient impunément fous les yeux d'un phantôme de Souverain, trop foible pour les réprimer. Dans

quelques Républiques Aristocratiques, la liberté
ne consiste que dans les droits que s'arrogent les
Magistrats & les Nobles sur un Peuple qu'ils
gouvernent en vrais Despotes. Quelques Républiques modernes nous prouvent que sous des
Magistrats, le Peuple est souvent aussi géné que
sous le Tyran le plus avoué. Enfin ceux qui
gouvernent les Etats, appellent souvent liberté
la faculté d'opprimer leurs Sujets. En général,
chaque homme s'imagine qu'être libre, c'est faire
indistinctement ce que l'on veut. Mais pour
être en droit de faire ce qu'on veut, il ne faut
vouloir que ce qui est utile à nous-mêmes sans
nuire aux autres. D'où l'on voit qu'il faut être
homme de bien, sociable, pénétré d'un sentiment profond & raisonné de justice & d'humanité, pour contenir des passions qui, trop souvent, nous sollicitent à faire un abus criminel &
dangereux de notre liberté.

§. VII. *La Liberté doit être fondée sur la raison*
& sur la vertu.

Si très peu d'hommes sont bons, c'est que
très peu d'hommes ont des principes sûrs de morale. Si les Peuples sont méchants, c'est que
ceux qui les conduisent les rendent tels, & dépourvus eux-mêmes d'équité, de prévoyance
& de raison, ils les invitent à la Licence au
défaut de la vraie liberté qu'ils les empêchent
de connoître & de goûter. La prétendue Liberté
dont jouissent quelques Nations, n'est si turbu-
lente, que parce qu'elle n'a pas encore été fondée
sur les bonnes mœurs, sur les lumieres, sur la vertu, qui seules apprennent aux hommes à contenir

leurs paſſions dans des bornes. La morale eſt la vraie baſe de tout bon Gouvernement.

On eſt libre par-tout où la loi gouverne; on eſt eſclave par-tout où quelqu'un eſt le maître de la Loi; on vit ſous la Tyrannie, par-tout où le Souverain peut être injuſte impunément. Sous le Gouvernement le plus abſolu, le Citoyen ſera libre, dès que ſon Monarque aura de l'équité; par-tout il ſera miſérable, dès qu'il ſera forcé d'obéir au caprice. Sous *Titus*, Rome eſt plus libre que ſous ſon ancien ſénat: ſous *Domitien*, elle retombe dans les fers.

La liberté n'eſt permanente, que lorſqu'elle eſt aſſûrée par une force capable de faire obſerver la juſtice à tous les membres de la Société, & de faire obſerver les loix deſtinées à fixer les bornes de l'autorité de ceux qui gouvernent & de la liberté des Sujets. Alors des loix liées à la conſtitution de l'Etat ne peuvent être violées ſans péril; vouloir remuer ces bornes, ce ſeroit s'expoſer à des dangers effrayants, même pour l'ambition la plus intrépide.

§. VIII. *Idées juſtes de la Liberté.*

Dans les heureuſes ſociétés qui ſeroient ſoumiſes à des Souverains équitables par eux-mêmes, ou forcés de l'être par la conſtitution de l'Etat, loin d'envier à leurs Peuples les avantages que la Nature leur accorde, il ne leur reſteroit que l'occupation ſi flatteuſe de leur procurer les biens qu'elle a pu leur refuſer. En donnant la liberté à des hommes réunis & vraiment éclairés ſur leurs intérêts mutuels, la Nature & la Société auroient fait tout poux eux. Une légiſlation claire, impartiale, exempte des ſaillies du caprice & de l'intérêt particulier, commanderoit également à tous les ordres de l'Etat; la juſtice tiendroit la balance entre eux; elle fermeroit les yeux ſur les diſtinctions de la naiſſance, de la fortune, de la faveur; elle mettroit la foibleſſe à couvert des attentats de la puiſſance. Les poſſeſſions du Citoyen rendues ſacrées ne tenteroient point impunément l'avidité des plus forts; elles ſeroient aſſûrées à leurs légitimes poſſeſſeurs, certains de les transmettre à leur poſtérité. La perſonne de tout Sujet, ſous la ſauve-garde de la Loi, n'appartiendroit qu'à l'Etat & à lui-même; elle ſeroit inviolable & ſacrée pour l'Autorité Suprême. Le pauvre protégé par la volonté de tous, trouveroit de l'appui contre le crédit, le pouvoir & la paſſion. Dans le châtiment même de ſes excès, des Loix, des formes conſtantes & des tribunaux irreprochables retraceroient au criminel cette liberté dont il s'eſt rendu indigne par l'abus qu'il en auroit fait.

§. IX.   *Avantages qu'elle procure au Souverain.*

Si les Souverains étoient plus juſtes; ſi la raiſon avoit droit de leur parler; s'ils étoient vraiment occupés du bonheur de leurs Etats, loin de déclarer la guerre à la liberté de leurs Sujets, ils mettroient leur bonheur à les faire jouir d'un bien ſi cher; ils s'applaudiroient de l'heureuſe impoſſibité où les loix les mettroient de nuire à des hommes qu'ils doivent protéger; ils ſe feroient une gloire d'être les exécuteurs des oracles de la raiſon, de ces loix ſages faites pour le plus grand bien de tous: ils feroient alors obéis fans murmures; une autorité fans bornes eft inutile, lorfqu'elle n'a point de caprices à fatisfaire; les loix qui la limitent font, pour les Souverains, le gage de la foumiffion de leurs Sujets. Les hommes n'obéiffent jamais plus fidélement, que lorfqu'ils obéiffent à une autorité raifonnable & bienfaifante.

Ne croyons donc pas que la liberté diminue la puiffance réelle des Souverains & le refpect des Peuples. Un Monarque n'eft grand, que lorfqu'il commande à des hommes dont le cœur eft élevé; il n'eft puiffant, que lorfque fes ordres font exécutés par des Citoyens empreffés à concourir au bien de la Patrie. Sous un tel Maître, les Nobles ou les Grands, diftingués par eux-mêmes n'ont pas befoin de tirer leur luftre de la faveur; ils ne font point les jouets des caprices d'un Defpote inconftant. Si comme fous le Defpotifme, ils n'ont pas le privilege odieux de tyrannifer les foibles, d'écrafer le malheureux, ils ne font pas eux-mêmes expofés à devenir les victimes des foupçons, de l'intrigue, de la cabale & de l'envie; leur état n'eft emprunté ni de la naiffance ni de la fortune; ils le doivent à leur juftice, à leurs bienfaits, à leurs fervices, qui feuls méneront à la confidération, dans un pays où regnent la Raifon & la Liberté. Les titres, la faveur, le fafte n'en impofent qu'à des efclaves vains & frivoles, qui n'ont pas des idées vraies de la grandeur. Le Defpotifme confond réellement tous les rangs qu'il femble diftinguer. Il ne fait que divifer tous les ordres de l'Etat pour les réduire fucceffivement en fervitude. Les Grands ne font fous lui, que des infectes éphémeres dont l'éclat n'a point de durée.

§. X. *Est avantageuse à tous les Citoyens.*

ON voit donc que tous les membres d'un E-
tat sont également intéressés à voir régner la liberté; si elle protege le foible, elle assûre aussi
la grandeur des Nobles, elle affermit le trône
du Monarque, elle réunit dans ses mains les
volontés & les forces de ses Sujets; enfin elle
donne à l'Etat, la puissance & le ressort dont il
a besoin pour repousser les entreprises de ses
ennemis.

NE croyons pourtant pas que la liberté puisse
établir une égalité chimérique que la Nature a
refusée aux hommes; chacun dans une Nation
libre, jouit des avantages que son talent, son
travail, son industrie, le hazard même lui
procurent; mais il ne lui est point permis de s'en
prévaloir contre ceux qui n'ont point les mêmes
facultés. Des loix impartiales & inflexibles
commandent également à tous; c'est en cela
qu'elles établissent une égalité très réelle, la seule
à laquelle les hommes aient le droit de prétendre.
La Liberté ne connoît que la lettre de la loi; dès
que l'on s'arroge le droit d'interprêter la Loi,
on la fait bientôt plier aux volontés des grands;
on s'en sert pour opprimer les petits; elle devient arbitraire; elle anéantit la liberté & la sûreté communes à tous. La Loi n'est jamais faite
pour se prêter aux intérêts des corps, des individus, ni de ceux qui gouvernent. Un Etat
n'est point vraiment libre par-tout où il faut des
richesses, du crédit, de la protection pour obtenir justice; c'est le droit & non l'homme qui
doit la faire rendre. Il n'existe point de liberté,
par-tout où quelques citoyens jouissent de privileges

leges ou de prérogatives injuftes; tout privilege,
eft injufte, quand il eft onéreux au plus grand
nombre des membres de la Société: le véritable
privilege de l'homme libre, c'eft de voir fes
droits garantis par tous fes Concitoyens.

§. XI. *De la Sûreté.*

DE tous les avantages qui doivent rendre la
liberté chere aux Citoyens, il n'en eft point de plus
grand que la fûreté qu'elle procure à leurs per-
fonnes, à leurs juftes droits, à leur propriété.
En vivant en fociété, en fe foumettant à un
Gouvernement, les hommes ont eu néceffairement pour objet, non feulement la confervation
de leur perfonne, mais encore celle des biens
que leur travail, leur induftrie, leurs talents ou
ceux de leurs peres leur auroient procuré: des
chofes néceffaires à leurs befoins, fervent à rendre leur exiftence agréable. La propriété fut
toujours une pomme de difcorde entre les hommes: elle produifit de tout tems dans chaque
Société, un combat continuel entre le Souverain
& fes Sujets. Les dépofitaires de l'Autorité des-
tinée à maintenir les hommes dans la poffeffion
de leurs droits, ne chercherent communément
à étendre leur pouvoir, à écrafer la liberté des
Peuples, que dans la vue de fe rendre maîtres
de leurs biens & du fruit de leurs travaux: excités par des Miniftres injuftes & flatteurs, im-
portunés par des Courtifans affamés, follicités
par des Favoris infatiables, & encore plus par
leurs propres paffions; les Souverains ne font
devenus le plus fouvent que des raviffeurs que
nulle force ne put réprimer. Par là les fecours

que le Citoyen est obligé de fournir pour le
soutien de l'Etat furent communément détournés
de cet objet essentiel, & servirent à récompenser
les vices & à repaître le faste & la vanité des
Cours. . Le Monarque souvent réduit à la pauvreté au milieu des trésors dont il dispose, se
vit obligé de recourir à mille extorsions pour
arracher à ses Sujets une portion de leurs propriétés qu'ils ne donnent jamais qu'à regret, sur-
tout, lorsqu'ils voient l'indigne usage auquel on
les destine.

§. XII. *De l'Impôt volontaire.*

UNE des plus grandes prérogatives d'un Peuple
libre consiste dans le droit de s'imposer à lui-
même ce qu'il juge nécessaire aux besoins de l'E-
tat; des regles impartiales obligent alors chaque
Citoyen de contribuer, suivant de justes propor-
tions, au maintien de l'ensemble: les Impôts arbitraires annoncent un Gouvernement inique qui
s'arroge le droit de ménager ses créatures & d'é-
craser le Citoyen. Sous une telle administration il arrive communément que l'homme opulent & puissant est épargné, tandis que tous les
impôts accablent le foible & le misérable, à qui
personne ne daigne s'intéresser.

DANS une Nation qui jouit de la vraie liberté,
la répartition de l'impôt ne peut être arbitraire;
les emplois en doivent être connus; les dépositaires du pouvoir, comptables eux-mêmes à
la Société, sont les administrateurs & non les
propriétaires des deniers publics: dès qu'il arrive
en cela des abus, c'est que les loix n'y ont pas

fuffifamment pourvu: elles ont dû élever des barrieres que l'intérêt & l'avidité, aidés de la rufe,
ne puiffent pas franchir. Au moyen de la portion
des biens de fes membres fur laquelle la Société
s'eft réfervé des droits, elle s'engage à affûrer
à chacun d'entre eux la poffeffion de tout le reste ; ce n'eft qu'à cette condition que le Sujet
peut confentir à lui remettre une portion du fruit
de fes travaux. Mais, dira-t-on, quelle eft
la jufte mefure de ce que la Nation doit contribuer à fa propre confervation? Ce font fes befoins réels; ce font fes circonftances, & non les
fantaifies de ces chefs, ou l'avidité d'une Cour
qui doivent en décider.

§. XIII. *La liberté fait naître l'induftrie.*

CE n'eft point par fon étendue, par fes armées
nombreufes, par l'éclat de fes victoires, par le
luxe de fes villes, par le fafte de fa cour, par
les fuperbes monuments de fes Rois que l'on peut
juger de la profpérité d'un Peuple; c'eft par fon
induftrie & furtout par la culture. Mais ce n'eft
que dans une Nation libre que fe trouvent la
fécurité, l'aifance, le courage, l'activité qui les
font naître. Tranquille dans fes poffeffions, le Citoyen fe livre avec ardeur au travail pour féconder
le champ que l'injuftice ne lui peut ravir. Une
famille nombreufe augmente-t'-elle fes befoins?
il forcera la terre à lui fournir de plus amples
récoltes, & loin d'être affligé, il fera content
de fe voir multiplier dans une poftérité qu'un
travail modéré & partagé entre un plus grand
nombre de bras rendra auffi heureufe que lui. Il
confent avec plaifir à payer des impôts qu'il fçait

néceſſaires au ſoutien de la Patrie qui le protege; il n'a pas la douleur de voir employer le fruit de ſon labeur à repaître le luxe ou l'avarice de ceux qui le gouvernent. Il aime ſon pays, parce qu'il y vit heureux; il chérit ſes Maîtres, par ce qu'il les voit occupés de lui; ſon attachement pour eux fondé ſur celui qu'il a pour lui-même, n'eſt point un enthouſiaſme ſans motifs, une admiration ſtérile de la grandeur que l'habitude & l'opinion font contracter quelquefois aux ſujets d'un Deſpote, ſentimens qui ſont toujours accompagnés de celui de leur propre néant. Fondé ſur l'amour légitime de lui-même, l'attachement de l'homme libre pour ſon pays eſt plus ſolide & plus raiſonné; il connoît une Patrie, parce qu'il en eſt une là où les Citoyens éprouvent le bien-être. Des ennemis injuſtes viendront-ils l'attaquer? Se voit-elle menacée par des conquérans ambitieux? Veut-on lui ravir les avantages dont elle jouit? Auſſitôt l'enthouſiaſme embraſe le cœur du Citoyen; il ſeconde les efforts de la Patrie; il ſçait que ſes ennemis ſont les ſiens; il n'ignore pas qu'en défendant l'Etat, il ſe défend lui-même; ſon intérêt s'oppoſe à tout changement parce qu'il ne pourroit que lui être déſavantageux.

L'HABITANT des villes ſe livre à l'induſtrie; le deſir qu'il a de s'enrichir lui-même tourne au profit de la Société; les paſſions des Citoyens convenablement dirigées, lui ſont toujours avantageuſes; ce n'eſt jamais que l'objet qui les rend utiles ou nuiſibles. Ainſi cette paſſion qui ſe ſatisfait par le commerce, procure au Citoyen une opulence dont l'Etat reſſent les effets. Les entrepriſes que le deſir de l'aiſance lui ſuggere, dégagées des entraves de la Tyrannie ou du joug des taxes accablantes & des avanies defpotiques, ouvrent une libre carrierre à fes vœux; s'il facrifie une portion des profits qu'il retire, la raifon lui montrera qu'il la facrifie à lui-même & qu'il doit payer la Société pour fes foins & fes fecours, fans lefquels il n'auroit pu ni aquérir ni jouir.

§. XIV. *De la Liberté Religieufe.*

POUR être libre, il ne fuffit pas que la perfonne & les poffeffions du Citoyen foient à couvert de l'oppreffion; il faut encore que fon esprit débarraffé des chaînes de la Tyrannie, puiffe fuivre en liberté les idées qu'il juge vraies, utiles, néceffaires à fon bien-être. Les hommes font religieux, mais ils ne le font point de la même maniere. Tous les Peuples adorent, foit un Dieu, foit des Dieux qu'ils fe peignent fous des traits différens, & qu'ils honorent à leur maniere. Lorfque l'habitude, l'éducation, l'opinion ont accoutumé l'homme à envifager conftamment fous un certain point de vue, la puiffance invifible de laquelle il croit dépendre & qu'il refpecte comme l'arbitre de fon fort, ces idées s'identifient avec lui & lui deviennent néceffaires: vainement tenteroit-on de les lui faire changer; fon efprit indomptable fe roidit contre la violence; il s'attache à fes opinions en raifon même de la contradiction qu'elles éprouvent; il y tient d'autant plus, qu'il les fuppofe agréables à l'être qu'il regarde comme le plus important de la nature. Les opinions des hommes ne font & ne peuvent être uniformes fur l'effence divine que tous adorent avec une égale ignorance: il ne peut y avoir d'accord dans la façon de penfer fur fon compte, ni dans la maniere de le fervir ou de mériter fa bienveillance. Toutes ces chofes, fondées fur des doctrines, fur des ufages, fur des révélations, qui ne font jamais les mêmes, varient dans toutes les têtes & chacun fe perfuade que fa façon de les voir eft la meilleure, c'eft-à-dire la plus utile à fa félicité.

C'est donc violenter les hommes dans l'objet qui leur eft le plus cher; c'eft les rendre malheureux, que de vouloir les troubler dans l'exercice des devoirs qu'ils rendent à la Divinité. Leur amour-propre ou leur enthoufiafme s'allumeront toujours en faveur d'opinions fur lefquelles ils fe feront un mérite d'être obftinés : chacun croira qu'il y auroit le plus grand danger pour lui à y renoncer : la Société fe trouvera donc divifée; une partie de fes membres, fous prétexte de zèle, s'occupera du foin de tourmenter les autres qu'un zèle égal enivrera de même. Il naîtra des haines envenimées que l'expérience de tous les âges nous prouve être les plus affreufes qui puiffent déchirer & troubler les Nations. Les divifions religieufes ont fur-tout les conféquences les plus terribles, lorfque l'Autorité Souveraine a la folie de vouloir mettre de l'uniformité dans des fentimens qui n'en font pas fufceptibles, ou de prétendre régler fur les fiennes, la conduite & les idées des Sujets relativement à une chofe plus refpectable pour eux, que toutes les loix humaines, que l'Autorité des Rois & que leur propre vie.

§. XV. *Tyrannie de l'Intolérance.*

Si c'eft une Tyrannie que de dépouiller un Citoyen de fes biens, c'eft une Tyrannie, c'eft

une cruauté bien plus criante de lui ravir ses
opinions sur un Dieu qui lui est souvent plus
cher que ses biens & que sa propre conservation.
Une saine politique ordonne de tolérer dans un
Etat toutes les religions & toutes les sectes a-
doptées par les Citoyens, de tenir une juste balance entre elles, de ne jamais souffrir qu'aucune
opprime les autres ou trouble leur tranquillité.
Le Gouvernement perd le droit de juger entre
elles, dès qu'il se rend partie.

Par un phénomene bien étrange, c'est pourtant un pays despotique qui nous fournit l'e-
xemple le plus parfait de la tolérance religieu-
se. L'Empire Chinois, gouverné par des sages
à qui la morale tient lieu de Religion, permet aux Peuples, toujours enfans, toujours avides du merveilleux, de suivre en liberté la secte qu'ils préferent; si dans les derniers tems le
Gouvernement a donné l'exclusion à la Religion
Européene; l'intolérance de cette secte, l'indépendance où ses Ministres veulent être de la
Puissance Temporelle, enfin le tort que le célibat
fait à la population, furent les motifs qui déter-
minerent les Empereurs Chinois à la bannir de
leurs Etats.

C'est une violation injuste de la liberté; c'est
un attentat contre la Société, que de vouloir
forcer les hommes à quitter un culte qu'ils suppo-
sent agréable à leur Dieu, pour en embrasser un
autre qu'ils croient abominable à ses yeux. L'Autorité dégénere encore bien plus en une Tyrannie
insensée, lorsqu'elle veut prescrire aux hommes
ce qu'ils doivent penser: chargée par la Société
de diriger les actions exterieures, jamais la Puis-

fance Souveraine ne peut fans folie s'arroger le droit abfurde de régler ou de contraindre les mouvemens fecrets du cerveau de fes Sujets. Le cœur de l'homme eft un fanctuaire inviolable, dans lequel il n'y a que la fureur qui puiffe tenter de pénétrer; là fon propre jugement eft fait pour porter feul le fceptre. Un homme ne s'éprend que des idées qu'il croit conformes à fon bien-être; il adore fon Dieu, fous le nom, dans la forme qu'il juge lui convenir; le Souverain, fans déraifon, ne peut jamais prétendre au droit barbare de porter le trouble dans les confciences. S'il avoit de la raifon & de l'équité, il fe garderoit bien de feconder les fureurs des fanatiques & des mercénaires qui regardent comme indigne de vivre ou de jouir des avantages de la Société, quiconque refufe de fe foumettre à leurs idées abstraites ou à leurs décifions préfomptueufes. Vainement exagéreront-ils les dangers de la liberté de penfer; les dépofitaires de l'Autorité doivent fentir qu'il n'eft point pour l'Etat de dangers plus réels, que de femer le trouble & de réduire au défefpoir une partie des Citoyens pour mettre en vogue des opinions indifférentes, des pratiques arbitraires, des myfteres impénétrables. Les fyftêmes religieux ne troubleront la Société, que lorfque l'injuftice & la tyrannie s'efforceront de les étouffer. Un Légiflateur ne doit s'occuper, que des actions des hommes; dès qu'ils feront utiles & vertueux, ils doivent être libres de penfer comme ils voudront. Il eût été plus avantageux à l'homme d'être totalement privé par la Nature de la faculté de penfer, que d'être obligé de la régler fuivant les caprices des autres. Un gouvernement fage commande à la fuperftition mê-

me; il tolere fes extravagances, lorfqu'elles font
devenues néceffaires aux hommes; il les réprime,
lorfque leurs effets font nuifibles: fon rôle eft de
faire concourir toutes les fectes au bonheur de
la Société. La liberté de penfer, de parler &
d'écrire eft le foutien d'un bon Gouvernement;
il ne paroît dangereux qu'à celui qui fe croit intéreffé à n'avoir ni juftice ni raifon.

§. XVI. *De la Liberté dans les écrits.*

CE qui vient d'être dit peut déjà fervir à fixer la conduite qu'un Gouvernement éclairé doit
tenir relativement aux difcours & aux écrits des
Citoyens. De tout tems la Tyrannie, ennemie
de toute liberté, pourfuivit avec fureur ceux qui,
par leurs ouvrages ou leurs difcours, éclairoient
leurs femblables fur les matieres les plus importantes. ,, *De quel droit*, nous dit-elle, *un vil Su-*
,, *jet fe mêleroit-il du Gouvernement?* " C'eft
par le même droit qu'un paffager éveillé peut
quelquefois donner un avis falutaire au pilote en-
dormi qui tient le gouvernail du navire où il fe
trouve lui-même. Les Souverains & leurs Miniftres feroient-ils les feuls mortels à qui les confeils fuffent inutiles? Que refte-t-il d'intéreffant
pour les hommes, s'il ne leur eft point permis de
s'occuper de la religion de laquelle la plupart
font dépendre leur félicité éternelle, & du Gouvernement qui décide de leur bien-être en ce
monde. N'eft-ce pas réduire les hommes à l'enfance, que de priver leur efprit d'occupations férieufes? Cette vérité peut fervir à nous faire connoître la fource de la puérilité, de la frivolité,
de l'ineptie que l'on remarque dans les ouvrages
de quelques Nations, dont les Ecrivains n'ont pas

coutume de s'occuper d'objets utiles & grands. Il ne peut y avoir d'écrits folides & vraiment intéreffants que dans les pays où il eft permis d'être Homme & Citoyen.

§. XVII. *De la licence dans les écrits.*

D'un autre côté, la licence, mafquée fous les dehors de la liberté, prétend que l'on ne peut fans injuftice réprimer aucuns de fes excès. Mais la raifon nous montre un jufte milieu entre ces extrémités. Lorfque les difcours & les écrits, fans fruit pour le public, portent le trouble dans le cœur, foit des Chefs équitables d'une Société, ou des Citoyens honnêtes, ils font très condamnables ; mais lorfqu'ils attaqueront des hommes pervers qui prétendent jouir en paix & fans remors de la mifere publique, quel eft l'efclave affez dépourvu de pudeur pour ofer les blâmer ? C'eft le devoir d'un bon Citoyen de déférer à la Patrie les ennemis publics ou cachés qu'elle renferme dans fon fein. Mais, dira-t'on peut-être, le dénonciateur ne peut-il pas être aveuglé par l'efprit de parti, par la paffion, par l'intérêt perfonnel ? Oui, fans doute ; mais alors il eft un calomniateur déteftable ou un lâche affaffin, digne de la haine de fes Concitoyens.

MAIS de ce qu'un incendiaire fe fert du feu pour caufer un incendie, l'Autorité doit-elle en conclure qu'il faut ôter le feu à tous les Citoyens ? Eft-elle en droit de rompre tous les chemins, afin d'empêcher qu'il n'y ait des voleurs de grands chemins ? Tout Citoyen doit fes talens à fa Patrie ; tout homme qui a médité lui doit le fruit de fes réflexions. Peut-on regarder comme nuifible, un ouvrage dans lequel l'Auteur, guidé par l'amour de sa Patrie, par l'enthousiasme de la vertu, indiquera sans fiel, les moyens qu'il croit propres à la rendre plus heureuse? Traitera-t-on d'attentat punissable, l'action d'un Citoyen qui découvre à la Société & à ceux qui la gouvernent des abus dangereux, uniquement fondés sur des impostures, des préjugés, des injustices que des Nations entieres paient de tout leur bien-être? Un ouvrage est-il répréhensible, lorsqu'il tend à ramener aux loix de la Nature & de la Raison, les Souverains que leurs imprudences en écartent si souvent? Les bons Princes & leurs sages Ministres n'ont rien à craindre des satires ou des libelles. Un Titus, un Marc-Aurele auroient-ils été moins assûrés sur le thrône, si quelque déclamateur insensé avoit frondé leur gouvernement? La vérité n'est à craindre que pour les méchants; la calomnie publique ne peut rien contre les hommes dont le public éprouve les bienfaits. Les ennemis de la Nation méritent d'être couverts de honte & d'infamie. Ceux qui violent toutes les Loix, méritent que chacun les attaque de la façon la plus sûre & la plus efficace, pour les faire rougir ou pour les réprimer. La licence & l'injustice des hommes puissants autorisent les Citoyens à leur rendre justice en les citant au tribunal de la Société qu'ils outragent. Quand les Loix sont forcées de se taire, chacun peut devenir l'interprête & le vengeur de la Patrie. Un écrit n'est licentieux, que quand il nuit vraiment à la Société, & non quand il ne déplaît qu'à ses ennemis les plus cruels.

MAIS, dira-t-on, jusqu'où peut-on permettre la liberté dans les écrits? Lorsque la haine particuliere, le defir de la vengeance, la volonté d'exciter le trouble dicteront un ouvrage, ne fera-t-il pas néceffaire d'en punir l'auteur? Tout auteur d'un ouvrage injufte ne tarde pas à être châtié. L'indignation publique venge bientôt la vertu & le mérite infultés; le mépris, les remors, l'ignominie font communément le partage des Ecrivains dont la paffion & la fureur ont feuls conduit la plume.

Il peut réfulter, fans doute, des inconvénients pour quelques individus, d'une liberté illimitée; mais il en réfultera toujours des avantages ineftimables pour la Société totale, aux intérêts de laquelle les intérêts de quelques membres doivent être fubordonnés. Si la fatire attaque ceux qui gouvernent les hommes, fi la calomnie les noircit, l'opprobre retombera fur ceux qui auront voulu leur nuire. Quant aux oppreffeurs du genre humain, qu'ils étouffent, s'ils fe peut, les cris de la raifon; qu'ils gênent la liberté de la preffe; qu'ils effraient les champions de l'humanité; qu'ils perfécutent la vérité; tous leurs vains efforts ne feront que confirmer leur honte & leur attirer la haine qu'ils ont juftement méritée.

Rien de plus injufte que d'ôter aux Citoyens la liberté d'écrire ou de parler fur des objets importans à leur félicité; de quel droit les priver de la faculté de s'occuper des intérêts qui méritent feuls leur attention? La vérité gagne toujours à être difcutée; le menfonge & le crime ont feuls intérêt à fe cacher dans les ombres du myftere. La vérité, toujours utile au genre humain, peut quelquefois choquer les Tyrans; mais, plus puiffante qu'eux; elle triomphera tôt ou tard

de leurs projets ténébreux & les Peuples recueil-
leront ce qu'elle aura femé. Si des téméraires
l'attaquent, elle fortira victorieufe des combats
qu'on lui livre; il n'y a que l'injustice & le menfonge qui redoutent les épreuves & qui craignent
d'être dévoilés. Ainfi, qu'une Nation jaloufe de
fa liberté prenne garde de punir & de décourager, fous de frivoles prétextes; ceux qui lui feront connoître fes véritables intérêts; qu'elle
prenne garde que des loix imprudentes entre les
mains de l'Autorité, ne deviennent les instrumens
de la vengeance de ceux à qui la vérité déplaît.

Ainsi, vous tous qui méditez! cherchez la
vérité; occupez-vous du bien-être de la Patrie,
vous lui devez vos lumieres; découvrez lui les
trâmes de fes ennemis; attaquez les préjugés qui
lui font nuifibles; faites-lui connoître les maux
qui la minent à fon infçu; indiquez-en les remedes, afin qu'aidée des circonftances elle les applique elle-même. La volonté publique a le
droit de régler la marche de fes chefs & de fes
légiflateurs; ils font faits pour fuivre la route
qu'elle leur trace; ce n'eft qu'à l'aide des lumieres, qu'une Nation peut perfectionner fon fort.
Elle ne tarde pas à tomber dans l'aveuglement,
dans la langueur & dans la ruine, lorfque l'oppreffion la prive des fecours que l'instruction peut
lui donner; bientôt elle devient la victime de la
tyrannie, du fanatifme & de l'impofture. Souvent très éprife elle-même de préjugés trompeurs, elle repouffe avec dédain les fecours qu'on
lui préfente; elle regarde les ennemis de fes Tyrans, comme fes propres ennemis. Mais à la
fin, la femence de la vérité germe en elle: elle

rougit alors d'avoir méconnu ſes enfans les plus
fideles. La Tyrannie, aveugle elle-même, ne
veut commander qu'à des aveugles; l'injuſtice,
toujours ombrageuſe, ne ſouffre pas qu'on les é-
claire. C'eſt une marque non équivoque d'une
adminiſtration dépravée, que d'interdire l'examen
& de proſcrire les lumieres. Une politique doit
être bien étrange, lorſqu'elle traite les Citoyens
les plus éclairés comme des ennemis de l'Etat!

§. XVIII. *Hardieſſe dans les écrits.*

Qu'est-ce qu'écrire avec hardieſſe ? C'eſt
faire connoître à ſes Concitoyens , des vérités
qu'ils ignorent; c'eſt leur découvrir des principes qu'on croit utiles, quoique contraires aux préjugés reçus ou aux paſſions de ceux qui décident
de leur ſort: c'eſt leur communiquer ſes idées,
afin de les mettre à portée d'en juger, de les a-
dopter ſi elles ſont vraies, de les rejetter quand
elles ſont fauſſes. L'on ſe récrie communément
ſur la témérité de ceux qui attaquent ouvertement
des opinions que l'ignorance, le tems, l'autorité
ont conſacrées; mais la plupart des hommes ne
ſont que foiblement touchés des vérités neuves
qu'on leur montre; ce n'eſt que la poſtérité qui
recueille les fruits tardifs de l'inſtruction que l'on
ſeme; elle apprécie la force des raiſons, & les
applique, quand elle en trouve le moyen. Les
perſécuteurs de la liberté ne prouvent rien par
leur conduite, ſinon que la vérité les allarme.

Sous un Gouvernement abſolu , l'on traite
d'inſolence & de rébellion, les mouvements légitimes de l'inquiétude & de l'impatience qu'un Citoyen oſe montrer à la vue de l'incapacité ou

de la tyrannie. Tout gouvernement a pour but la félicité de la Nation gouvernée; mais, par une étrange fatalité, il n'eſt preſqu'aucun pays où il ſoit permis aux Nations d'examiner comment on les gouverne. Lorſque ceux qui ſont chargés de l'adminiſtration refuſent d'entendre la vérité, ne ſemblent-ils pas avouer qu'ils font mal, & qu'ils n'ont aucun deſſein de faire mieux à l'avenir.

LA ſcience du Gouvernement ſeroit-elle donc la ſeule qui n'eût beſoin, ni des expériences combinées, ni des réflexions des hommes? Les dépoſitaires de l'Autorité auroient-ils la préſomption de croire que les forces de leur génie, que leur pénétration, que leurs reſſources ſont infaillibles & ſuffiront dans les circonſtances les plus épineuſes? Se flatteroient-ils que la légiſlation ne puiſſe plus être perfectionnée? La moindre attention ſuffit pour les déſabuſer. L'art de gouverner les hommes eſt encore dans l'enfance; le Gouvernement eſt une machine qui ſans ceſſe demande à être remontée, réparée, entretenue. Des oies ont, dit-on, jadis ſauvé le Capitole. Le moindre des Citoyens peut quelquefois ouvrir un avis utile duquel peut dépendre le ſalut de l'Etat. Un écrit livré à l'examen du Public, eſt bientôt apprécié, & le jugement de la Société devient communément une regle aſſez ſûre pour ceux qui la gouvernent. Il faut répondre à un livre par un livre, & non par des priſons & des ſupplices qui détruiſent l'homme, ſans détruire ſes raiſons. Les Gouvernemens qui puniſſent les Ecrivains hardis, reſſemblent à ces enfans volontaires qui s'irritent, lorſqu'on les avertit du danger où ils s'expoſent.

Un Gouvernement équitable veut commander à des hommes raisonnables & capables de fentir leur bonheur: il fçait que plus fes Sujets feront éclairés, plus ils feront vertueux. Un Gouvernement arbitraire ne veut commander qu'à des bêtes.

§. XIX. *Tous les Peuples ont droit à la liberté.*

Si tous les Peuples veulent être heureux & ont le droit de fonger à leur bonheur, tous les peuples de droit font libres; quoique fouvent efclaves dans le fait; il n'y a que le délire qui puiffe renoncer à ce droit; il n'y a que l'ignorance qui puiffe le méconnoître; il n'y a que l'injuftice qui puiffe le ravir: enfin il n'y a que la ftupidité la plus profonde qui puiffe rendre infenfible à un bienfait que la Nature deftine à tous les habitans de la terre. On voit pourtant des Peuples que l'habitude a prefqu'identifiés avec leurs chaînes, & qu'une longue inertie a rendus indifférens aux charmes de la liberté. Les préjugés de l'éducation, l'inhabitude de penfer, l'indolence, la légéreté, & fur-tout la crainte étouffent fouvent dans des Nations entieres jufqu'au defir de changer leur efclavage contre un fort plus heureux. Le nom même de la Liberté eft inconnu à ces Peuples orientaux que la réligion, l'ignorance & un aviliffement héréditaire livrent depuis des milliers d'années aux caprices de leurs Sultans. Comment ces infortunés defireroient-ils un bien dont ils n'ont nulle idée? Ce defir, s'il naiffoit dans leurs ames, feroit une révolte contre le Ciel qui veut que les hommes foient malheureux ici bas.

CHEZ des Peuples amollis par le luxe & qu'un Despotisme mitigé endort dans l'esclavage, on croit être libre, parce qu'on peut se livrer quelquefois à sa pétulance, aux saillies momentanées de son esprit, ou à de vains propos que méprise un Gouvernement trop puissant pour craindre les mecontens: on croit n'avoir point de fers parce qu'il est permis d'en parler. Vainement chercheroit-on dans ces ames énervées, cette indignation profonde contre l'oppression qui devroit brûler dans le sein de tout homme équitable: vainement y chercheroit-on cet enthousiasme qui échauffe le Citoyen prévoyant & occupé de sa postérité; vainement s'attendroit-on d'y trouver cette noble ardeur dont s'embrase celui qui a médité les douceurs de la liberté: ces passions sont trop grandes pour des ames foibles & rétrécies. Dira-t-on à ces hommes légers ou insensibles, que des impôts exigés avec rigueur, rendent le plus grand nombre de leurs Concitoyens malheureux, dépeuplent les campagnes, laissent les champs sans culture? Leur fera-t-on voir que leurs trésors, au lieu de servir aux besoins de l'État, au lieu d'être employés à sa sûreté, au lieu d'être la récompense de l'utilité, sont indignement détournés pour repaître les fantaisies d'une Cour dissolue, pour assouvir l'avarice de quelques favoris malfaisans, pour payer la bassesse & le crime? Leur fera-t-on envisager une postérité malheureuse à qui le Pere de famille n'est jamais sûr de transmettre sa fortune, ou à qui la faveur & le crédit peuvent à tout moment ravir une propriété, toujours précaire, des qu'elle n'est point assurée par les loix? Leur représentera-t-on les inconvéniens d'un commerce

troublé par l'avidité, gêné par l'autorité, dénué de protection ? Leur montrera-t-on les suites affreuses de ces guerres réitérées, entreprises, non pour la défense de l'Etat, mais pour immoler des victimes innombrables à l'ambition d'un Monarque sanguinaire, à la vanité de ses Ministres, ou bien à l'orgueil & à l'avidité de quelques Grands ? Ces vues sont trop vastes pour des yeux accoutumés à ne considérer que des objets puériles ; ces réflexions sont trop graves pour des enfans incapables de raisonner, ou sans cesse distraits par leurs amusements pueriles : contents de jouir de leurs plaisirs ordinaires, satisfaits de la permission de babiller sur leurs maux, sans songer à en trouver les remedes, que dis-je! assez fous pour en rire, fiers d'une prétendue égalité que l'expérience dément à chaque instant, ces esclaves se croient dédommagés des maux réels qu'ils éprouvent. La chaleur de l'homme épris de la liberté, paroît ridicule à ces êtres indolens ; fideles échos du Despotisme, ils la confondent avec la licence & la traitent de révolte ; ils s'exagerent les maux qu'elle entraîne à sa suite. „
„ Voyez, nous disent-ils, les factions qui dé-
„ chirent, les révolutions qui désolent les pays
„ où regne cette liberté si vantée ; achetée au
„ prix du sang, ne finit-elle pas tôt ou tard
„ par devenir la proie d'un Souverain adroit ou
„ ambitieux ?

Esclaves insensibles ou contents! portez, si vous voulez, vos fers avec joie ; préférez une léthargie funeste à cette activité, faite pour animer le Citoyen ; baisez honteusement ces liens qui vous retiennent dans vos cachots ; ayez la lâcheté de vous y trouver bien parce que vous vivez tranquilles. Si la fervitude a des appas pour vos ames vicieufes ou engourdies, elle excite l'horreur des ames honnêtes & raifonnables qui en connoiffent les fuites déplorables.

§. XX. *Des Factions dans les pays libres.*

La liberté, il eft vrai, fut très fouvent l'ouvrage des révolutions ; rarement fut-elle celui de la raifon: il fallut des paffions pour détruire des paffions ; ce ne fut que l'excés des maux qui força les hommes d'y chercher du remede. L'ignorance & la pareffe les attachent à leur fort; ils fupportent leurs peines, tant qu'elles font fupportables. Cependant à la fin ; aigri par le malheur, l'efclave au défefpoir, rompt quelquefois fes fers ; fatigué d'un pouvoir qui l'écrafe, il tente alors toutes fortes de voies pour s'en débarraffer. C'eft donc le Defpotifme qui l'oblige à chercher dans les révolutions, des reffources cruelles & périlleufes, mais devenues néceffaires. Les révolutions font au monde politique ce que les tempétes & les orages font au monde phyfique; ils purifient l'air & rétabliffent la férénité. Le Defpotifme, femblable aux ardeurs d'un foleil trop brûlant, amaffe des exhalaifons qui s'embrafent à la fin pour produire des tonnerres dont la terre eft ébranlée.

Si des factions agitent les fociétés où regne la liberté, c'eft que la liberté n'y eft pas encore établie fur des fondemens affez folides. Mais, dira-t-on, les habitans d'un pays libre font-ils plus heureux que d'autres? Leurs defirs font-ils plus fatisfaits ? Sentent-ils leur bonheur ? La poffeffion d'un grand bien eft toujours mêlée d'inquiétude; ceux qui n'ont rien à perdre, n'ont pas lieu d'être allarmés. D'ailleurs il est de l'essence de l'homme de n'être jamais parfaitement content; ses desirs satisfaits le jettent dans l'inaction, que suit toujours la langueur. L'amour de la Liberté, que l'intérêt de tant d'hommes puissants ou rusés attaque sans cesse, est une passion jalouse & toujours éveillée. La tranquillité dont jouissent quelquefois les Sujets d'un Despote ressemble à l'inertie nécessaire des hommes retenus dans une prison; leur gaîté même n'est que celle de ces malheureux qui s'enivrent pour s'étourdir sur leurs maux: leur repos est celui d'un malade que sa langueur accable.

LES factions sont utiles à une Nation pour assûrer sa liberté de plus en plus. Les Corps Politiques, ainsi que ceux des individus, demandent du mouvement & de l'exercice pour conserver leurs forces & pour se maintenir dans l'activité. La santé de notre corps dépend d'un exercice modéré qui, sans l'accabler, développe ses facultés; dans un Corps Politique, il faut de l'action il faut que les différens corps dont l'Etat est composé soient dans une lutte, qui ne devient dangereuse que lorsque l'Equilibre se détruit. La paix d'un Etat Despotique ressemble à l'inaction d'un cadavre qui n'est plus remué que par les vers qui le rongent ou par les bêtes qui le dévorent. *La servitude*, dit un grand homme, *commence toujours par le sommeil.* Il faut des Citoyens actifs & vigilants pour conserver une liberté que, dans la Société même, une foule d'ennemis tâchent sans cesse d'anéantir. Elle importune le chef qui veut toujours être absolu; elle déplait à ses Ministres qui veulent opprimer sous son nom. Elle choque les Grands qui veulent être diftingués par d'injuftes privileges; elle paroît redoutable à des Traitans qui veulent piller impunément & les Peuples & les Souverains; elle fait ombrage aux Prêtres qui ne veulent que des efclaves crédules & foumis; elle a pour ennemi tout homme avide, vain, frivole, corrompu que l'opulence engourdit.

§. XXI. *Du Bonheur National.*

UNE Nation eft heureufe, lorfque le plus grand nombre des Citoyens jouit du néceffaire; la félicité confifte dans l'équilibre maintenu par les loix, dans la fûreté pour fa perfonne & pour fes biens, dans les befoins fatisfaits fans un travail trop pénible: effets heureux qui ne peuvent être les fruits que de la liberté.

QUE l'on compare un inftant l'afpect que préfente une Nation libre, avec celui que nous offre un Etat foumis à des maîtres abfolus. D'un côté des campagnes fertiles & cultivées étaleront à nos regards le fpectacle le plus riant: on y verra le cultivateur que le travail n'a point trop épuifé, entouré d'une famille nombreufe qui refpire la fanté & qui annonce que fes befoins font fatisfaits. Le négoce & les manufactures encouragés donneront aux villes une activité & procureront aux yeux une variété dont l'ame eft agréablement remuée. L'opulence repartie donnera aux demeures les plus fimples, un afpect qui prouve l'aifance de ceux qui les habitent.

IL n'en eft pas de même de ces pays où le Defpotifme exerce fes ravages. Des campagnes foiblement cultivées nous offrent le fpectacle hideux d'un laboureur décharné, pour qui une vieillesse précoce semble avoir déjà creusé le tombeau. De tendres enfans voués, dès le berceau à la misere, demandent vainement du pain à une mere que le besoin accable elle-même : le laboureur que sa cabane défend à peine contre l'inclémence des saisons, a la douleur de voir à ses côtés l'édifice insultant de la puissance qui l'opprime & de l'opulence qui s'est enrichie de ses dépouilles. Des manufactures uniquement consacrées au luxe, ne seront utiles qu'à quelques hommes privilégiés qui ont l'audace d'étaler leur faste au milieu d'un Peuple mourant de faim.

§. XXII. *Point de Patrie sans Liberté.*

NUL repos, nulle sûreté, nulle félicité pour le plus grand nombre, dans un pays d'où le pouvoir arbitraire a banni la liberté. Ce n'est que dans les sociétés où elle regne que l'on trouve de la puissance, c'est là seulement qu'il existe une Patrie. „ *Qu'est-ce donc que la Patrie ?* dira l'es- „ clave dont l'ame avilie n'est point accoutumée „ à réfléchir ; *est-ce cet amour imbécille du sol* „ *qui nous a vu naître ?* ” Non ; c'est un amour éclairé de nous-mêmes qui nous apprend à chérir le Gouvernement qui nous protege, les loix qui nous assûrent notre personne & nos biens, la société qui travaille à notre félicité. La liberté seule peut procurer ces avantages ; sans elle il ne peut donc y avoir de Patrie ; l'amour de notre pays n'est jamais que l'amour de nous-mêmes.

QUELLE tendresse l'esclave peut-il avoir pour une terre maudite arrosée de larmes ame-

res, foumife à des maîtres inhumains, qui dépouillent fes habitans de tous les biens que la Nature
leur avoit deftinés? Quels liens peuvent l'attacher à des Souverains indolens ou pervers qui,
occupés uniquement d'eux - mêmes & de leurs
paffions, oublient ou veulent ignorer qu'ils ne
font les dépofitaires du pouvoir que pour rendre
leurs Sujets heureux? Dans un tel Pays l'amour
du Maître peut-il être autre chofe qu'une impul-
fion machinale, une habitude peu raifonnée, une
démence véritable, ou peut-être une lâche hy-
pocrifie? C'eft mentir fans pudeur, que de dire
qu'on aime fes Tyrans.

Dans une Société libre, un Pere fortuné vit
en paix au milieu d'une famille à laquelle il infpire, dès l'enfance, l'amour d'un Gouvernement à
l'ombre duquel elle vivra fortunée ; il lui apprend que fes champs ne pourront devenir la
proie d'un raviffeur injufte. Il accoutumera fes
fils à cette fierté mâle & généreufe que donnent
la confiance & l'idée de la fûreté. Sous le Des-
potifme au contraire, le cœur d'un Pere s'irrite
ou fe flétrit à la vûe des objets auxquels il a donné le jour ; il fe reproche leur naiffance, il craint
que l'injuftice ne les prive ainfi que lui du fruit
de fon travail: il tremble que des impôts nouveaux ne puniffent fon induftrie; il infpire l'abjec-
tion, la pufillanimité, la baffeffe ou une ftupide
admiration de la grandeur, à des êtres nés pour
l'efclavage & que la fierté ne rendroit que plus
malheureux. Vainement attendroit-on de l'é-
nergie dans les ames de ces hommes dégradés à
leurs propres yeux: méprifé de fes maîtres, l'efclave indigent finit par fe méprifer lui-même.

Ainsi fans liberté il ne peut y avoir de Patrie. Les bornes de l'Etat font pour les Sujets du Despote, un enclos dans lequel il renferme un troupeau timide pour y choifir à fon gré les victimes de fa voracité. Là il n'eft de bonheur à défendre que pour le Maître & pour ceux avec qui il partage le fang & la toifon. Au lieu de courage, de grandeur d'ame, d'ardeur guerriere, on ne peut infpirer à des efclaves malheureux ou frivoles, qu'une ivreffe momentanée, qu'une impétuofité paffagere que la réflexion fera bientôt difparoître. La Société, pour être puiffante, demande à être défendue par des hommes généreux dont un intérêt commun réuniffe les forces & les volontés, & que le bien-être attache à la caufe publique. Ces liens exifteroient-ils pour des hommes qui ne peuvent qu'en tremblant porter les yeux fur l'avenir, pour qui tout Gouvernement doit être indifférent, qui, étrangers au bonheur, n'ont rien à perdre au changement. *Une Nation libre*, dit Montefquieu, *peut avoir un libérateur ; une Nation fubjuguée ne peut avoir qu'un oppreffeur.*

Le Despote ne fait des conquêtes que pour lui ; fes pertes ne peuvent intéreffer fes Sujets malheureux ; l'augmentation de fes forces ne fait que le mettre à portée de mieux tyrannifer ; fes fuccès les plus brillans ne font qu'aggraver fur fon Peuple, le poids des impôts & de la mifere. Le Tyran peut avoir acquis une Province de plus, mais fes anciens Etats n'en feront que plus pauvres & dépeuplés. Ces maux peuvent-ils être compenfés par une gloire prétendue, ou plutôt par la fumée d'une vanité nationale dont un Peuple frivole est assez fou pour se repaître? La guerre est toujours un fléau pour les Peuples qui la font; se réjouir ou se glorifier des victoires d'un Tyran, c'est s'applaudir des pertes réelles de son Pays; c'est se réjouir des nouvelles chaînes dont il ne tardera pas à se voir accablé. Un Citoyen devroit gémir sur des lauriers si souvent arrosés des larmes & du sang de ses Concitoyens. N'est-il pas fait pour se réjouir, quand il voit humilier l'orgueil de ses Maîtres, qui sont souvent les plus cruels ennemis de sa Nation?

§. XXIII. *Nulle Puissance stable sans Liberté.*

SANS liberté, sans propriété, sans sûreté, une Nation ne peut jouir longtems d'une Puissance véritable. En quoi consiste en effet la force d'un Etat rélativement à ses voisins? Qu'est-ce qui peut le rendre respectable ou le mettre à couvert contre les ennemis qui l'entourent? La puissance d'un Etat dépend du nombre de ses Sujets; ce nombre dépend de la facilité qu'ils ont de subsister, & leur courage dépend de l'esprit qui les anime. Ces choses ne se rencontrent, que lorsqu'un heureux gouvernement fait régner la liberté. Une population nombreuse fait, sans doute, la principale force d'un Etat; elle fournit des bras pour cultiver la terre, pour ses manufactures, pour sa navigation, pour son commerce, enfin pour repousser les entreprises de ses ennemis du dehors. Que peut-on attendre de l'amas le plus nombreux d'esclaves stupides ou d'un essain d'esclaves légers? L'homme libre ne craint point de se propager: en multipliant sa postérité, il multiplie son bien-être; l'homme asservi craint de fournir de nouvelles victimes à ses Tyrans. La population est la source de la force, elle augmente en raison du bonheur que procure une administration raisonnable. Une nation n'est heureuse que lorsque ceux qui la gouvernent, savent tourner les passions des Citoyens vers le bien général. Le Despotisme dans son délire veut être heureux tout seul; il ne sent pas que ses injustes caprices mettant des obstacles à l'activité générale, doivent sans cesse lui faire manquer son but.

La conduite de la plupart de ceux qui commandent aux Nations n'est-elle pas bien étrange! Ne sentiront-ils jamais que le Souverain d'un État pauvre ne peut pas être riche, & que personne ne peut travailler lorsqu'on lui a lié les bras, ou quand il n'a pas l'assûrance de jouir en paix du fruit de son labeur? Un Gouvernement qui connoît les droits sacrés de la liberté, a-t-il besoin de secours? il est certain de les trouver dans les mains de ses Sujets: guidé par la justice & la bonne foi il fait naître la confiance qui sert de base au crédit; convaincu que ses Chefs n'ont aucun privilege qui les autorise à manquer à leurs engagements, le Citoyen opulent leur confie sans crainte le superflu de ses richesses; la foi publique garantie par la vertu publique ne lui est point suspecte; s'il court quelques périls, ce sont ceux de la nécessité à qui tout est soumis.

On voit donc que sans liberté il ne peut y avoir ni population, ni agriculture, ni commerce, ni crédit, ni confiance. C'est pourtant de ces choses que dépend la puissance d'un Etat. L'inégalité de liberté entraîne l'inégalité dans les forces des Nations. L'expérience de tous les sie-

cles nous prouve que les efforts menaçans des
Despotes les plus terribles ont été mille fois o-
bligés de céder à la puissance des Peuples qui jouis-
soient de plus de liberté. Les armées innombrables de *Xerxès* sont dissipées par une poignée d'A-
théniens. Toutes les forces de l'Espagne soute-
nues des trésors d'un nouveau monde, sont rendues inutiles par les Bataves courageux.

Souverains du Monde! abjurez donc enfin
les principes destructeurs d'une politique insensée: rendez à vos Sujets une liberté sans laquelle
tout languit dans un État: elle est la base de leur
félicité & de la vôtre: devenez Citoyens pour régner sur des Citoyens. Voulez-vous commander
à des Peuples nombreux? rendez les peres heureux; ils multiplieront, ils peupleront vos provinces. Voulez-vous que l'abondance se fixe
dans vos Etats? Faites que le cultivateur aisé
chérisse le soc de ses peres. Voulez-vous que
des soldats généreux secondent vos justes entreprises? intéressez tous vos Sujets à la défense de
la Patrie; faites qu'ils l'aiment assez pour répandre leur sang pour elle. Voulez-vous que le commerce, les manufactures, l'industrie viennent s'é-
tablir dans votre Empire? Ne souffrez pas que le
Traitant & le Concussionnaire les gênent & les
découragent. Voulez-vous des Sujets vertueux
& tranquilles? Souffrez que la raison les éclaire
sur leurs vrais intérêts, toujours unis aux vôtres.
Laissez à des Tyrans imbécilles, à des Despotes
sans prévoyance, le funeste avantage de commander à des hommes stupides, à des êtres avilis &
sans vertus. Songez qu'il n'y a de force réelle
que dans un Peuple bien uni avec ses Maîtres.

§. XXIV. *Sans Liberté point de Vertu.*

Si comme on ne peut en douter, la vertu ne consiste que dans l'utilité générale de la Société; il ne peut y avoir de vertus véritables sans liberté. Un esclave ne peut être utile qu'à ses Tyrans.

Ce n'est que dans une Nation libre que l'on peut rencontrer l'amour du bien public, le désir d'être utile à tous, l'enthousiasme de l'honneur véritable toujours fondé sur la vertu. Des ames vraiment nobles sont sensibles au plaisir d'exciter la reconnoissance, de mériter l'estime, l'amour, les applaudissements sinceres de leurs Concitoyens qui ne les doivent qu'à ceux qui s'occupent de leur bien-être. Voilà ce qui chez les Grecs & les Romains donna naissance à cette passion pour la Patrie, que tant d'esclaves du pouvoir arbitraire regardent, sans doute, comme une chimere, ou comme un accès de folie. Ce fut cette passion généreuse, infuse par l'éducation & l'exemple, entretenue par la vénération des Peuples, allumée par le désir de la gloire qui remplit autrefois ces contrées de Héros invincibles, de Citoyens bienfaisans, de Martyrs de la liberté.

Un esclave n'a nulle idée, ni d'honneur ni de gloire, il n'a qu'une vanité méprisable, nourrie par des préjugés ridicules propagés par l'intérêt de ses maîtres, souvent nuisibles à son pays. C'est pourtant à cette vanité que tant de gens d'honneur ont la folie de sacrifier si souvent, & leur gloire, & la vertu sans laquelle il n'existe point d'honneur réel, & le bonheur de leur Patrie, & leur propre liberté. La vraie gloire ne peut con-

fister que dans l'eſtime univerſelle de ſes Concitoyens; l'honneur véritable ne peut être que le
ſentiment de ſa propre dignité, fondé ſur l'eſtime méritée des autres. En bonne foi, des hommes avilis par la ſervitude, & qui forgent des
chaînes à leurs Concitoyens, ont-ils des droits
bien légitimes, ſoit à la conſidération publique,
ſoit à l'eſtime d'eux-mêmes? Concluons donc
qu'*honneur* & *gloire* ſont des mots vuides de ſens
dans beaucoup de pays où l'on en parle à tout
moment.

Il eſt des Peuples qui ſemblent formés pour
l'eſclavage. Les Nations depuis longtems habi-
tuées au joug, reſſemblent à des priſonniers accoutumés aux ténebres, l'éclat du jour les incommode, lorſqu'on les préſente ſubitement à la lumie-
re. La liberté eſt un bien trop important pour
être confiée à des enfans volages, qui n'en connoiſſent pas le prix. Entre leurs mains elle deviendroit funeſte par l'abus qu'ils en feroient, ou
elle ne tarderoit pas à ſe perdre par le peu de
ſoin qu'ils auroient de la conſerver. Les Cappa-
dociens refuſerent la liberté que les Romains leur
offrirent; ils demanderent à être gouvernés comme leurs peres par des Monarques abſolus. Un
peuple riche, livré au luxe, qui ne s'occupe que
d'amuſemens frivoles, n'eſt pas fait pour la liberté. Pour ſentir le prix de la liberté, il faut avoir
l'ame élévée; pour l'acquérir, il faut du courage; pour la défendre, il faut ſçavoir tout lui ſacrifier. L'homme opulent, le courtiſan, les
grands ſont partout diſpoſés à la ſervitude. Les
beſoins imaginaires & les vices multipliés des ê-
tres dépravés par le luxe, les mettent dans la dépendance d'un maître qui peut les enrichir ou con-

tenter les defirs de leur vanité. Le riche tombe
bientôt dans une apathie fatale; il ne penfe qu'à
jouir, fans s'occuper de l'avenir. Les grands
ambitieux ou vains, ne font jamais contents, ils
demandent fans ceffe & dépendent toujours.
Comment trouveroit-on la grandeur d'ame, l'a-
mour de la fliberté, des fentimens élevés, des
vertus à des êtres foumis, que ces qualités empê-
cheroient de parvenir, ou priveroient des faveurs
de la fortune? La vertu feroit, pour un courtifan
avide & vain, le facrifice douloureux de tout ce
qu'il defire; elle n'eft bientôt à fes yeux qu'un
vain nom, un *grand mot*, un objet ridicule ou
haïffable. La vertu n'eft pas faite pour réuffir
auprès des Defpotes & des Tyrans.

L'AMOUR des richeffes engourdit les Nations
& les livre à la fervitude. L'homme le plus libre
eft celui qui a le moins de befoins: les befoins
afferviffent les efprits & leur ôtent toute énergie.
Pour être vraiment libre, il faut ne dépendre
que des loix. La liberté n'eft faite que pour des
hommes folides & des cœurs généreux. Le fyba-
rite n'en connoît pas le prix; l'avare lui préfere
l'argent, l'homme corrompu la vendra pour acquérir de quoi fournir à fes déréglemens.

§. XXV. *De l'Efprit Public.*

DANS un pays libre, la Nation eft comptée
pour quelque chofe: là feulement on connoît *l'esprit public* ou l'ambition de plaire à fes Concitoyens; on eft fenfible au plaifir de leur être utile;
on eft jaloux de s'attirer l'eftime de la Société,
que l'on a l'intérêt de mériter. C'eft alors que la
Société devient l'objet de l'attention de fes Chefs.

A leur exemple les Citoyens les plus diſtingués par leurs richeſſes ou leurs places s'efforcent de lui plaire. Voyez chez les Romains tous ces monuments, ces bains publics, ces aquéducs, ces cirques, ces amphithéâtres, ces chemins dont les ruines mêmes étonnent encore nos foibles ames.

DANS un pays ſoumis au pouvoir abſolu, quels motifs pourroient engager le Monarque, les Grands ou les Riches à s'occuper d'un Public mépriſé qu'ils jugent indigne de leurs ſoins, qu'ils ne connoiſſent que pour l'opprimer, & dont le bien-être leur eſt parfaitement indifférent? S'il s'éleve quelque monument public, ce n'eſt que pour flatter la vanité du Maître. Si l'on bâtit des édifices ſomptueux, ce n'eſt que pour inſulter à la miſere de la Nation qui ſe voit forcée de contribuer au faſte de ceux qui l'ont dévorée. Si par hazard il ſe fait quelques établiſſements, ce ne ſeront que de vains trophées que la fierté du Monarque s'éleve aux dépens de ſon Peuple. Les monuments les plus inutiles & les plus ruineux abſorberont communément ſon attention & ſes tréſors, & deviendront les objets de l'admiration ſtupide d'une Nation ſervile, aſſez folle pour tirer gloire de ce qui ne ſert qu'a lui retracer les malheurs de ſes peres, cauſés par l'orgueil des Rois.

§. XXVI. Concluſion.

QUOIQUE tous les hommes deſirent la liberté; quoique perſonne ne ſoit totalement inſenſible à ſes charmes, le plus grand nombre des Peuples de la terre gémit, comme on l'a vu dans les fers du Deſpotiſme; preſque par-tout la Société totale eſt ſacrifiée aux paſſions de quelques individus;

Il eſt très peu de contrées ſur la terre ou le Ci‑
toyen puiſſe dire, *je ſuis maître de ma perſonne,*
je puis diſpoſer de mon champ ; nulle force ne peut
me ravir les fruits de mon induſtrie ; nulle puiſſance
ne peut me priver des bienfaits que la Nature a mis
en commun pour ſes enfans. Dans les pays mêmes
qui jouiſſent de la plus grande liberté, il eſt pour
les Citoyens une infinité de liens, introduits par
les beſoins d'un Gouvernement avide ou néces‑
ſiteux, qui les gênent ſur les moyens les plus
légitimes & les plus naturels, de travailler à leur
bonheur. Il eſt mille véxations que l'habitude,
le préjugé, l'opinion ont rendues preſqu'inſenſi‑
bles. Les loix, les uſages, les coutumes, les
ſuperſtitions des Peuples, ſouvent en guerre avec
le bien public, ſoumettent encore les hommes
qui ſe croient les plus libres, à mille véxations
dont ils ſe plaignent ſans en chercher les reme‑
des : ils les trouveroient dans la raiſon, s'ils
daignoient plutôt la conſulter, que des uſages
antiques, des habitudes ſouvent nuiſibles, des loix
ſurannées, des titres mal digérés, qui preſqu'en
tout pays tyranniſent encore les Nations les plus
éclairées, & les plus jalouſes de leur liberté. Mais
de ce que la vraie liberté n'eſt pas encore con‑
nue, n'en concluons pas qu'elle n'eſt qu'une chi‑
mere ; elle ſera le fruit déſirable d'une politique
de plus en plus perfectionnée par l'expérience, par
la connoiſſance de l'intérêt des Nations ; guidée
par la morale & la vertu ſans leſquelles les hom‑
mes ne peuvent être, ni vraiment libres, ni
heureux. Si de même que la félicité, la Politique
ne peut être parfaite, que les hommes ne laiſſent
pas de faire des efforts pour la rendre meilleure :
leur bien‑être augmentera dans la même pro‑
greſſion

greſſion que leurs lumieres, leur raiſon & leur
liberté.

HEUREUSE liberté! objet chéri de tous les
cœurs généreux! fille de l'équité & des loix!
viens fixer ta demeure parmi les habitans de la
terre: briſe les chaînes des Nations; bannis l'affreux Deſpotiſme qui rend inutiles pour elles, tous
les dons de la Nature: ranime dans nos ames ce
feu dont tu brûlas jadis tant de héros: que leurs
noms reſpectables excitent encore notre vénération la plus tendre: forme au milieu de nous,
des hommes qui leur reſſemblent. Que l'eſclave
avili rougiſſe de ſes fers; que le cœur du Citoyen
s'échauffe & treſſaille à ta voix. Inſpire le ſage
qui médite; donne lui le courage de réclamer tes
droits. Anime le guerrier de cette noble ardeur
qu'il ne doit qu'à ſa Patrie & non à ſes oppreſ-
ſeurs. Sois dans la bouche du Magiſtrat; qu'il
défende tes droits contre les ennemis qui voudroient les anéantir; enfin que la raiſon, guériſ-
ſant les préjugés de ces Princes qui te perſécutent, leur montre que ſans toi leurs Etats ne peuvent être ni puiſſants ni fortunés, que ſans toi
leur pouvoir ne peut être établi ſur une baſe
inébranlable.

Sommaire du Septieme Discours.

DE LA
POLITIQUE
EN
GÉNÉRAL.

§. I. *Définition de la Politique.*

La Politique est l'art de gouverner les hommes, ou de les faire concourir à la conservation & au bien-être de la Société. L'on ne peut douter que l'art de rendre les Peuples heureux ne soit le plus noble, le plus utile, le plus digne d'occuper une ame vertueuse : il fut toujours l'objet des méditations du Philosophe, du Citoyen raisonnable & des Souverains pénétrés de leurs devoirs. Nous la définirons l'expérience appliquée au Gouvernement & aux besoins de l'Etat.

Pour remplir ses devoirs & pour travailler à son propre bonheur, le Citoyen dans la vie privée n'a besoin que de veiller sur lui-même & de régler sa conduite; mais les hommes que le Destin place à la tête des Empires doivent non seulement veiller sur eux-mêmes, vû que leur propre conduite influe de la façon la plus marquée fur toute la Société, mais encore contenir ou diriger les intérêts divers, les paſſions discordantes d'une multitude trop ſouvent privée d'expérience & de raiſon; enfin ils doivent réunir d'intérêts & faire conſpirer avec eux des Nations & des Souverains ſur leſquels ils n'ont d'autre pouvoir que celui de la perſuaſion & celui de la force à ſon défaut.

RIEN ne paroît plus difficile, que de faire agir de concert les membres d'une ſociété. Rien ne ſemble demander autant de ſagacité, de vigilance & de force que l'art de diriger les paſſions divergentes d'une multitude d'hommes vers un même but, & de les ramener à un centre commun dont elles s'écartent ſans ceſſe. C'eſt le chef-d'œuvre de la ſageſſe éclairée par l'expérience ou de la philoſophie, que de faire contribuer toutes les volontés particulieres à l'exécution d'un plan général qui ſouvent contrarie leurs penchants, leurs intérêts perſonnels, leurs préjugés, & de les ſoumettre à la volonté publique, indiquée par la loi. Il n'y a que la ſageſſe la plus conſommée qui puiſſe donner aux différents reſſorts de l'Etat, le dégré de tenſion dont ils ſont ſuſceptibles; enfin il n'y a que la raiſon la plus exercée qui puiſſe faire découvrir les nouveaux reſſorts qu'il faut de tems en tems ſubſtituer aux anciens, lorſque les circonſtances leur ont fait perdre leur efficacité.

TELS ſont les objets que la Politique embraſſe. Ce n'eſt pas tout encore: non contente de veiller ſur l'intérieur de la Société, elle eſt forcée d'étendre ſes vûes au-dehors; de porter un œil attentif fur les mouvements & les intérêts des Nations voifines, d'arrêter leurs entreprifes, de prévenir les effets de leurs paffions, de leur ambition, de leur avidité, d'empêcher qu'elles ne raviffent les avantages procurés par la Nature ou l'induftrie; enfin de déterminer des fociétés indépendantes à feconder fes projets.

§. II. *La même Légiflation ne convient pas à tous les Peuples.*

GOUVERNER un Peuple, c'eft tenir la balance entre fes paffions, c'eft réprimer celles dont les effets peuvent être dangereux, c'eft faire tourner au profit de l'Etat celles qui peuvent lui être avantageufes. Mais les paffions des Peuples ainfi que celles des Individus, font infiniment variées; elles font excitées, entretenues & modifiées par les loix, par les ufages & fur-tout par les opinions, fouvent plus fortes que la Nature, que la Raifon, que les Loix, & qui oppofent quelquefois à la Politique la plus fage des barrieres infurmontables. Ces paffions & ces difpofitions enracinées par l'habitude dans les ames du plus grand nombre des individus, conftituent, pour ainfi dire, le tempérament d'une Nation: il ne peut être le même pour toutes les fociétés; il eft formé & nourri par leurs befoins, leurs circonftances, leur climat, leur fol, leurs productions, leurs aliments, &c. Toutes ces chofes mettent des nuances & des variétés prefqu'infinies entre la façon d'être & de penfer des Nations; ce feroit donc une entreprife ridicule & frivole que de prétendre gouverner toutes les fociétés humaines d'après des Loix uniformes: ce feroit une folie de prescrire à la Politique autre chose que des regles générales: les regles de détail deviendroient souvent fausses & nuisibles dans la pratique, & des circonstances imprévues les rendroient sans cesse inutiles. Il seroit aussi peu sensé de gouverner tous les Peuples d'après les mêmes maximes, que de traiter toutes les maladies suivant la même méthode, ou que de prescrire à tous les hommes un même plan de vie.

En effet, il est des Etats que leurs circonstances & leur position rendent nécessairement guerriers; d'autres ont plus besoin de la tranquillité ou de la Paix: les uns, entourés de voisins injustes & puissants, doivent être toujours préparés à repousser tous ceux qui troubleroient leur félicité; d'autres, par l'aridité de leur sol, sont obligés de chercher dans un commerce paisible, les ressources que la Nature leur refuse, & les Etats voisins leur fournissent les productions d'un terrein plus abondant. Les Nations varient par l'étendue de leur terrein: les unes possedent un pays vaste, d'autres sont resserrées dans des bornes étroites; les unes occupent les rivages de la Mer, d'autres sont enclavées dans les terres; les unes sont défendues par des fortifications naturelles, d'autres n'ont de remparts que leurs propres forces; les unes condamnées au travail sous un ciel rigoureux luttent contre la Nature & sont plus robustes, plus actives, plus entreprenantes; d'autres, sous un climat heureux, satisfont leurs besoins avec plus de facilité, se livrent à la mollesse & à l'inaction; les unes travaillent pour améliorer leur sort, les autres s'endorment dans la jouissance & perdent toute énergie. Quelques Peuples sont courageux, fiers, amoureux de la

liberté; d'autres font timides, énervés, & femblent faits pour l'efclavage. Les uns privés de
commerce font plongés dans l'indigence, d'autres
nagent dans les richeffes & fe corrompent par le
luxe. Enfin, les uns ont adopté des Loix, des
Ufages, des Préjugés, des Religions particulieres; d'autres font foumis à des Inftitutions, à
des Erreurs, à des Opinions différentes.

UNE même légiflation ne peut donc pas convenir à des Peuples que là Nature & leurs circonftances ont rendus fi diffemblables, dont les
befoins font fi différents, dont les idées font fi
éloignées les unes des autres. La Politique doit
gouverner les hommes tels qu'ils font; les Loix
doivent avoir égard à leurs circonftances actuel-
les. L'effet de la fageffe la plus éclairée fe borne
à ramener les Peuples à la Nature, lorfque la
dépravation de leurs mœurs, de leurs opinions,
& de leurs ufages les en ont écartés. Les Nations entieres, ces individus de la grande Société
du monde, font fujettes à des erreurs & à des
égarements, comme les individus qui compofent
les fociétés particulieres. Ainfi que les Corps
Phyfiques, elles éprouvent des crifes, des délires,
des convulfions, des révolutions, des changements de formes; elles ont une naiffance, un
accroiffement, un dépériffement; elles paffent
fucceffivement de la fanté à la maladie, & de la
maladie à la fanté; enfin comme tous les êtres
de l'efpece humaine, les Nations ont une enfance, une jeuneffe, un âge viril, une décrepitude,
une mort, terme fixé par la Nature à tous les
ouvrages de fes mains.

§. III. *Ni aux mêmes Peuples dans tous les tems.*

Il est donc aisé de sentir que la Politique ne peut dans ces différents Etats & dans leurs divers périodes, gouverner les Peuples d'une manière constante & uniforme, ni leur donner des Loix qui leur soient toujours également utiles. Si les Nations restoient au même état; si leurs besoins n'étoient pas sujets à varier; si la sagacité pouvoit prévoir les événements auxquels elles seront exposées, si leurs passions n'agissoient pas très diversement, il seroit possible de leur prescrire des Loix stables qui leur conviendroient en tout tems. Le Législateur ne peut jamais envisager que l'état actuel de sa Nation. Un Peuple pauvre, peu nombreux, dénué de commerce, privé de liberté n'est point susceptible des mêmes Loix qu'un Peuple riche, nombreux, & libre. Dans l'origine des Sociétés Politiques, les Nations n'étoient communément qu'un amas de guerriers sauvages, indigents, sans agriculture, sans habitations fixes, sans industrie ni commerce, qui, peu attachés à une contrée, erroient sans cesse & changeoient incessament de demeures. Peu-à-peu ces Nomades se sont fixés, ils ont pris de l'assiette, ils ont goûté les douceurs de la paix & d'une vie moins agitée; alors ils se sont livrés à l'agriculture, aux manufactures, au commerce. Il est aisé de sentir que leurs Loix ont dû changer à mesure qu'ils se sont perfectionnés: celles qui avoient été fort utiles dans l'origine, devinrent fort nuisibles par la suite; celles qui convenoient à des soldats, ne purent plus convenir, ni à des marchands, ni à des cultivateurs. Les premieres Loix des Nations dûrent toujours être simples &

peu nombreuſes: ſelon que les beſoins s'augmen-
terent, ces Loix dûrent ſe compliquer & ſe
multiplier. Enfin les richeſſes ayant dépravé les
mœurs, la Légiſlation qui doit ſuivre l'état des
Nations dans leurs différents périodes, dut néceſſairement oppoſer une digue plus forte aux
paſſions rafinées & multipliées des hommes.

§. IV. *Les Loix ne peuvent être éternelles.*

FAUTE d'avoir eu égard à ces diverſes circonſtances les Philoſophes & les plus ſages Légis-
lateurs ſe ſont ſans ceſſe égarés. Ils ont cru que
les Loix immuables ſuffiſoient pour rendre les
hommes heureux & leurs gouvernements ſtables:
ils ſe ſont flattés que les Peuples reſteroient au
même état où ils les avoient trouvés; ils n'ont
point fait attention aux événements imprévus,
aux changements d'idées & de beſoins que le
tems pourroit produire dans les ſociétés auxquelles ils preſcrivoient des regles. Eh ! comment
euſſent-ils pu prévoir des événements cachés
dans le ſein de la Nature & du Deſtin? L'expérience ſeule pouvoit leur faire connoître en général que par-tout l'habitude, le préjugé, l'uſage
étoient bien plus forts que la raiſon.

§. V. *Du Préjugé favorable à l'antiquité.*

ON voit donc combien ſont dangereux les préjugés qui font regarder indiſtinctement les Loix
adoptées par nos Peres, comme la regle invariable
de la conduite actuelle des Etats. L'antiquité a tant
de droits ſur les hommes, qu'ils craindroient de
ſe rendre ſacrileges, en s'écartant de ſes inſti-

tutions. Les fiecles femblent interdire tout examen: ce qui a duré long-tems, paffe toujours pour inviolable & facré. Quand par les changemens des circonftances, les Peuples & ceux qui les gouvernent fe trouvent dans la détreffe, on va communément chercher des remedes dans les Loix primitives ; on fe flatte d'être plus heureux, dès qu'on fuivra ce qui fe pratiquoit autrefois ; & l'on ne s'apperçoit pas que des Loix antérieures aux circonftances, ne peuvent point remédier aux inconvénients que ces circonftances ont amenées. Ne fentira-t-on jamais que le tems, en changeant les opinions, les befoins, les paffions, les préjugés des hommes, fait que leur pofition préfente eft néceffairement en contradiction avec les Loix qui étoient autrefois en vigueur ? Locke, en donnant des Loix à la Géorgie Américaine, ne voulut point qu'elles duraffent au-delà de cent ans.

C'est à la raifon actuelle à corriger, à changer, à détruire même les inftitutions anciennes dont l'expérience a fait connoître les abus, les dangers, l'inutilité. La plupart des Nations Européennes font aujourd'hui tyrannifées par des Loix anciennes qui luttent avec leur fituation actuelle : on les refpecte encore parce qu'elles étoient refpectées autrefois : des ufages & des coutumes injuftes, inventés par des Barbares fubjuguent encore des Peuples policés. Des Loix militaires faites par des-conquérants fauvages, font en vigueur dans des pays paifibles & qui fubfiftent par le commerce. Les Loix Romaines font lés regles de plufieurs Nations qui n'ont rien de commun avec l'ancienne Rome. Que dis-je ?

les loix, les coutumes, les ufages ne font point
les mêmes dans les différentes Provinces d'un
même Etat; chaque portion d'une même Nation
eft gouvernée d'après les regles qui lui furent
données par d'anciens Souverains & dans des
circonftances qui n'exiftent plus. Chacune s'ob-
ftine à retenir fes vieilles inftitutions qu'elle appelle des privileges & des droits, tandis que
fouvent elles font très nuifibles, très infenfées,
très injuftes.

§. VI. *Vices des légiflations.*

DE CE mélange bigarré de loix & de coutumes, il réfulte parmi les Nations modernes, une
jurifprudence ténébreufe, abfurde, contradictoire,
prefque toujours aux prifes avec la droite raifon.
Les tribunaux les plus éclairés, gênés fans ceffe
par des formes, des ufages, des préjugés, des
regles déraifonnables, ne fçavent comment pro-
noncer. Au milieu d'un cahos de loix inintelligibles, l'équité ne fçait quel parti prendre & décide au hafard. Des Loix myftérieufes, compliquées & peu claires annoncent un deffein formé
de tendre des pieges aux Citoyens & de les enla-
cer. Les loix doivent être intelligibles pour ceux
qui doivent les obferver; les loix multipliées annoncent un mauvais Gouvernement. Par une
étrange fatalité, dans les Etats qui fe vantent le
plus d'être libres, les loix & leur réforme font
entiérement oubliées. Il n'exifte point encore de
légiflation fupportable parmi les hommes; l'opinion, l'autorité furannée, la routine qui jamais
ne raifonne, voilà les guides des Nations les plus
éclairées: fouvent le Citoyen feroit plus heureux

de n'avoir point de Loix & de se laisser guider
par le bon sens naturel, que par une multitude de
Loix qui l'empêchent de connoître ses droits.
Par là les jugements deviennent arbitraires : le
juste & l'injuste se confondent ; rien de fixe dans
les décisions des tribunaux. Le juge est quelquefois forcé, en faveur de la Loi & de la forme,
de renoncer à l'équité. De-là résultent ces dé-
lais, ces longueurs interminables dans les procès
des Citoyens. Les Nations sont remplies d'une
foule d'hommes dont la fonction est d'interpréter, de commenter, d'éclaircir une science mys-
térieuse pour le reste des Sujets ; personne ne peut
se flatter de voir clair dans ses propres affaires ;
personne ne peut s'assûrer s'il a le bon droit de
son côté. *La forme est la protectrice des Peuples.*
Tel est l'axiome de notre siecle : peu de personnes
nes ont assez d'expérience pour se mettre à couvert des défauts de formalités ; cependant ils suffisent parmi nous, pour anéantir les droits les
mieux constatés, & pour faire triompher l'iniquité plus avisée. La substance du Citoyen est
dévorée par des hommes faits pour le maintenir
dans la jouissance de ses biens ; elle est la proie
d'un tas de sang-sues avides, dont l'unique occupation est d'obscurcir & de déguiser la vérité
qu'ils se vantent de défendre, ou de mettre dans
son jour ; les familles désolées par leur rapacité,
leur mauvaise foi, ou leur incapacité, regardent
souvent la Loi comme un fléau, & l'on est quelquefois tenté de préférer les décisions arbitraires
& promptes des pays les plus despotiques, à la
justice prétendue que l'on obtient dans beaucoup
de contrées libres & policées.

§. VII. *Les Loix doivent céder aux besoins de l'Etat.*

AINSI, dès que les Nations ou ceux qui les gouvernent se sentiront pressés par la force des circonstances, qu'ils remontent aux principes de l'association des hommes, qu'ils étudient leur nature, qu'ils consultent l'expérience & la raison, qu'ils pesent l'utilité; qu'ils s'informent, non de ce qui s'est fait jadis, ou de ce qui se fait aujourd'hui, mais de ce qu'il faudroit faire; qu'ils cessent de se régler sur des usages, des institutions & des loix barbares & ridicules qui n'ont pour eux que la sanction de l'ignorance, du préjugé, de l'habitude, de l'ancienneté; qui n'ont jamais été sérieusement examinés dans l'origine; qu'une vénération stupide & machinale continue à respecter. Qu'ils comprennent enfin que les Loix sont faites pour les Peuples, & non les Peuples pour les Loix.

PRÉTENDRE que les Loix antiques ne peuvent être abrogées, est une prétention aussi absurde, que d'exiger que les hommes faits continuassent à se servir des vêtemens de leur enfance, ou des bandelettes dont ils étoient entourés au berceau. A mesure que la vie sociale s'éclaire, se perfectionne ou s'altere, ses regles & ses maximes doivent changer. Presque toutes les Nations sont les dupes de préjugés superstitieux & politiques, directement opposés à leurs intérêts les plus chers. L'expérience & la raison ne sont presque jamais appellées aux conseils des Souverains. La Nature & le besoin doivent guider les hommes & leur commander préférablement aux loix, aux

coutumes, aux établissements quelconques; leur
Empire est antérieur à toutes les institutions humaines; la raison publique, comme celle des individus, est fondée sur l'expérience; la Politique,
je le répete, n'est que l'expérience ou la raison
appliquée aux besoins de l'Etat; dès qu'une Loi
devient nuisible, elle doit être ou changée ou a-
brogée. La raison doit en tout tems remédier
aux vices des Loix; elles n'ont été souvent que
l'ouvrage de la force ou du préjugé.

§. VIII. *La Philosophie utile à la Politique.*

Des Philosophes ont donné quelquefois des
Loix aux Nations; les *Solons*, les *Licurgues* furent des sages: les hommes qui ont médité la Nature Humaine sont seuls en état de sentir & de
corriger les vices qui peu-à-peu se glissent dans
la pratique, & qui communément amenent la décadence & la ruine des Etats. Ainsi n'écoutons
point ces déclamateurs imbéciles qui prétendent
que la Philosophie rend incapable des affaires.
Les Peuples seront heureux, suivant Platon, *quand
les Philosophes seront des Rois, ou quand les Rois
seront des Philosophes.* En effet la Philosophie
est-elle autre chose que l'étude des causes & des
effets, l'examen de ce qui est utile ou nuisible à la
Société? Ainsi, dire que la Philosophie est inutile
ou contraire à la Politique, c'est dire qu'il est inutile ou dangereux de méditer ou de refléchir mû-
rement sur l'objet le plus important au bonheur
des Nations, & qu'elles ne doivent être gouvernées que par la folie, la routine, l'imprudence &
le caprice. *Agrippine*, selon Tacite, détourna
son fils Néron de la Philosophie, & *Néron* devint

bientôt le plus cruel, le plus infenfé des Tyrans.

La connoiffance du cœur humain & de fes
mouvements divers feroit-elle donc indifférente
à la Politique dont la fonction eft de mettre fes
refforts en action? Une routine aveugle fuffiroit-
elle pour faire trouver les remedes applicables à
des événements imprévus & à des circonftances
qui changent, pour ainfi dire, à tout moment?
Il n'eft pas étonnant que les légiflations les plus
fages dans l'origine n'aient pas toujours eu les
effets defirés; que les inftitutions les plus pruden-
dentes aient été fans folidité; que les principes,
qu'on regardoit comme les plus incontestables,
fe foient fouvent démentis dans la pratique. Il eft
des chofes que la prudence, la réflexion, l'expérience peuvent prévoir & prévenir; jamais les
yeux les plus perçants ne découvriront les mobiles fecrets, les germes cachés, &, pour ainfi
dire, les éléments politiques qui, en fe combinant
peu-à-peu, forment à la fin des maffes capables
de changer la face des Nations, de les diffoudre
& de les détruire.

On reproche à la Philofophe de faire des Citoyens indifférents, & peu capables de fervir la
Patrie : fous un Gouvernement éclairé, dans
une Nation libre, dans un pays foumis à des Loix
raifonnables, le Philofophe fera toujours un Citoyen actif, qui méditera pour fes Concitoyens,
qui s'échauffera de l'amour de fon pays, qui tra-
vaillera pour étendre la fphere de fon bonheur.
L'homme inftruit eft compté pour quelque chofe
dans un Pays bien gouverné ; les Solon , les
Platon, les Xénophon furent écoutés dans A-

thenes, & confidérés de leurs compatriotes. Il n'en eft pas de même d'un Gouvernement despotique, l'homme éclairé y eft fufpect, y paffe pour un mauvais Citoyen; il n'eft pour une adminiftration infenfée, qu'un Cenfeur incommode; & réduit à penfer en fecret, il fe contente de gémir fur une Patrie gouvernée par des imprudents affez fous pour punir quiconque oferoit la fervir.

§. IX. *La Politique doit fonger à l'avenir.*

La Légiflation la plus fage ne peut prétendre qu'à preffentir les conféquences heureufes ou malheureufes des circonftances déjà connues; elle fe prémunit alors contre les fuites funeftes qu'elles peuvent avoir; elle prépare des événements & jette d'avance les fondements d'un bonheur à venir. En voyant l'indolence & l'incurie criminelle de ceux qui gouvernent le monde; en voyant la légéreté coupable avec laquelle ils prodiguent & les hommes & les tréfors dans des guerres inutiles & continuelles; en voyant l'impéritie, l'ineptie, l'étourderie avec lefquelles fe font des Loix qui décident fi fouvent du fort préfent & futur des Nations, on feroit tenté de croire que le hazard feul gouverne les hommes, que la prudence n'a rien de commun avec la Politique, que ceux qui reglent les deftinées humaines ne fongent pas au lendemain. Politique bien foible & bien frivole, que celle qui ne s'occuperoit que d'un bien-être préfent. Elle doit prévoir & prévenir. Enfin fa fageffe doit remédier aux événements fubits & inattendus qui menacent l'exiftence de l'Etat qu'elle gouverne.

§. X.

§. X. *Les Loix doivent varier, en raison de l'étendue des pays.*

L'ÉTENDUE des pays & le nombre de leurs habitants doivent mettre une très grande différence entre les Légiſlations. Un petit Etat, renfermé, pour ainſi dire, dans l'enceinte d'une ville, dont tous les Sujets rapprochés ſe connoiſſent les uns les autres & ſont en quelque façon toujours ſous les yeux du Souverain, dont les beſoins & les maux lui ſont toujours connus, un tel Etat, dis-je, n'a pas beſoin de Loix auſſi ſévères, auſſi compliquées, auſſi multipliées que celles d'un Empire dont la vaſte circonférence fait que le mouvement imprimé par le centre s'affoiblit toujours à ſes extrémités. Voilà pourquoi les grands Etats finiſſent communément par tomber dans les fers du Deſpotiſme. Les hommes ſeroient bien plus heureux, ſi l'étendue de leurs ſociétés politiques étoit plus proportionnée aux forces naturelles de ceux qui les gouvernent.

IL ſeroit, peut-être, fort utile de partager & de morceler les grands Etats en diſtricts ou provinces, afin d'en former une confédération réunie, ſoit ſous un Chef, ſoit ſous une aſſemblée générale de Repréſentans, compoſée des Députés choiſis par les aſſemblées particulières de chaque Diſtrict ou Province, tandis que ceux-ci ſeroient élus par les Citoyens de la même partition. Il y a lieu de croire qu'une tel arrangement préviendroit les inconvéniens attachés, ſoit à la grandeur démeſurée, ſoit à la petiteſſe extrême des Etats. Les petits trouveroient de la force dans la confédération générale, & les Peuples ſeroient exempts des malheurs ſans nombre, &

de l'affreux defpotifme auquel les grands Etats font expofés. Il faut une grande force pour mou- voir de grandes maffes. Rien de plus rare & de moins permanent qu'un grand Etat fagement gou- verné.

§. XI. *Objets de la Légiflation.*

LA Légiflation feroit parfaite, fi elle embraf- foit tous les rapports de la fituation, de l'éten- due, du fol, du climat, du tempérament, du génie, des mœurs & des idées des Peuples. Sou- vent ces chofes font très peu d'accord entre el- les; il n'y a donc qu'une attention continuelle de la part de ceux qui gouvernent qui puiffe tenir une jufte balance au milieu du conflit des circon- ftances qui luttent fans ceffe les unes contre les autres. Si les loix d'une fociété ne peuvent pas être toujours les mêmes; fi fes befoins varient; le Gouvernement doit être occupé fans relâche à remonter une machine dont les refforts s'ufent à la longue; il doit en fubftituer de nouveaux à ceux qui ont perdu leur activité.

UN Ancien a dit que *celui qui commande à tous doit être le plus fage de tous.* Les lumieres que procure l'expérience, donnent un afcendant nécef- faire fur le commun des hommes: cette fupério- rité, fondée fur l'utilité, confere, pour ainfi di- re, aux Citoyens les plus expérimentés & les plus vertueux, le droit de diriger ceux qui font moins inftruits. Commander eft alors un bienfait; c'eft guider les pas des aveugles & des foibles. La So- ciété ne peut, fans y trouver des avantages, con- fentir à foumettre fa conduite à ceux qui la gou- vernent. Ainfi la Politique fuppofe des réflexions plus profondes, des vues plus étendues & une expérience plus confommée que celle du vulgaire occupé de travaux qui l'empêchent communément de méditer. Les Nations étant, comme on a vu, fujettes à des erreurs, à des accès d'enthoufiafme, à des préjugés qui fouvent tendent à leur ruine; leur fort eft déplorable, fans doute, lorfque ceux qui les gouvernent font eux-mêmes enivrés des idées fauffes qui les aveuglent. La Politique doit être calme, exempte de paffions & de préjugés; fans celà une Nation aveugle n'eft conduite que par des aveugles qui marchent à leur perte.

§. XII. *Les mauvaifes loix rendent les hommes méchants.*

La Légiflation fuppofe, dit-on, tous les hommes méchants; ne feroit-il pas plus vrai de dire que le mauvais Gouvernement les rend tels, que c'eft lui qui fait éclore la plupart des vices, des paffions, des opinions fauffes dont ils font infectés? Les hommes feroient & plus heureux & meilleurs, s'ils étoient plus fagement gouvernés: ils ne font méchants, que parce qu'ils fe trompent, & fur les objets dans lefquels ils placent leur bonheur, & fur les moyens de les obtenir.

La Politique ne doit pas étouffer l'intérêt perfonnel ou l'amour de foi qui anime tous les hommes, mais les faire tourner au profit de la Société: elle doit confulter le génie des Peuples qu'elle gouverne: elle doit adapter fes loix à leur tempérament. Des Peuples fiers, courageux & libres doivent être guidés par l'honneur, la confidération, l'eftime; des Peuples éclairés &

raifonnables, par la raifon. La fonction de la
Politique eft de diriger, de tempérer, de rectifier les paffions & les opinions des Peuples; il
feroit très dangereux qu'elle en fût elle-même
l'efclave. Toute erreur eft nüifible aux hommes,
cependant l'erreur même leur eft fouvent devenue chere: l'habitude les y retient; ce feroit les
irriter, que de leur arracher de vive force les
objets qu'ils ont coutume de refpecter & de chérir. Les préjugés des Peuples exigent toute la
prudence de ceux qui les gouvernent; on n'y
touche pas fans péril, ce font des plaies qui demandent à être traitées d'une main légere. Le
Peuple eft un malade que les remedes trop violents révolteront toujours; l'on ne doit les lui
préfenter, que lorfque les palliatifs & les adou-
ciffants ont été vainement épuifés. Quand les
maux réfultants des préjugés font portés à l'excès
& menacent le corps politique d'une diffolution
prochaine, les dépofitaires de l'Autorité font
quelquefois forcés de contraindre les Peuples à
être heureux malgré eux-mêmes: femblables à
ces malades, furieux tandis qu'on les opere, ils
s'applaudiront enfin de l'utile rigueur qui les aura
garanti de la mort.

§. XIII. *Remedes que la Politique doit employer.
De l'Education.*

MAIS, dira-t-on, quels font ces remedes doux
qui agiffent infenfiblement, qui aident la Nature
à fe débarraffer, fans la brufquer ou la traverfer
dans fa marche? Il n'en eft point de plus fûrs que
l'Education & l'Inftruction. Si l'Autorité permet aux Sujets de s'éclairer, fi ceux qui font ap-

pellés aux emplois & deftinés à veiller fur les Peuples fe dégagent des préjugés, après en avoir
connu les fuites & les dangers, ils deviendront
autant de digues contre l'impétuofité d'une foule
aveugle & imprudente: les lumieres de la raifon
s'étendront de proche en proche, & peu-à-peu
toutes les parties d'une Nation feront proportio-
nellement & fuffifamment éclairées.

L'ÉDUCATION eft, dans les mains de la Politique, le moyen le plus fûr d'infpirer aux Peuples, les fentimens, les talents, les idées, les
vertus qui leur font néceffaires. C'eft dans un
âge tendre que l'homme eft difpofé à recevoir
les impreffions qu'on defire; c'eft alors qu'il eft
important à la Politique de fe former des coopérateurs. Au lieu des idées abftraites & fatigan-
tes dont on occupe communément les premieres
années de la jeuneffe, que l'on verfe dans leurs
ames la connoiffance fi fimple de leurs devoirs
naturels, les idées de la juftice, & de la fociabi-
lité, l'amour pour la Patrie, l'enthoufiafme de
la vertu, l'ambition d'être utile; objets bien plus
intéreffants, fans doute, que des fpéculations
frivoles, & qu'une foule de connoiffances ftériles
que l'on ne peut appliquer aux befoins de la Société. Les hommes ne font malheureux, infociables & méchants, que parce qu'on néglige de
les éclairer fur leurs vrais intérêts; un mauvais
Gouvernement ne fait que les divifer, les abru-
tir, les rendre infociables, féparer l'intérêt perfonnel de l'intérêt général; en un mot, il feme
le vice, & ne peut être furpris de ne point recueillir des vertus. De mauvaifes Loix, des Gouvernements injuftes, des inftitutions vicieufes,
des ufages extravagants, des fuperftitions fana-

tiques, inhumaines, intolérantes, infociables ne formeront jamais que des mauvais Citoyens.

§. XIV. *La Politique doit s'occuper des mœurs.*

C'EST à la Politique à former les mœurs des Nations; elle doit leur infpirer les difpofitions néceffaires à leur maintien, à leur fûreté, à leur profpérité. Si la population eft un objet effentiel à l'Etat, la légiflation rendra chers & facrés les liens du mariage. Elle intéreffera des pères vertueux à former à l'Etat des Sujets fideles; elle obligera les enfants à la fubordination néceffaire pour recevoir les inftructions que l'on voudra leur donner; elle doit exciter à la reconnoiffance, & châtier l'ingratitude qui étoufferoit dans les cœurs la bienfaifance, ce lien fi doux des Sociétés. Elle encouragera les fciences, les arts & toutes les connoiffances dont il réfulte une utilité véritable: elle infpirera l'amour de la juftice qui bannit d'entre les Sujets, la fraude, la tromperie, le menfonge & les vices dont l'effet eft de mettre les hommes en garde les uns contre les autres. Il importe à l'Etat de commander à des hommes vertueux; rien de plus difficile à gouverner qu'une Société dont les membres font corrompus.

POUR corriger les hommes, il faut rectifier leurs idées; l'ignorance & les préjugés ne feront jamais que des pervers. La légiflation doit fixer l'opinion publique, & ne s'en laiffer dominer, que lorfqu'elle eft conforme à la raifon ou au bien de la Société. Si l'opinion publique étoit vraie, elle feroit toujours jufte, elle puniroit ce qui eft mal, elle eftimeroit ce qui eft utile & bon; la loi ne feroit que confirmer ſes jugements, & tous les Citoyens ſeroient puiſſamment invités à la vertu & détournés du vice.

En un mot, le Gouvernement doit ſonger à former des corps ſains & robuſtes ; il y parviendra en procurant l'abondance, & l'aiſance, en accoutumant à l'exercice, en rendant le pays ſalubre. Il formera les cœurs de ſes Sujets en leur faiſant enſeigner une morale ſaine, en leur rendant la vertu habituelle, en effrayant le vice & récompenſant les actions louables ; enfin le Gouvernement leur formera l'eſprit, en leur faiſant donner l'inſtruction & les connoiſſances néceſſaires au ſoutien de l'Etat. Rien de plus étonnant que l'indifférence honteuſe que montrent la plupart des Gouvernements modernes ſur des objets ſi importants ; il n'eſt pas, je le répete, un ſeul pays en Europe, où la Politique s'occupe ſérieuſement de l'éducation des Citoyens. Nous ne voyons nulle part ni de Gymnaſtique pour exercer le corps, ni de vraie Morale pour former le cœur : quant aux ſciences, elles paroiſſent réſervées à quelques Citoyens obſcurs que l'Etat n'appelle jamais à ſes conſeils. Eſt-il donc ſurprenant de voir par-tout chez les modernes, des hommes ſans forces, ſans lumieres & ſans vertu. Malgré les connoiſſances dont nous nous vantons, la ſcience du Gouvernement n'eſt encore que très peu avancée.

§. X V. *Elle doit former des hommes d'Etat.*

Si le grand art de la Politique conſiſte à veiller aux beſoins de l'Etat, l'Education ſeule lui

formera, pour ainſi dire, une pépiniere de Citoyens tels qu'elle peut les deſirer. En conſul-
tant les circonſtances de la Patrie, elle pourra
tourner les vues des jeunes Citoyens tantôt vers
l'agriculture, tantôt vers le commerce, tantôt
vers l'art militaire. Un des vices les plus fâcheux de la plupart des Gouvernements, eſt la
négligence des Souverains à former des hommes
propres à les ſoulager dans les détails de l'adminiſtration. On diroit que le choix d'un Monarque,
très ſouvent incapable, ſuffit pour donner à ſes
Sujets, les talents, les connoiſſances, les lumieres
néceſſaires pour remplir les emplois les plus difficiles. Eſt-il donc ſurprenant de voir les Nations gouvernées à l'avanture, réglées par le hazard? Dans un grand nombre d'Etats, les poſtes
les plus éminents ſont communément occupés par
des hommes qui n'ont pour eux que de la naiſſance, un nom illuſtre & peu digne de l'être, la
faveur d'un Prince hors d'état de rien juger,
l'intrigue & la cabale d'une cour qui craint &
déteſte le vrai mérite.

C'eſt une erreur de croire que l'eſprit ſuffiſe
pour faire un Miniſtre, un homme d'Etat. L'eſprit ſans la prudence, ſans l'expérience, ſans la
probité eſt ſouvent une arme dangereuſe. Une
imagination emportée ſe livre à des écarts funeſtes. L'eſprit d'un homme pervers eſt un eſprit
deſtructeur. L'homme d'Etat doit avoir l'eſprit
de ſon métier, qui eſt un eſprit d'ordre, de ſageſſe & d'équité.

Mais trop ſouvent, hélas! ceux qui gouvernent ne ſe donnent pour coopérateurs que des
Citoyens tout neufs ſur la ſcience de l'adminis-

tration, & totalement dépourvus des qualités que leurs postes exigent? Les Peuples sont moins souvent les victimes du sort, que de l'incapacité de ceux que les Souverains mettent à la tête des affaires. S'il existe des écoles, c'est tout au plus pour former des guerriers ou pour prendre une teinture superficielle de la science ténébreuse que l'on a décorée du nom de *jurisprudence*; il n'en existe aucune pour le Citoyen qui veut apprendre l'art de négocier, la science du commerce, l'administration des finances, les vrais besoins des Peuples, en un mot, la Politique. Des Ministres incapables, guidés par une routine toujours aveugle; se transmettent les uns aux autres, un pouvoir qu'aucun d'eux ne sut jamais exercer; des préjugés anciens les guident & sont sacrés à leurs yeux; ou bien chacun s'écarte à volonté du plan que l'on suivoit avant lui. Nulle suite dans l'administration, nulle liaison dans les projets, nulle prévoyance, nulle ressource contre les événements imprévus.

Ouvrez différentes carrieres aux Citoyens; que chacun, dès sa jeunesse entre dans celle qu'on lui destine ou qu'il préfere; que celui qui s'y distingue par ses talents & par ses mœurs, soit assuré de parvenir un jour au but où ses travaux promettent de le conduire. Que l'esprit qu'on inspire au Guerrier ne soit pas celui du Magistrat; que l'instruction du Négociateur differe de celle de l'Artisan; que l'éducation de l'homme du monde, ne soit point celle d'un reclus ou d'un Prêtre. Que tous apprennent à servir la Patrie, mais que chacun apprenne à la servir diversement.

Si la puissance d'un Etat dépend de l'esprit

dont les Peuples font animés, fi fa force n'eft due qu'à la réunion de leurs volontés, on ne fauroit, de trop bonne heure, infpirer aux Sujets, les fentiments que l'intérêt & les befoins de la Nation exigent. C'eft dans la jeuneffe que l'on peut exalter les ames, leur infpirer le goût des grandes chofes, la paffion du bien public, l'amour de la Liberté; c'eft alors qu'on peut leur apprendre à craindre plus le mépris que l'indigence, la honte que le danger, l'infamie que la mort. C'eft alors qu'on peut leur enfeigner à préférer le mérite à l'opulence, les talents à la naiffance, la vertu aux dignités. Une jeuneffe ainfi formée oppofera, dans l'âge mûr, une barriere infurmontable aux ennemis de fon Pays.

§. XVI. *Equilibre de la Politique.*

La Politique doit tenir la balance entre les objets néceffaires à la confervation de l'Etat; fa prudence appuiera fur les chofes les plus importantes relativement à la pofition de la Société. Mais comme fes befoins font variés & fujets à changer, elle empêchera qu'en détruifant l'équilibre, une partie n'entraîne & n'abforbe toutes les autres: ainfi l'éducation doit fe prêter aux tems & aux circonftances.

Pour avoir méconnu ces vérités, l'on voit une foule d'abus & de maux affiéger les Etats. C'eft ce défaut d'équilibre qui fait que les Nations font fouvent forcées de décliner & de tomber tout-à-fait. Un Gouvernement Militaire ne penfe qu'à former des Soldats; par cette Politique la population diminue, l'agriculture eft négligée, le commerce eſt mépriſé ou opprimé. La navigation & le commerce ſont-ils les objets favoris d'une Nation ? Alors la partie militaire devient plus foible, & ſouvent ſa ſûreté eſt ſacrifiée à la paſſion d'acquérir des richeſſes qui, quand elle n'eſt pas contenue dans des juſtes bornes, engourdit & corrompt les cœurs des Citoyens. Examinons ces différents objets.

§. XVII. *De la Population.*

La Population doit être, de l'aveu de tous les Politiques, le principal objet de tout Gouvernement ; cependant, par le délire des Souverains, il eſt ſouvent le plus négligé. En liſant les annales du genre humain, l'on eſt frappé de voir à quel point le nombre des hommes eſt diminué dans la plupart des Etats. A peine oſons-nous ajouter foi aux dénombrements faits du tems de nos ancêtres ; il eſt au moins certain que l'Aſie mineure & l'Egypte jadis ſi peuplées, la Grece, l'Italie, les Gaules, l'Eſpagne, le Nord, qui fut autrefois nommé *l'Officine des Nations*, ne nous montrent aujourd'hui que des contrées déſertes, & par conſéquent des campagnes foiblement cultivées. A la vue de ce ſpectacle douloureux, ou ſeroit tenté de croire qu'un jour l'eſpece humaine ſera forcée de diſparoître, non par les révolutions de la Nature, mais par celles que produiſent les folies de ſes maîtres. L'homme eſt de tous les ennemis le plus dangereux pour l'homme. L'ambition des Princes eſt, dans les mains du ſort, l'inſtrument le plus efficace de la deſtruction des Peuples.

§. XVIII. *Causes de la Dépopulation.*

PLUSIEURS causes ont concouru à cette Dépopulation de la terre ; presque par-tout ces
causes se sont donné la main pour ravager plus
sûrement les Nations. Le Despotisme a successivement établi son empire destructeur sur toutes les parties de notre globe ; en rendant les
Peuples malheureux, il étouffa souvent en eux
le vœu de leur nature qui les invite à se multiplier : on ne multiplie point où l'on ne cultive
point ; on ne cultive point où l'on est opprimé ;
un Gouvernement violent & négligent n'invite
point l'homme à travailler ; il ne songe pas à
écarter de ses Sujets, les pestes, les maladies, les
famines, fruits ordinaires des contrées incultes,
des eaux dormantes, des exhalaisons dangereu-
ses, de la stagnation de l'air que des déserts
arides & des forêts multipliées empêchent de
circuler. Un mauvais Gouvernement anéantit
& la population, & la culture, & la salubrité
des Etats.

LES guerres atroces & continuelles dans lesquelles les Souverains ambitieux entraînerent les
Nations, furent & seront toujours pour elles une
source féconde de destructions: rien de plus fatal
pour les hommes que cette facilité malheureuse
avec laquelle ils sont toujours entrés dans les
querelles futiles des Souverains. La terre fut continuellement arrosée de sang, pour assouvir les
passions inquietes & turbulentes de quelques Héros détestables qui semblent en tout tems avoir
juré la perte des Peuples. Les Rois ne se cru-
rent puissants, que lorsqu'ils eurent des armées

innombrables fur pied. La vie remuante & précaire du foldat, fa pauvreté, fes marches continuelles ne lui permettent gueres le lien du mariage; que dis-je? il lui eft fouvent interdit par
les ordres de fes Maîtres, qui craignent d'en faire un Citoyen.

Les armées trop nombreufes font, non feulement une caufe de dépopulation, mais encore
ces armées deviennent inutiles & nuifibles à leur
pays. Dès que la guerre eft finie, le foldat tombe
dans l'oifiveté. Il ne fait que fe battre, & fier
de fon métier, il fe croiroit deshonoré, s'il s'oc-
cupoit utilement.

La fuperftition plus forte que la Nature, que
la Politique, que les Rois, doit encore être mife
au rang des caufes de la dépopulation d'un grand
nombre d'Etats. La Religion Romaine, plus ennemie du bien public, plus contraire à la faine
Politique, femble furtout avoir formé le projet
de dépeupler l'univers: elle attache, on ne fait
quelle perfection, au *célibat*; elle fait un mérite
à l'homme de fe refufer le plaifir de produire fon
femblable, & fouvent encouragée par la dévotion
des Princes, elle remplit les Nations d'hommes
oififs & inutiles qui contens de dévorer les Etats,
où ils vécurent en pélerins, fe firent un mérite
de mourir fans poftérité. Nous ne parlerons
point ici des guerres de religion, les plus cruelles
de toutes, dans lefquelles les Sujets d'un même
Etat furent excités par leurs Souverains & leurs
Prêtres, à s'égorger les uns les autres pour des
opinions impertinentes. Le monde voit depuis
un grand nombre de fiecles des millions de victi-

mes immolées à la superstition des Princes & à l'orgueil du Clergé.

LE commerce, destiné dans son origine à satisfaire les besoins véritables des Nations, alluma peu-à-peu en elles une soif immodérée des richesses, & leur créa des besoins factices qu'elles ne purent satisfaire, qu'aux dépens de leur population: la navigation & le commerce, devenus les passions dominantes des Nations Européennes, immolerent chaque année des milliers de matelots au Dieu des richesses, & firent perdre à la Patrie par des voyages de long cours, dans des climats peu sains, une foule de Sujets dont le trépas ne servit qu'à fournir à leur Concitoyens, des marchandises dont ils auroient dû se passer. Des hommes laborieux ne sont-ils pas plus précieux à l'Etat, que les rares denrées des deux Indes?

§. XIX. *Remarques sur le même sujet.*

UNE sage Politique doit maintenir l'équilibre dans la population même; celle-ci doit se proportionner à la richesse du sol, à la culture, à l'activité des habitans. Si la chose étoit possible, à quoi pourroit servir de peupler une terre ingrate, incapable de nourrir ses colons? Il n'y a que le Despotisme qui ait l'extravagance de vouloir une population nombreuse sur une terre qu'il rend stérile; il ne veut des hommes que pour en faire des mendiants à charge à la Société. Le Despotisme ne connoît ni le prix ni l'emploi des hommes. Le Tyran croit ses Etats peuplés, quand il y voit un grand nombre de fainéants & de malheureux dont il ne sait que faire,

& qui communément n'ont de reſſource que dans le crime.

LES villes ſe peuplent toujours aux dépens des campagnes. Les champs doivent nourrir l'Etat, les villes ne ſont que des entrepôts deſtinés à fournir aux cultivateurs, les choſes dont ils ont beſoin. Rien de plus oppoſé à une ſage Politique, que des villes immenſes qui finiſſent par abſorber toutes les richeſſes & les habitants de l'Etat. Conſtantinople eſt habitée par un peuple innombrable, que la rigueur du Gouvernement oblige à chercher dans la capitale, un azile contre la Tyrannie qui déſole les campagnes; ainſi que toutes les villes de l'Empire Ottoman, elle eſt preſque ſans ceſſe expoſée aux famines & à la peſte qui en eſt la compagne aſſidue.

LES hommes ne doivent point être déplacés, & les richeſſes ſont faites pour circuler librement dans un Corps Politique bien conſtitué; les villes trop grandes ſont des obſtructions qui font naître des humeurs vicieuſes & qui finiſſent communément par engloutir la ſubſtance, & par intercepter la circulation de ſon ſang. La vie occupée de l'habitant des campagnes l'expoſe moins aux vices qui ſont l'appanage des ſociétés nombreuſes. La ſolitude, des beſoins modiques, une vie paiſible rendent l'homme honnête, l'attachent à ſa compagne, favoriſent la population & l'occupent de ſa progéniture.

DANS les villes, les beſoins, les paſſions, les vices qui ſéparent l'homme de l'homme ſe multiplient; les oiſifs ſe trouvent irréſiſtiblement entraînés au déſordre; leur eſprit & leurs corps s'y dérangent. Une fage Politique doit rendre la vie champêtre agréable à fes Sujets ; ils feront heureux & fatisfaits, toutes les fois que la douceur du Gouvernement les laiffera jouir en paix des fruits d'un travail modéré ; ce travail fuffira toujours pour fatisfaire des hommes dont les défirs feront bornés & raifonnables, & que la contagion des villes n'aura point énervés & rendu infatiables. Par ce moyen la terre fera cultivée ; l'intérêt forcera le laboureur à redoubler d'activité : le Gouvernement fecondera fes efforts par des routes faciles, par des travaux publics, par des canaux, par les inventions de l'art, & fur-tout par des récompenfes. Quelque reffource que l'on emploie, l'agriculture ne peut être que très foible, tant que le Gouvernement fouffrira que les vexations des Grands, que les impôts arbitraires, que le mépris infultant décourage le laboureur ; l'oppreffion lui fait abandonner le champ qu'il a reçu de fes peres.

§. XX. *De l'Agriculture.*

Tout eft lié dans un Etat. L'agriculture exige pour fes travaux, un grand nombre de beftiaux ; la terre a befoin de labour & d'engrais ; les engrais forment les prairies ; les prairies nourriffent les beftiaux & les troupeaux ; ceux-ci fuppofent du commerce, des manufactures & de la confommation ; mais le commerce & la confommation fuppofent de l'aifance dans le cultivateur ; celui-ci n'eft attaché à fa glêbe qu'en raifon des avantages que fa glêbe lui procure : le ferf cultivera toujours négligemment.

Celà fuffit pour nous prouver la folie tyrannique

que de ces Gouvernements qui, fous prétexte de rendre le payfan plus docile, l'accablent tellement d'impôts qu'il ne jouit d'aucune aifance, ne fe nourrit point fainement, trouve à peine de quoi fe vêtir, & finit par négliger une terre qui, malgré fon travail, ne peut jamais le tirer de la mifere. Tout pays devient égal à un homme qui fe nourrit de pain & d'eau, qui couche fur la terre, qui n'eft ni vêtu, ni logé, ni nourri; c'eft la rigueur de l'impôt qui détruit l'agriculture & qui parvient à dégouter le payfan du travail: on ne peut rien tirer de l'homme qui n'a rien. Le cultivateur découragé devient un mendiant. Le nombre des mendiants annonce un Gouvernement négligent & cruel ; c'eft la preuve indubitable d'un vice dans l'adminiftration, lorfque des hommes fains, en travaillant, ne peuvent point fubfifter.

On voit donc que la population fait naître & augmente l'agriculture; plus un Etat a de Sujets, plus ils font obligés de forcer la terre à devenir généreufe. Cependant de même que la culture, la population a des bornes. Plus un Peuple eft heureux, plus il fe multiplie; il peut même à la fin augmenter à un tel degré, que fon fol ne puisfe plus fournir à fes befoins: c'eft alors que l'on peut fonger à former des colonies qui, fubordonnées à l'Etat & fans fe féparer de lui, contribuent à fa force.

§. XXI. Des Colonies.

La formation des Colonies fut chez les Européens la fuite d'une paffion effrénée pour les richeffes, qui fouvent a dépeuplé des monarchies floriffantes. Rien de plus infenfé, que de former des colonies, dans le tems où la métropole manque elle-même de sujets. L'Espagne déjà dépeuplée par des guerres, par la superstition, par l'intolérance, par les vices de son Gouvernement, s'est vu réduite à la foiblesse, à l'inertie la plus honteuse, à l'indigence même, pour aller faire des conquêtes & des établissements dans un nouveau monde dont elle détruisit d'abord les naturels, pour se priver ensuite elle-même de ses anciens habitants. En interdisant à tous ses sujets la sortie de l'Empire, la Chine est tombée dans un excès opposé : malgré l'industrie presqu'incroyable des Chinois, la famine fait des ravages inouis dans cette Nation trop peuplée; mais aveuglément attachée aux institutions de ses peres, elle est forcée de remédier par des usages barbares à une population dont l'excès lui devient souvent funeste. Les Suisses, sous un Gouvernement modéré, sont forcés de vendre le sang de leurs Concitoyens aux Puissances turbulentes de l'Europe, pour se débarrasser des Sujets dont l'abondance affameroit leur pays montueux & stérile. Leur Politique ressemble à celle de ces commandants d'une place forte assiégée qui font faire des sorties à leurs troupes, pour diminuer le nombre des consommateurs.

Les Colonies sont utiles, lorsque la Métropole renferme un plus grand nombre de Citoyens qu'elle n'en peut nourrir & rendre heureux. En établissant des Colonies, les Nations doivent se proposer de former un nouveau Peuple d'Alliés & de Concitoyens. Mais pour parvenir à ce but, il faut que leurs intérêts se confondent; il faut que la Colonie jouisse des mêmes avantages que la Métropole; il faut que celle-ci se souvienne que c'eſt pour leur propre bien-être que les hommes travaillent, & qu'ils ne conſentiront point à travailler pour elle, ſi de ſon côté elle ne leur procure des avantages réels. Le maintien de cette harmonie entre une Nation & ſes Colonies exige la plus grande prudence.

Les Nations Européennes ne paroiſſent pas jusqu'ici s'être formé des idées bien préciſes de la nature & des droits de leurs Colonies; elles n'ont regardé leurs Colons que comme des enfans perdus, peu digne de leurs ſoins & de leurs ſecours, & dès qu'elles ſe ſont apperçu que ces colons commençoient à proſpérer par leur propre induſtrie ou à voler de leurs propres aîles, guidées par leur avidité, les metropoles ont communément prétendu ſoumettre leurs Colonies à des monopoles odieux, à des vexations ſans nombre à des gênes capables de les révolter, ou du moins d'anéantir leur activité. Les Nations les plus libres qui devroient le mieux connoître, & les droits de la liberté, & leurs propres intérêts, ne ſont pas à l'abri de ce reproche: elles ont cru que la *maternité* donnoit le droit d'opprimer ou du moins de continuer à conduire par des liſieres incommodes, des enfans devenus grands & capables de ſe conduire eux mémes. Une colonie, tant qu'elle eſt foible & peu nombreuſe, demeure facilement dans la dépendance de ſa Métropole, mais dès qu'elle s'augmente & commence à ſentir ſes forces, elle connoît le prix de la liberté, néceſſaire à ſon bonheur. Cette ſéparation eſt encore bien plus prompte lorſque la Métropole veut tyranniſer le commerce & l'induſtrie de la Colonie; ſur-tout quand celle-ci ſe trouve trop éloignée, trop étendue, capable de ſe paſſer de secours. Plus les parents sont tyranniques, & plus les enfans se pressent de se souftraire à leur autorité. Une Métropole qui se conduit en marâtre, doit s'attendre à trouver des enfans rebelles dans ses Colons. Toute Colonie fait une Nation à part, qui méconnoît son origine, dès qu'elle est mécontente & assez forte pour se rendre indépendante.

Que les Princes de la terre laissent leurs peuples jouir de la paix; qu'ils les rendent fortunés. L'agriculture, l'industrie, la population augmenteront de plus en plus dans leurs Etats; mais il viendra un tems où la Politique, qui toujours doit se prêter aux circonstances, sera forcée de céder aux efforts de la nécessité; trop d'embonpoint peut nuire à une Nation comme aux individus. C'est alors seulement que l'on peut songer à former des Colonies. Des Peuples gouvernés avec justice, libres & paisibles se multiplieront bientôt, travailleront avec ardeur, auront de l'industrie & de l'activité, répareront les pertes que la fureur des guerres, que les coups même du sort leur auront fait éprouver.

Que les Souverains connoissent donc enfin le prix de l'homme; qu'ils cessent de prodiguer son sang; qu'ils secondent les efforts qu'il fait, dès qu'il en a la liberté; qu'ils n'en attendent plus rien dès qu'ils lieront ses mains. La liberté est nécessaire à l'homme; sans elle il ne travaille que foiblement, il se multiplie à regret; il n'ose se livrer à l'industrie; en un mot, il ne peut jouir d'aucuns des bienfaits de la Nature. Un Gouvernement inique ou négligent est-il en droit de se plaindre du défaut d'agriculture & de population? N'eft-ce pas lui qui fait des déferts? N'eft-ce pas lui qui étouffe dans l'homme le defir de fe multiplier.

§. XXII. *De l'Impôt.*

LES Impôts font un des objets les plus importants dont la Politique doive s'occuper; ils font continuellement une fource de démélés entre le Souverain & les Sujets. Les Chefs des Nations, uniquement occupés à fatisfaire leurs propres paffions ou l'avidité imprudente de ceux qui guident leurs confeils, croient avoir tout gagné, dès que par la force ou la rufe ils font parvenus à attirer dans leurs mains la plus grande partie des richeffes de leurs peuples. Le fecret d'augmenter les impôts eft pour la plupart d'entre eux le chef-d'œuvre de la Politique. Les Peuples, d'un autre côté, ne fe privent qu'à regret des fruits de leurs travaux : chaque homme par fa Nature fe préfere à tous les autres; il aime bien mieux s'appliquer à lui-même les avantages dont il jouit, que d'en facrifier une partie au bien du corps dont il eft membre; l'intérêt qui l'attache à la Société ne fe montre communément à lui, que dans une efpece de lointain; & fouvent il ne fent point ce qu'il doit à fa Patrie. Une Politique guidée par l'équité parvient à rendre moins onéreux aux Sujets, les facrifices néceffaires de leur propriété particuliere. Plus les Peuples feront affectionnés à leur Gouvernement, plus ils auront de confiance en lui; plus il leur procurera d'avantages, & plus ils feront difpofés à lui faire des facrifices. Dans un pays où regne une jufte liberté, où le Souverain n'a d'autres intérêts que ceux de fes Peuples, où les deniers publics ne s'exigent que pour le maintien & la sûreté de la Nation, les Sujets fournissent sans répugnance de quoi remplir des objets dont ils ressentent l'utilité. Le desir de retenir son argent, est alors contrebalancé par l'intérêt de sa propre conservation, liée à celle de la Société. Les impôts sont toujours proportionnés à la bonté du Gouvernement, à la richesse de la nation, aux avantages dont elle jouit. S'il est des pays où l'on ne paie que de foibles impôts, cela vient à coup sûr, soit de l'ingratitude du sol, soit d'un Gouvernement négligent ou cruel qui ne procure aucuns avantages à ses Sujets. Dans la plupart des Etats libres les impôts sont très forts ; le commerce y amene des richesses plus également réparties, & la liberté dont les Sujets jouissent les dispose à contribuer plus gaiement & plus facilement à l'intérêt général.

§. XXIII. *Des conditions de l'Impôt.*

L'IMPÔT doit être universel, c'est un fardeau destiné à être porté par tous les Sujets ; les exemptions de ce genre mettent entre les Citoyens une inégalité aussi injuste qu'affligeante, qui n'est communément favorable qu'à ceux qui sont le plus en état de secourir la Nation. Mais par une absurdité tyrannique, les hommes les plus riches de l'Etat sont communément ceux que l'impôt menage le plus, le fardeau tombe sur le malheureux. Le cultivateur, qui fait vivre la Société, communément très indigent sous un mauvais Gouvernement, est soumis à des taxes souvent très arbitraires dont le noble opulent est totalement exempté ! quels infâmes privileges que ceux qui sacrifient cruellement les misérables aux intérêts des plus fortunés.

L'Impôt doit être fixe; tout Citoyen doit favoir avec précifion ce qu'il eft obligé de contribuer: les impôts arbitraires font une fource de vexations & d'abus; ils fourniffent un champ immenfe à l'injuftice, à la vengeance, à l'envie, à la cupidité, aux paffions.

L'Impôt doit être proportionné aux facultés de chaque Citoyen, aux avantages dont l'Etat le met à portée de jouir, & fur-tout aux befoins réels de l'Etat: il n'aura plus de bornes, dès qu'il dépendra des fantaifies & de l'avarice des hommes qui gouvernent. Dès que l'impôt excede les juftes bornes, le Sujet eft découragé; il cherche à éluder la Loi, ou bien il quitte fon travail & fouvent fa Patrie.

La perception de l'impôt doit être fimple & facile, & ne tomber que fur des objets fenfibles; une perception compliquée eft une vexation inutile; elle augmente le poids de l'impôt fans avantage pour le Gouvernement; elle ne fert qu'à enrichir aux dépens du Peuple, des hommes qui lui font odieux parce qu'il les regarde comme les inftruments de fon malheur.

L'Impôt fur les productions de la terre devroit peut-être fe percevoir en nature, & non pas en argent. La pareffe & l'avidité des Gouvernements ne connoiffent que l'argent: mais les Gouvernements n'ont-ils pas befoin de denrées pour la fubfiftance des armées? Le fuperflu des grains ne peut-il pas fe vendre & fe convertir en argent? Enfin l'impôt en nature ne pourroit-il pas s'affermer, fi le Gouvernement eft trop indolent ou trop preffé pour le percevoir lui-même? Il paroît au moins certain que l'impôt en nature feroit plus facile à percevoir fur le champ & fans fraude, que l'impôt en argent, vû que le Cultivateur n'a pas toujours pu trouver le débit promt de fa denrée; s'il eft pauvre, la néceffité de payer fes impôts en argent, l'oblige de vendre à tout prix, l'empêche d'attendre des occafions plus favorables, & de fe tirer ainfi de fa mifcre.

L'Impôt fur les confommations doit refpecter les productions néceffaires à la fubfiftance du Citoyen; il ne doit s'appefantir que fur les befoins factices ou fur les fantaifies que la vanité du riche multiplie à chaque inftant.

Ce n'eft qu'avec la plus grande précaution que l'on doit mettre des impôts fur le commerce; c'eft un enfant volontaire qui s'effarouche & difparoit, dès qu'on géne fa liberté. Les impôts trop incommodes fur les chofes néceffaires à la vie, font des infracteurs d'un grand nombre de Sujets, & l'Etat eft totalement fruftré des reffources qu'efpéroit fon avidité.

L'Impôt ne devroit jamais tomber fur les productions du pays que l'on tranfporte à l'Etranger; fans cela il décourage l'agriculture, les manufactures & nuit aux objets qu'une Politique fenfée doit toujours favorifer.

§. XXIV. *De la Richeffe de l'Etat.*

Pour que le Souverain tire des impôts de fes Peuples, il faut qu'il leur procure des richeffes. Nul Gouvernement ne peut jouir de l'opulence,

tant que fes Sujets languiffent dans la pauvreté;
ils feront pauvres & découragés, tant que ceux
qui les gouverneront mettront des entraves à leur
induftrie, ou par des impôts arbitraires, injuftes,
exceffifs, les puniront de leur travail. La liberté
eft effentielle à l'Etat que l'on veut enrichir.
Mais dans une Nation riche les vices fe multiplient; fi l'argent eft le nerf des Etats, fouvent
entre les mains d'un Gouvernement déraifonnable,
il devient l'inftrument de leur deftruction. Les
Nations, comme les particuliers, abufent de leur
opulence; fouvent elles diffipent leurs richeffes
en depenfes frivoles & inutiles qui n'ont pour
objet réel que de fatisfaire la vanité de leurs Chefs.
Enfin ces richeffes deviennent le mobile unique
dont un Gouvernement peut fe fervir pour mettre en jeu les paffions des hommes. Alors le luxe s'introduit, & il conduit les Etats plus ou
moins lentement vers leur diffolution. La Politique doit donc fagement contenir la paffion
pour les richeffes dans le cœur des Citoyens. ✗ Il
n'y a qu'une vigilance extrême qui puiffe prévenir
ou du moins éloigner les maux que cette paffion
entraîne. ✗

§. XXV. *De la Richeffe acquife par la guerre.*

LES fociétés, comme les individus, fouffrent
avec peine la pauvreté; comme eux, elles la
trouvent plus affreufe encore, lorfqu'elles com-
parent leur indigence propre avec les richeffes,
les commodités & l'éclat des Nations qui les environnent: alors l'envie, la jaloufie & le defir
de les égaler s'emparent d'elles; les paffions, par
une pente naturelle, vont toujours en croiffant,
& finiffent par ne plus connoître de frein & de

limites. Il n'eſt pour les Nations que deux moyens de s'enrichir, la conquête & le commerce.
Les Peuples riches furent toujours forcés de ſuc-
comber ſous les efforts des Peuples pauvres &
belliqueux. L'Aſie devint la proie des Macé-
doniens. Rome, enrichie des dépouïlles de la
terre, fut dépouïllée à ſon tour par les guerriers
indigents & ſauvages que le Nord avoit vomis
de ſes flancs glacés. Le Chinois & l'Indien ſont
tombés ſous les coups du Tartare vagabond. La
conquête eut toujours un attrait puiſſant pour les
hommes; elle favoriſa leur pareſſe, & leur pro-
cura promptement ou par un effort ſubit, les
richeſſes que les ſoins & les travaux des autres
avoient accumulées pendant des ſiecles. Le motif du Conquérant eſt communément l'ambition,
le deſir de la gloire; le mobile de ſes ſoldats eſt
l'appas du butin. Le Dieu des richeſſes a pour
le moins autant de pouvoir ſur les guerriers, que
le Dieu des combats.

§. XXVI. *Du Commerce.*

LE Commerce eſt la ſeconde voie qu'une Nation ait pour s'enrichir: il ſe diviſe en *intérieur*
& *extérieur*; le premier a lieu entre les Sujets
d'un même Etat, qui échangent entre eux les
fruits de leur induſtrie. Sous un même Gouvernement, une Province peut être ſouvent dans la
diſette, tandis qu'une autre nage dans le ſuper-
flu. L'objet d'une Politique également attentive
pour tous ſes Sujets, doit être de faciliter ces
échanges ſi néceſſaires à la conſervation & au
bien-être de la Société totale: il n'y a qu'une
politique inſenſée ou criminelle qui interdiſe aux
Sujets d'un même Etat, la liberté de commercer

avec leurs Concitoyens. Une telle conduite eft faite pour décourager l'agriculture: elle ne peut être fondée que fur des monopoles odieux: elle prive les membres d'une même fociété de leurs befoins: elle enrichit quelques particuliers aux dépens du grand nombre. La Politique devient une tyrannie, dès qu'elle procure le bonheur de quelques Sujets par le malheur du refte.

Le Commerce extérieur confifte dans les é-changes qu'une Nation fait avec d'autres Nations. Un Peuple qui poffede foit un fol plus étendu, foit des terres que la Nature & l'induftrie ont rendu plus fertiles, en un mot, qui lui fournis-fent au-delà de fes befoins, eft en état de porter à d'autres Peuples moins favorifés ou moins in-duftrieux, les productions de fon terrein. Ce Commerce eft connu fous le nom *d'exportation*. En échange une Nation reçoit, ou des produc-tions utiles à elle-même, dont elle manque, ce qui s'appelle *importation*, ou des métaux précieux que les hommes font convenus de regarder com-me les fignes de la richeffe. La même inégalité que la Nature a mife entre les individus de l'efpe-ce humaine, fe trouve auffi entre les Sociétés. Toutes les Nations ne jouiffent point d'un même climat, d'un même fol, toutes n'ont ni la même induftrie, ni les mêmes productions. Elles font donc pour leurs befoins, dans une dépendance réelle qui les rend utiles ou néceffaires les unes aux autres. D'où l'on voit que le Commerce eft un lien commun qui rapproche les Nations les plus éloignées; qui établit entre elles des rapports & des devoirs, trop fouvent méconnus par des Commerçants avides & armés. Par la conduite qu'ont tenu prefque toujours les Européens avec les Peuples dont ils ont fait la découverte, on diroit que les premiers, plus infenfés & plus inhumains que les Sauvages les moins policés, ont regardé les hommes que la Nature avoit placés loin d'eux, comme des bêtes que l'on pouvoit tromper, dépouiller, égorger fans fcrupule: au moins eft-il certain qu'ils ont rarement fongé à s'en faire des amis ou des alliés. Rien de plus cruel au monde, que le commerçant excité par fa rapacité, dès qu'il devient le plus fort, & lorfqu'il eft fûr que les crimes utiles feront applaudis par fon pays.

§. XXVII. *De la Puiffance donnée par la Richeffe.*

L'OPULENCE d'une Nation augmente en raifon de fes productions fuperflues, de là fertilité de fes terres, de l'induftrie avec laquelle ces terres font cultivées & fur-tout proportionnellement au befoin que les autres Nations auront de fes productions, & du peu de befoins qu'elle-même aura de celles des autres. Par ce Commerce avantageux ou par ces échanges, elle attire dans fes mains, une plus grande quantité des fignes de la richeffe que les Peuples avec qui elle traite; & comme ces fignes font pour toutes les Nations, la mefure de l'opulence, de la puiffance, de la félicité, elle prend un afcendant néceffaire fur les autres. Toûtes ont befoin d'elle, tombent dans fa dépendance ou lui portent envie.

JE dis que cette fupériorité devient néceffaire, parce que les fignes qui repréfentent les richeffes procurent auffi du pouvoir. L'argent fait fortir des armées du fein des Nations pauvres; elles vendent aux Peuples riches le fang & la vie

de leurs Sujets: l'argent couvre les mers de vais-
feaux; il applanit les négociations; il facilite les
traités; il corrompt les Princes & leurs Ministres, & souvent son éclat les aveugle même sur
leurs intérêts les plus marqués. Enfin le besoin
que tous les Peuples en ont, ou croient en avoir,
les met dans la dépendance de ceux qui sont en
état de satisfaire leur passion pour l'argent.

§. XXVIII. *Le Commerce doit être libre.*

Ce qui vient d'être dit nous prouve qu'une
Nation, pour faire un commerce avantageux,
doit commencer par songer à tirer parti des productions de son propre sol. Elle ne peut y parvenir sans une population nombreuse qui, comme on l'a fait voir, ne peut être le fruit que de
la liberté & d'une administration raisonnable. Si
la liberté fait naître le Commerce, elle n'est pas
moins nécessaire pour l'entretenir: fondé sur la
passion que les hommes ont de rendre leur existence plus heureuse, il ne veut point être gêné sur les
moyens. Une sage Politique permet à ses Sujets
de s'enrichir de la maniere qu'ils jugent la plus
conforme à leurs intérêts; l'expérience suffit pour
rectifier les erreurs en ce genre. Une Nation entiere, dès qu'elle sera libre, ne fera pas longtems
un Commerce défavantageux; la prudence du
grand nombre remédiera bientôt aux fautes des
particuliers. Rien de plus délicat que le Commerce; pour peu que l'Autorité cherche à lui donner des entraves, il s'éclipse totalement; c'est un
fleuve que les digues qu'on lui oppose forcent à
se creuser un nouveau lit; il est rare qu'il repren-
ne celui qu'il a été une fois contraint d'abandon-

donner. Privez le Commerce de liberté, char-gez-le d'impôts arbitraires; & bientôt, ou vous l'étoufferez, ou de tous vos Sujets vous ferez des infracteurs : vous ferez obligé de les con-tenir par des voies fi coûteufes, qu'elles abfor-beront les profits que votre avidité prétendoit obtenir.

En un mot, le Commerce exige la liberté la plus entiere; plus le Commerce fera libre, & plus il s'étendra. Le Gouvernement n'a rien à faire pour le marchand, que de le laiffer faire. Son intérêt, bien mieux que tous les réglements, le guidera dans fes entreprifes; celui qui échoue-ra, avertira par là même tous les autres, des é-cueils qu'ils devront éviter. L'Etat ne doit au Commerce que fa protection. Parmi les Nations commerçantes, celles qui accorderont à leurs Su-jets, la liberté la plus illimitée, feront fûres de l'emporter bientôt fur toutes les autres.

§. XXIX. *Des Limites du Commerce.*

Un Etat néanmoins ne doit naturellement confentir à recevoir des autres Peuples, que les denrées nécelfaires que la Nature lui refufe à lui-même, ou que l'induftrie de fes Sujets ne peut pas lui procurer. Cette vérité fi fenfible eft mé-connue de la plupart de ceux qui gouvernent les hommes. Toutes chofes égales, on doit préférer les productions de fon propre fol; dès qu'on pré-fere celles de l'Etranger, on eft en droit de fup-pofer, ou qu'elles font meilleures, ou que le Gouvernement a gêné l'induftrie de fes Sujets, en tyrannifant leur culture ou leur Commerce.

Plus une Nation a de besoins, plus elle dépend de celles qui peuvent les satisfaire. Ainsi la politique doit empêcher, autant qu'il est possible, que les besoins de ses Sujets ne se multiplient; ils finiront par être insatiables, si la prudence n'y met des bornes; les fantaisies, les caprices les plus bizarres se changeront peu-à-peu en besoins; & la richesse, de qui elle attendoit la force, ne servira plus qu'à faire naître en elle des besoins fictifs, & à lui fournir des denrées dont le prix n'existera que dans l'imagination. A l'exception du poivre & du salpêtre, l'Indostan fournit-il à l'Europe quelque chose qui la dédommage des sommes réelles qu'elle y envoie tous les ans pour satisfaire le luxe, la mollesse & la vanité de ses habitants? Heureusement qu'en matiere de Commerce, toutes les Nations ont une folie commune qui leur nuit à toutes également.

§. XXX. *De la Répartition des Richesses.*

La Politique est intéressée à enrichir ses Sujets avec le plus d'égalité qu'il est possible. Les richesses amenées par le Commerce se répartissent entre un grand nombre d'hommes dont les bras, l'industrie & les facultés sont mis en action. Le Laboureur, le Manufacturier, le Matelot, le Savant même partagent ses influences. Ainsi le Commerce répand l'aisance & la vie dans toutes les parties de l'Etat.

Il est important pour un Gouvernement sage, que les richesses ne se concentrent pas dans les mains d'un petit nombre de citoyens. Le Chancelier Bacon compare l'opulence d'un Etat au fumier; si on l'entasse, il ne produit aucun bien,

& même il nuit à la fertilité, mais en l'étendant, même le plus légérement, à la surface de la terre, il fertilise tout le champ.

Les Gouvernements semblent avoir totalement méconnu cette importante vérité Dans presque toutes les Nations, plus des trois quarts des sujets n'ont rien, tandis que toutes les richesses, & les propriétés se rassemblent dans les mains d'un petit nombre d'hommes qui semblent s'attirer tous les soins du Gouvernement. Une Politique plus équitable & plus saine devroit sentir que c'est la propriété qui lie l'homme à la Patrie ; que l'homme qui ne possede rien ne tient à rien ; qu'une Nation remplie de mendiants & de vagabonds, est bientôt infestée par le crime que rien ne peut déraciner. L'intérêt de la Société demande que le plus grand nombre de ses membres jouisse de quelque chose. Lorsque tous les Citoyens par un travail modéré peuvent se procurer l'aisance, l'Etat peut en tirer des secours : lorsqu'un petit nombre d'hommes absorbe toutes les propriétés & les richesses d'un Etat, ceux-ci deviennent les maîtres de l'Etat, qui sans une peine extréme ne peut leur arracher ensuite la fortune qu'ils ont amassée. D'ailleurs la circulation des richesses donne à tous les membres d'un Etat, un mouvement, une activité, un courage avantageux ; au lieu que les richesses inégalement réparties produisent une paresse, un découragement, une envie stérile, & des crimes.

§. XXXI. *Les Privileges Exclusifs.*

Rien de plus opposé à la saine Politique, que les privileges & les commerces exclusifs accordés

à certains Corps : par-là quelques hommes favorisés s'enrichissent sans faire à l'Etat tout le bien
qu'il a le droit d'en attendre. Le Souverain n'a
qu'à perdre à ces arrangements. Les personnes
que les privileges exclusifs ont enrichies, ne four-
niront jamais à l'Etat autant que tous les Citoyens
qu'un Commerce ouvert enrichiroit proportionnellement. Le Souverain doit récompenser les
découvertes utiles au nom de l'Etat; mais l'industrie de ses Sujets ne doit jamais recevoir d'entraves.

LE.Co: merce & l'industrie favorisent la population; non seulement ils procurent au cultivateur un débit prompt de ses denrées, & par conféquent le bien-être & l'aisance, mais encore ils
attirent les Etrangers qui sortent de chez eux
pour chercher un sort plus doux.

§. XXXII. *Dangers du Commerce illimité.*

MALGRÉ ces avantages, le Commerce ne
doit pas absorber exclusivement l'attention d'un
bon Gouvernement. Les aliments les plus sains
se convertissent en poison, dès qu'ils sont pris a-
vec excès. Une Politique éclairée est faite pour
pressentir que le Commerce aménera le luxe qui,
si l'on ne prévient ses effets, conduit les Empires
les plus florissants à une perte certaine. C'est a-
lors qu'un desir immodéré des richesses s'empare
de tous les Citoyens. Une Nation enivrée de
l'amour du gain, ne songe plus qu'au Commerce;
elle se flatte qu'il suffit pour lui procurer tous les
biens de ce monde: ce Commerce devient alors
entre les Peuples & leurs Souverains une pomme
de discorde; il fait naître des rivalités, des ja-

loufies, des luttes continuelles. Delà cette ardeur infenfée pour découvrir de nouvelles branches de Négoce, le globe n'eft plus affez vafte pour le marchand en délire; une ifle déferte devient un objet d'importance, des Nations font prêtes à s'égorger pour favoir à qui demeureront quelques monceaux de fable, dans lefquels l'avidité croit déjà voir des tréfors.

DANS les vues bornées de la Politique moderne l'argent eft regardé comme le nerf de la guerre, & comme le foutien de la paix; on fe perfuade que la Puiffance qui poffede le plus d'argent, fera toujours à portée d'écrafer toutes les autres, ou du moins de les engager à feconder fes projets. Des Nations entieres, ainfi que ceux qui les gouvernent, font les dupes de l'avarice d'un petit nombre de négociants affamés, qui parviennent à les éblouir par l'efpoir d'une opulence dont feuls ils recueillent les fruits. Ce n'eft fouvent que pour contenter l'avarice de quelques Citoyens, qu'un Etat fe dépeuple, que les impôts s'accumulent, & que la Nation s'appauvrit en effet, pour acquérir des richeffes: elles paffent dans les mains d'un petit nombre de particuliers, qui jouiffent feuls de la folie de leurs Concitoyens. C'eft d'après ces faux principes que les yeux de quelques peuples fe font uniquement tournés du côté du Commerce. On ne fonge qu'aux moyens de fe procurer des richeffes qui font devenues le fignal de la guerre entre les Puiffances. Il eft un Peuple qui, dans les tranfports de fon avarice, femble avoir formé le projet extravagant d'envahir le Commerce du monde & de fe rendre propriétaire des mers; projet inique & fou, dont l'exécution, fi elle étoit poffible, ne tarderoit point à conduire la Nation guidée par cette frénéfie à une perte affûrée.

§. XXXIII. *De fes bornes naturelles.*

LE commerce, ainfi que toutes les chofes humaines, eft donc forcé de connoître des limites ; elles font marquées par la Nature. Il doit être proportionné, à l'étendue & à la qualité du fol, à fa fertilité, au nombre de fes habitans. S'il étoit permis de lire dans l'avenir ce que doit produire un jour cette paffion effrénée du commerce qui divife aujourd'hui les Nations, on verroit, peut-être, qu'après s'être entre-détruites fous ce prétexte, chaque Peuple finïra par fe borner à faire valoir fes terres, & ne fera que le Commerce qui lui fera le plus véritablement néceffaire. Des Gouvernements plus humains, plus juftes, plus fenfés fentiront que l'argent ne fait pas plus le vrai bonheur des Sociétés, que des individus. Ils fe dégouteront d'envoyer périr annuellement dans des climats brûlants, dans des combats, dans des mers, des armées de Citoyens. Enfin, peut-être un jour, des Indiens plus aguerris par les Européens, les chafferont-ils de leurs rivages où leur avidité a dû les rendre odieux.

IL eft un terme à la richeffe ; dès qu'elle eft exceffive, elle nuit au Commerce même & à l'induftrie. Les productions des manufactures & des terres hauffent alors tellement de prix, que les Nations pauvres fourniffent à moins de frais, que les Nations plus opulentes. Un Peuple eft toujours pauvre, lorfqu'il ne trouve pas chez lui les denrées dont il a un befoin indifpenfable ; il eft toujours affez riche, dès que fon fol lui four-

nit abondamment les chofes qui lui font véritablement néceffaires. Le Peuple qui a des hommes libres & une fubfiftance aifée, fera toujours,
plus riche, plus heureux, plus puiffant, que celui
qui n'a que de l'or. Dans un Etat bien conftitué,
il ne devroit pas y avoir un manufacturier de
luxe, tant qu'il fe trouve encore un arpent à dé-
fricher.

§. XXXIV. *Peu de folidité des Nations commer-*
çantes.

UNE Nation pauvre fe croit malheureufe en
fe voyant forcée, comme on a dit, de vivre dans
la dépendance des autres: pour s'en tirer, elle eft
obligée de recourir à la force ou à l'induftrie;
elle cherche donc ou à conquérir & piller, ou à
fe procurer par le Commerce, les fignes de la richeffe qui, du confentement des Nations, lui fourniffent les objets ou les denrées dont la Nature l'a
privée. Cette induftrie continuée met fouvent
une Nation, indigente par elle-même, mais opulente par le Commerce, en état de jouer quelque
tems un rôle diftingué parmi des Puiffances
plus réelles. Les Tyriens, les Sydoniens, les
Carthaginois chez les Anciens; les Vénitiens &
les Hollandois chez les Modernes, nous fourniffent des exemples frappants des effets que peuvent produire le Commerce & l'induftrie dans des
Nations que la Nature n'a point favorifées. Mais
par leur décadence & leur chûte, ces mêmes Nations nous prouvent qu'une Puiffance, fondée uniquement fur les richeffes, ne peut-être que précaire; elle devient l'objet de l'envie des autres
Peuples; la Nation enrichie eft communément

dépouillée par quelque Conquérant affamé qui l'inonde de ses brigands. Un Peuple riche est dépouillé de deux manieres; ses alliés le dévorent par les subsides qu'il leur paie, ses ennemis le dépouillent par la force ou la ruse.

§ XXXV. *Des Subsides.*

LES richesses, comme les eaux, tendent toujours à se mettre de niveau; l'économie peut bien les retenir quelques tems dans une Nation, & pour lors elles sont inutiles; mais tôt ou tard des besoins réels ou fictifs les en feront sortir. L'on risquera peu de se tromper, lorsqu'on jugera des Sociétés Politiques comme des individus de l'espece humaine; leur conduite & leurs passions sont les mêmes. Un pere avare, par une longue parcimonie, amasse des tréfors que des enfants prodigues répandront tôt ou tard dans la Société. L'homme riche s'énorgueillit, fuit le travail & la peine, fait servir à ses passions & à ses plaisirs, les indigents que le besoin rassemble autour de lui; enrichis eux-mêmes à ses dépens, ceux-ci l'abandonnent & se livrent à leur tour à la vanité, à la paresse, à la dépense, au luxe.

IL en est de même des Nations: leurs richesses les endorment; elles leur procurent les secours & les hommages des autres; elles les portent souvent à tenter des entreprises téméraires, & finissent par les ruiner & les détruire. Vainement jouiront-elles d'un commerce exclusif; c'est toujours pour les autres qu'elles iront chercher les richesses aux extrémités de la terre; peu-à-peu les indigents partageront les fruits de leur avarice industrieuse. Les subsides que les Nations riches

L 3

paient à celles qui font pauvres, les troupes mercénaires qu'elles font combattre pour elles, les
guerres qu'elles vont porter dans des contrées é-
loignées, finiffent tôt ou tard par épuifer les tréfors que le Commerce le plus étendu leur avoit
procurés : c'eft toujours pour les autres, qu'une
Nation opulente fe trouve avoir travaillé.

§. XXXVI. *Du vrai Bonheur d'un Etat.*

LES richeffes fictives que fournit le Commerce ne peuvent donc être regardées que comme le
vain fimulacre de la grandeur & de la puiffance.
Ce n'eft point l'opulence qui décide de la force
d'un homme. Compter fur fa richeffe pour défendre fon pays, c'eft le comble de la folie; c'eft
imiter les Phéniciens qui repréfentoient la puis-
fance fous l'emblême de facs d'argent. Il faut
pour un Etat des richeffes plus réelles, moins fujettes à changer de mains, & qui, femblables à
ces biens fubftitués dans les familles opulentes,
réfiftent à l'inconduite, à l'extravagance & au
délire des héritiers prodigues. Une Nation fera
toujours puiffante, lorfque fagement gouvernée
elle jouira d'une population proportionnée au terrein qu'elle occupe. Elle fera fuffifamment riche, lorfque fon fol lui fournira fans un travail
exceffif, les productions néceffaires à fa fubfiftance : elle fera très heureufe, lorfqu'elle renfermera
des Citoyens courageux & vertueux. Réglez l'intérieur avant de fonger au Commerce : il a l'é-
tendue convenable, dès qu'il procure à la Nation, les objets utiles & néceffaires dont elle manque elle-même.

Il est rare qu'un Etat se contente de ces avantages. De même que les particuliers cherchent à se surpasser les uns les autres, les Nations sont tourmentées d'une émulation de richesse, & se croient méprisables, lorsqu'elles ne peuvent égaler ou surpasser leurs voisins. Les métaux précieux devenus les signes de la puissance, font l'objet unique des desirs d'une Politique abjecte & rétrécie; elle abandonne le certain pour courir après des chimeres; elle veut orner l'édifice, avant d'en avoir assuré les fondements.

§. XXXVII. *Du Crédit.*

Ceux qui gouvernent les Peuples partagent communément leur avidité; s'ils veulent que leurs Sujets s'enrichissent, ce n'est que parce qu'ils esperent en tirer plus facilement les impôts qu'ils demandent. Mais bientôt cette facilité leur devient elle-même nuisible; elle fait qu'ils s'engagent légérement dans des dépenses inutiles, dans des guerres ruineuses, dans des entreprises hazardées auxquelles ils n'eussent jamais songé, sans la facilité que l'opulence de leurs Sujets leur donne de satisfaire leurs caprices. Alors, perdant de vue l'économie, & peu soigneux de proportionner leurs dépenses aux revenus que les impôts mettent en leurs mains, ils sont forcés de recourir à des moyens onéreux pour les Nations. Ils commencent d'abord par augmenter les impôts; mais ces impôts ont à la fin des bornes; la Nation les paie toujours avec répugnance: les Souverains sont alors forcés de recourir à des moyens par lesquels, à l'insu, pour ainsi dire, de leurs Sujets, ils redoublent continuellement sur eux le fardeau des impôts, qui ne font que changer de nom.

Telle est la source de ce qu'on nomme *crédit public*. Par l'appas d'un revenu plus facile à percevoir, que celui que procure le travail & la culture des terres, le Souverain engage ses propres Sujets, ou ceux des Nations voisines, à déposer entre ses mains leurs richesses superflues. Le Gouvernement dispose des fonds qu'il emprunte, & les emploie aux objets que les circonstances exigent; ou bien, plus souvent encore, les détourne & les emploie à ses besoins particuliers; mais ses Sujets sont forcés de payer les dettes que l'on vient de contracter, souvent avec imprudence & sans aucun avantage pour la Nation.

Le crédit n'est donc au fond qu'un impôt déguisé, d'autant plus injuste qu'il tombe sur les pauvres, sur les cultivateurs, sur les propriétaires des terres qui se trouvent chargés de payer les intérêts de la dette contractée par le Gouvernement. Ce n'est pas encore tout; le crédit, par ses suites, devient une source de corruption pour un grand nombre de Citoyens; il favorise leur indolence & leur paresse, en leur fournissant, sans travail & sans utilité pour l'Etat, les moyens de subsister aux dépens de l'homme actif & industrieux qui travaille pour entretenir la molesse des oisifs rentiers. Tout homme inoccupé devient un mauvais citoyen, un libertin vicieux. La Société est d'autant plus malheureuse, qu'elle nourrit un plus grand nombre de membres inutiles. Tout rentier vit à la charge de l'homme laborieux. Tout emprunt est un mal, & suppose des dépenses qui excedent les forces naturelles de la Nation. Si les emprunts étoient moins faciles, les Etats, comme les particuliers, seroient moins sujets à se déranger. Plus l'intérêt que l'Etat paie est fort, plus la Nation est accablée.

§. XXXVIII. *De ses Fondements.*

LE crédit est proportionné à la richesse de l'Etat qui emprunte, à ses ressources, à la stabilité de son Gouvernement, à la bonne foi de ceux qui gouvernent, à l'intérêt ou aux motifs qu'ils ont de tenir leurs engagements. Sous le pouvoir absolu il ne peut y avoir de vrai crédit; il est impossible que le Sujet ou l'Etranger se fient à un Despote qui, quand il lui plait, peut manquer impunément aux engagements les plus solemnels; l'Asiatique défiant enfouit plutôt son or, que de le faire voir à ses Tyrans. Sous le Despotisme moins avoué, il existe une sorte de crédit; le Souverain, retenu à quelques égards par la décence, peut exciter jusqu'à un certain point la confiance de ses Sujets; cependant, comme la puissance dont il jouit, le met toujours en état de manquer à ses traités, il est obligé de recourir à la séduction pour suppléer à la confiance; par les grands avantages dont il éblouit ceux dont il veut tirer l'argent, il tend des pieges à leur avidité.

§. XXXIX. *De la Finance.*

LE Despotisme toujours guidé par le caprice, veut des ressources promptes; souvent le crédit lui manque, on ne le sert pas avec la célérité qu'exigent ses besoins insatiables. Alors, semblable à un fils dérangé qui à recours à l'usurier pour obtenir les sommes que l'économie de son Pere refuferoit à fes vœux imprudents, le Defpote s'adreffe à un ordre de citoyens qui, moyennant le droit d'exercer impunément des extorfions fur tous les autres, lui fourniffent les fecours néceffaires à fon avidité.

Telle eft l'origine de cet art deftruĉteur pour les Peuples, connu fous le nom de *finance*. Le Souverain abandonne fes Sujets à la rapacité toujours ingénieufe de quelques Tyrans fubalternes qui, foutenus de fon pouvoir, mettent impunément la Nation au pillage, &, fous prétexte de lever les fubfides néceffaires au foutien de l'Etat, l'énervent, le détruifent, découragent le commerce & les manufaĉtures, font abandonner les champs aux cultivateurs, & inventent chaque jour de nouveaux moyens d'opprimer fourdement & de dépouiller le Peuple. Eft-il donc furprenant de voir que, dans les Etats qui ont adopté ces principes, la finance foit devenue une fcience myftérieufe, impénétrable, dans les détours de laquelle la fagacité la plus éclairée peut à peine porter fes regards? L'avidité du Souverain ou de fes Miniftres féduits par les reffources promptes dont les refforts leur font cachés, facrifie tout au moment, & confie un pouvoir funefte à des brigands qui portent le fer & le feu dans l'Etat.

Ainsi, de l'aveu du Souverain, fa Nation eft mife à contribution; il fouffre qu'une troupe afamée de Citoyens pervers s'engraiffent de la fubftance de tous les autres; dans fon aveuglement, il ne voit pas que les impôts fur les Sujets font quelquefois doublés; que les fommes qui fervent à enrichir les exaĉteurs de fon Peuple, font perdues pour lui-même, & qu'une armée de publicains fubalternes eft fans cesse foudoyée, en pure perte, pour faire la guerre à fa Nation ; tandis qu'une ad-miniftration plus fenfée, en la débarraffant de ces Tyrans, procureroit au Souverain lui-même, des richeffes bien plus grandes. Mais un Defpote, toujours dépourvu de raifon & de prudence, content des fecours momentanés que l'on fournit à fes fantaifies, permet qu'on porte à l'Etat, les atteintes les plus mortelles, & fouffre qu'on pri-ve de la vie, fes racines les plus fortes ; à la fin il eft tout furpris, lorfque l'arbre fans féve ne lui préfente plus aucuns fruits. Dans un pays fou-mis au pouvoir arbitraire, le Souverain facrifie prefque toujours fon bien-être durable à fes ca-prices du moment.

Par cette conduite auffi injufte qu'infenfée, les richeffes de l'Etat fe concentrent dans les mains d'un petit nombre de mauvais Citoyens qui, en-graiffés du fang de la Nation, font bientôt la Loi au Souverain lui-même ; bravent les tribunaux qui devroient les réprimer; exercent fur les Su-jets une jurifprudence obfcure, captieufe, arbi-traire, & du fein de l'opulence, infultent à la mifere publique qui fait léur profpérité. Loin d'encourir le mépris & la haine dont ils devroient être accablés, ces brigands enrichis excitent la jaloufie de la Nobleffe & l'envie de leurs Conci-toyens. Alors chacun ne defire que des riches-fes; l'opulence devient l'unique mobile; la foif de l'or, une avidité infatiable s'emparent de tous les cœurs. Tout le monde fouffre, parce que perfonne n'eft content d'un fort qu'il compare avec douleur à celui des Citoyens plus opulents que lui. La richeffe, n'étant plus le fruit du travail, de l'induſtrie, du commerce, mais de la faveur, du hazard, de l'adreſſe, de la fraude, fait que tous les Sujets ſont découragés.

En un mot, la finance anéantit la population, l'agriculture, le négoce, les objets les plus importants dans l'Etat; un Souverain trop preſſé de jouir, les ſacrifie à tout moment. Les impôts ſont taris, le crédit eſt diſparu, les fortunes ſont renverſées, les campagnes ſont déſertes; le marchand n'oſe rien entreprendre; le manufacturier demeure les bras croiſés; l'induſtrie eſt réduite à s'expatrier; les émigrations deviennent fréquentes; enfin l'Etat s'achemine chaque jour vers ſa diſſolution.

§. XL. *La Politique doit veiller à tout.*

Le vrai but de la Politique doit être d'établir l'équilibre entre les objets divers des beſoins de l'Etat; c'eſt uniquement de cette balance, que réſulte le bien-être d'une Nation, ſa force & ſa ſûreté. Ces différentes parties de l'arbre doivent être nourries dans une juſte proportion; ſans celà une branche trop forte attireroit à elle la ſève faite pour être également répartie. L'agriculture ne doit point occuper tous les bras; le commerce & les manufactures doivent être proportionnées aux productions du ſol, & débarraſſer le laboureur des fruits que ſon labeur a ſu tirer de ſon champ. Une population trop grande deviendroit onéreuſe pour la Nation, ſi elle étoit diſproportionnée à l'étendue de ſon ſol & à ſes productions. Il ne ſuffit point d'avoir des bras, il faut ſavoir les employer: en Politique, comme en Morale, l'oiſiveté eſt la mere du vice. Si toutes les vues d'une Société se tournoient du côté du commerce, des richesses accumulées jetteroient un grand nombre de Citoyens dans la paresse & produiroient le découragement dans les autres; elles finiroient par amener le luxe, l'avidité, la mollesse & le vice qui furent & seront toujours les avant-coureurs de la ruine des Nations.

Tous les Citoyens d'un Etat doivent être occupés, mais non des mêmes objets; si le plus grand nombre s'y portoit, la Politique devroit en détourner. L'agriculture doit nourrir tous les Sujets; le Commerçant doit leur fournir les productions nécessaires que la Nature leur refuse; le Manufacturier doit les vêtir; le Guerrier doit les défendre.

Si la Politique est obligée de maintenir un équilibre entre les différens objets dont elle s'occupe, elle doit aussi le maintenir entre les hommes & entre les ordres divers dans lesquels les Citoyens d'un Etat sont partagés Nul homme, quelque grand qu'il puisse être ne doit avoir le privilege d'opprimer ses inférieurs, qui, de même que lui, doivent être sous la sauvegarde de la Loi; nul Citoyen, dans quelque rang que le sort l'ait placé, n'a le droit de mépriser le Citoyen utile à sa Patrie. Le Souverain doit estimer, protéger, récompenser tout Sujet en raison de ses services & de son utilité. Une Politique éclairée fait ensorte que tout Citoyen raisonnable soit content du rang où sa naissance l'a placé. Il existe un bonheur pour toutes les classes; lorsque l'Etat est bien constitué, il s'établit une chaîne de félicité qui s'étend du Monarque au Laboureur. L'homme content songe rarement à sortir de sa sphere; il aime la profession de ses peres à laquelle l'éducation l'a dès l'enfance habitué. Le Peuple est satisfait, dès qu'il ne souffre point; borné à des besoins simples & naturels, ses vues ne vont gueres au-delà. L'homme plus instruit ou d'un rang plus élevé a lieu d'être content, lorsqu'il parvient aux choses auxquelles sa carriere le mene. Il y a quelque vice dans l'administration, dès que tous les Sujets se déplaisent dans leur état. Malgré l'inconstance des hommes, une force d'inertie les attache à leur sort; ils ne s'efforcent d'en sortir, que lorsque le malaise les y oblige.

La vraie Politique sait allier la liberté, la population, l'abondance, l'agrément & la sûreté; mais aucun de ces objets ne seront remplis, si elle ne veille sur la conduite de ses Sujets, & si elle n'entretient en eux l'esprit qui doit les animer. C'est la vertu, c'est l'amour du bien public qui doivent être les fondements de toute Société bien constituée: dès que ses membres s'oppriment, se méprisent, se séparent d'intérêts, dès que leurs passions ne sont plus contenues, dès qu'ils cessent de respecter les Loix, il n'y a plus d'association; les mouvements de la machine se contrarient, s'embarassent; sa marche est arrêtée.

§. XLI. *De la Police.*

L'on appelle *Police* la branche de la Politique qui a pour objet le maintien des Loix faites pour la sûreté intérieure des Etats. C'est elle qui oblige les Citoyens à vivre entre eux suivant le vœu de la Société, & d'après les regles que leur prescrit leur Nature: c'est elle qui doit suppléer à leur négligence, veiller à leur tranquillité, à leur commodité & sans cesse écarter les traverses que les passions peuvent leur susciter. Subordonnée aux Loix, cette Police ne doit point être arbitraire; elle n'est pas faite pour gêner la juste liberté des Citoyens, sans laquelle la Vie Sociale lui deviendroit désagréable: elle doit réprimer la licence des individus, afin que l'ordre public n'en soit point troublé.

Pour avoir follement confondu les droits de la licence avec ceux de la liberté, on voit quelques Nations, ennemies de l'esclavage, presque totalement dépourvues de Police. Est-ce donc jouir d'une vraie liberté, que d'être perpétuellement exposé aux insultes, aux boutades, aux excès d'une populace effrénée qui croit par ses désordres exercer sa liberté? quelle étrange constitution que celle où ceux qui font les Loix, toujours jaloux & soupçonneux, n'ont pu jamais convenir des moyens de mettre les Citoyens en sûreté contre leurs folies réciproques ou contre les entreprises des méchants. Une sage Police est le soutien de la liberté, elle n'est à craindre que pour la licence. Ainsi que les Loix, elle doit se régler sur les circonstances dans lesquelles se trouve la Société; elle doit redoubler de vigilance & de sévérité à mesure que les vices, les crimes & les besoins se multiplient, parce qu'alors la sûreté des Citoyens diminue. Plus les hommes sont déréglés, plus la force publique doit les contenir par la terreur.

Sous le Despotisme, la Police n'est que l'instrument abject des passions, des vengeances, des inquiétudes du Despote, des Ministres & des

Grands: des Chefs qui ont la confcience de leur injuftice ou de leur propre ineptie, s'en fervent pour opprimer ceux qui leur donnent de l'ombrage ; en leur faveur elle dégénere en tyrannie. Elle encourage la délation, elle gêne les Citoyens, elle porte fes regards inquiétants jufque dans le fanctuaire des familles. Elle ne réprime que les fautes arbitraires qui offenfent la Puiffance ; & fouvent elle devient redoutable pour le mérite & les talents : elle tient une balance inégale entre les Sujets ; le crédit regle fes jugemens & s'en fert pour fauver le criminel, pour opprimer l'homme de bien & l'innocent, qui fouvent lui déplaifent, & pour favorifer ceux qui trouvent grace à fes yeux.

Une Police arbitraire, ou non réglée par les loix, devient un fléau terrible pour les Peuples, & leur eft plus incommode que la licence meme. Loin de rectifier les mœurs, elle les corrompt par les Délateurs, les Sycophantes, les Oppreffeurs fubalternes dont elle remplit la Société, & auxquels elle permet de vexer les Citoyens : obligée de n'employer dans fes recherches odieufes, que des ames viles & mercénaires, elle devient l'effroi des honnêtes gens.

§. XLII. *Des Châtimens.*

La Police, pour être utile, doit n'être foumife qu'à la loi, n'être guidée que par elle, veiller à fon exécution, à la confervation des mœurs, à la fûreté des Sujets : fans elle, la Société tomberoit dans l'anarchie. Que feroit-ce qu'un amas d'hommes licentieux, divifés, corrompus qui fe feroient éprouver tour-à-tour les effets de leurs

paſſions déréglées ? Quelle ſûreté, quels avantages trouveroit-on dans une Société dont tous les
membres négligents ou pervers, uniquement occupés d'eux-mêmes acheteroient leurs plaiſirs
momentanés par le malheur des autres ? Il faut
une force pour contenir les méchants ; cette force
doit redoubler à meſure que la Société devient
plus nombreuſe. Il faut effrayer par des châtiments, ceux ſur qui la raiſon a perdu ſon empire.
Mais la juſtice exige que ces châtiments ſe pro-
portionnent aux maux réels que les délits font
éprouver à la Société. La Politique eſt injuſte
& déraiſonnable, lorſque dans ſes punitions elle
néglige de ſuivre la proportion indiquée par les
inconvénients qui réſultent des fautes. Sous un
Gouvernement arbitraire le caprice ou l'intérêt
du maître & des hommes puiſſants fixent la grandeur, & du crime, & de ſes châtiments. Sous
un Tibere, les diſcours les plus innocents, les
inadvertences ſe changent en crimes de leze-ma-
jeſté, & la flatterie les punit avec la derniere
barbarie. Sous un mauvais Gouvernement, les
priſons ſont toujours remplies, & les bourreaux
continuellement employés à tourmenter ou détruire, ſoit des innocents, ſoit des coupables
qu'une adminiſtration injuſte fait pulluler. Les
oppreſſions, les vices, la négligence du Deſpotiſme multiplient dans la Société les miſérables ;
les fainéants qui bientôt deviennent vicieux &
criminels. Vainement un Gouvernement inique
prétendroit-il déraciner les crimes qu'il fait perpétuellement éclore : il n'y a qu'une Politique
vertueuſe & vigilante qui puiſſe former des Sujets
vertueux. Ni les tortures, ni les ſupplices cruels

ne réformeront les méchants, les bonnes loix & l'inftruction font les bons Citoyens.

IL eft très peu de crimes qui méritent la mort aux yeux de l'équité. La crainte de la mort feroit une impreffion plus grande, fi la peine de mort étoit moins prodiguée. La Société ne feroit-elle pas mieux dédommagée par le travail des coupables, que par le fupplice qui les anéantit? Un travail rigoureux puniroit plus utilement que la mort même, un criminel que fa pareffe a communément engagé dans le crime; par fa mort, il eft perdu pour la Société. Cependant il eft des crimes fi noirs, dont l'exemple eft fi funefte, que leur punition doit infpirer de la terreur. Ce n'eft point alors le coupable qui profite de la punition; elle a pour objet d'effrayer les êtres déraifonnables qui pourroient l'imiter.

PLUS un Gouvernement eft defpotique, plus fes fupplices font atroces; fous une adminiftration violente, les Loix pénales font violentes; elles ne connoiffent d'autre mefure, que la colere de ceux qui gouvernent: incapables de corriger les hommes, ils trouvent bien plus court de les exterminer. Un Gouvernement humain & jufte doit montrer de la pitié & de l'équité, même aux coupables qu'il punit; il abolira ces tortures cruelles qui rarement arrachent l'aveu du crime, & qui fouvent font fuccomber l'innocence fous la force de la douleur. Eft-il rien de plus affreux, que des ufages barbares qui veulent qu'un juge s'arme d'un cœur d'airain, & contemple d'un œil fec les convulfions d'un malheureux dont il ordonne les tourments? Des loix d'Anthropophages font-elles faites pour servir de regles aux tribunaux de Nations qui se donnent pour policées? N'est-ce pas assez d'ôter la vie, sans accompagner la mort de douleurs qui révoltent l'humanité?

§. XLIII. *Des Récompenses.*

Si la Politique se sert des châtiments pour détourner du crime, les Récompenses dans ses mains sont des motifs puissants pour encourager à la vertu. Il y aura des hommes vertueux, par-tout où le Gouvernement les portera à la vertu; on verra naître des talents, par-tout où les talents seront sûrs d'être honorés & récompensés. C'est un délire dans le Gouvernement, que de frustrer ses Sujets des choses qu'ils se font efforcés de mériter. Personne ne s'occupera du bien de l'Etat, si l'Etat dédaigne ses efforts & néglige de reconnoître ses soins. Récompenser à propos, c'est verser de l'huile sur la flamme; récompenser sans raison, c'est y verser de l'eau; ne point récompenser, c'est souffrir que le feu s'éteigne de lui-même. Par un aveuglement funeste, les Souverains montrent communément une injuste préférence pour des hommes dont tout le mérite est d'approcher leur personne; sans travaux, sans dangers & souvent sans courage, ils recueillent les moissons que d'autres ont semées; ils parviennent en naissant, aux grades qui ne devroient être le prix que de l'expérience, de la valeur, des fatigues. Un grand nom, soutenu par la faveur & l'intrigue, tient lieu de tout mérite; peu-à-peu les armées se remplissent de

172- **POLITIQUE NATURELLE.**

chefs efféminés, imprudents & frivoles, dont l'ignorance expose l'Etat à sa ruine.

Le Gouvernement, comme on l'a vu, est intéressé à commander à des Sujets vertueux ; l'Etat ne sera jamais mieux servi, que par des Citoyens sensibles à l'estime générale. Presque toutes les législations ont négligé d'encourager les Citoyens à remplir leurs devoirs. Quel bien ne résulteroit-il pas pour une Nation, si ses Chefs savoient exciter entre les Citoyens, l'émulation de la vertu? Si les traits les plus touchants de bienfaisance, d'humanité, de générosité, de désintéressement, de probité, de reconnoissance conduisoient aux honneurs & à l'estime de tout un Peuple, ils deviendroient bien plus fréquents ; si les vices contraires étoient infailliblement suivis du mépris, de la honte, de l'infamie, ils seroient bien moins communs. Quel homme auroit l'audace de se livrer à des vices honteux, à l'injustice, s'il étoit sûr de se rendre par-là l'objet de l'aversion marquée de son Souverain & de ses Concitoyens? La fraude, la perfidie, l'ingratitude, la licence dans les mœurs, seroient très-rares, si elles donnoient l'exclusion pour obtenir des honneurs & des places. Que l'éducation rende les hommes sensibles à la honte ; qu'ils craignent le mépris de leurs associés ; que le Gouvernement ne distingue que des Citoyens honnêtes ; que l'homme pervers soit banni des sociétés particulieres & bientôt l'on verra des mœurs estimables. Une Nation est perdue, lorsque les traits du vice ne choquent plus ses yeux.

§. XLIV. *La Politique doit s'occuper des mœurs.*

GARDONS-NOUS donc d'écouter ces politiques extravagants qui prétendent que les Maîtres de la terre ont intérêt à rendre leurs Sujets dépravés; ne proftituons point le nom de Politique, à l'art criminel de régner par le défordre; il n'y a que des Souverains pervers qui fe trouvent intéreffés à n'avoir que des Sujets corrompus & divifés: il n'y a que des Tyrans qui puiffent trouver de l'avantage à rompre les liens qui uniffent les Citoyens. Il n'y a que des Princes méchants ou incapables, qui puiffent craindre la concorde ou la vertu de leurs Sujets.

LES fecours mutuels, l'utilité, en un mot la vertu, réuniffent les membres d'une Société & les font travailler de concert à leur bonheur réciproque. Cette réunion des volontés procure feule à une Nation, de la force, de la puiffance, de l'énergie. C'eft donc une politique fauffe & meurtriere, que celle de ces Princes qui féparent leurs intérêts de ceux de leur Peuple, qui fourdement & par adreffe cherchent à éluder les Loix, afin de régner tout feuls. N'appellons point Politique, les fyftêmes iniques de ces Monarques dangereux, dont la fombre ambition eft parvenue à femer la difcorde entre les corps de leurs Etats. Déteftons comme des brigands, ces ufurpateurs adroits de la liberté publique, dont le lâche cœur s'accommode bien plus de la fraude que de la force, pour mettre les Peuples dans les fers.

M 3

PRINCES injuftes, que la foif du pouvoir abfolu tourmente, corrompez les mœurs des hommes que vous voulez fubjuguer ; aveuglez-les; trompez-les pour les égarer ; divifez-les; ne récompenfez que les vices qui vous feront utiles; rendez la vertu abjecte & méprifable, bientôt ils recevront vos chaînes, & vous régnerez fur des efclaves que leurs paffions vous auront foumis. Mais que réfultera-t-il de votre affreufe politique? Vous commanderez à des hommes foibles, défunis, & dont vous-mêmes aurez nourri la méchanceté. Vous anéantirez, il eft vrai, leur liberté; mais vous trouverez, tôt ou tard, que fans elle les branches de l'adminiftration languiffent, & que vainement avez-vous prétendu régner en fûreté à la tête d'une fociété que vous aurez corrompue.

§. XLV. *Du pouvoir de l'exemple.*

RIEN n'a fur les mœurs des hommes une influence plus directe, que le Gouvernement. C'eft du Souverain qu'il dépend communément de rendre fes Sujets vertueux ou vicieux. Les Peuples reçoivent le ton de ceux qui leur commandent. Une Nation eft une famille qui prend les impreffions de fon chef. Le Sujet honore toujours ce qu'il voit honorer par fes Maîtres: l'exemple lui en impofe, il foufcrit aux opinions des hommes qu'il croit plus grands & qu'il juge plus éclairés que lui. Cette difpofition, avantageufe fous des Souverains vertueux, devient fous des Tyrans, une fource de malheurs. Si les Princes & les Grands refpectoient la vertu, confidéroient les talents, honoroient le mérite, ces objets, même sans récompenses, deviendroient respectables pour les Peuples. Quand le Monarque au contraire néglige, opprime ou punit ce qu'il devroit estimer, les jugements du vulgaire se corrompent, il adopte les erreurs de ceux qui le gouvernent. C'est dans ce sens que l'on peut dire en quelque façon que les Maîtres de la terre créent le juste & l'injuste dans leurs Etats. Celui qui fait la Loi ne parvient que trop souvent à faire taire la Nature elle-même. Les préjugés d'un Monarque deviennent souvent la regle des jugements d'une Nation; c'est alors que, même à ses yeux, l'injustice paroîtra légitime; on applaudira le vice heureux; la faveur tiendra lieu de mérite & décidera des récompenses. Que dis-je? le vice s'ennoblit sous des Princes sans mœurs, dont les goûts sont toujours applaudis & imités par des cours flateuses & viles, qui donnent trop souvent le ton à toute la Nation. C'est ainsi que la débauche, la mauvaise foi, la rapine deviennent quelquefois du *bon ton*, où cessent du moins de révolter le Peuple qui les voit. Il s'imagine que la licence est le signe de la grandeur, & que des mœurs honnêtes annoncent de la foiblesse. Le vulgaire se conforme bientôt aux mœurs des riches & des grands qu'il admire, & de la protection desquels il a besoin. C'est ainsi que la corruption infecte peu-à-peu tous les ordres d'un Etat mal gouverné; peu-à-peu la vertu y est proscrite; & les exemples d'une cour effrénée sont suivis ou applaudis par une foule aveugle qui n'en voit pas les conséquences terribles. Le Souverain, soit en bien, soit en mal, est communément à portée de tourner, comme il veut, les volontés des hommes: plus il eſt abſolu, plus les changements lui feront faciles. C'eſt là le mobile le plus puiſſant que la Politique puiſſe employer: malheureuſement les Princes n'en font le plus ſouvent qu'un uſage pernicieux.

§. XLVI. *Influence de la Religion ſur la Po-litique.*

La Religion fut de tout tems regardée comme un des plus puiſſants reſſorts de la Politique, comme la barriere la plus forte que l'on pût oppoſer aux paſſions des hommes & aux excès des Rois. Mais l'expérience nous montre que des idées ſur-naturelles, des récompenſes & des craintes éloignées, font de bien foibles armes contre les vices des Princes & des Peuples que ſouvent leur e-xemple invite au mal. Les Souverains les plus injuſtes furent ſouvent très zêlés pour la Religion. Des Peuples très dévots furent très vicieux & très méchants. Des Tyrans avérés ſe font fré-quemment ligués avec les miniſtres des autels pour attaquer la liberté de leurs Sujets. Pres-qu'en tout tems le ciel ſervit de prétexte pour porter le trouble, la diſcorde & le crime ſur la terre. A l'inſtigation des Prêtres du très haut, tantôt les Princes devinrent des perſécuteurs & des boureaux pour une partie des Citoyens; tan-tôt ces mêmes Prêtres exciterent les Citoyens à la révolte & au régicide. Lorſque les Tyrans furent dévoués aux paſſions du Clergé, les Peu-ples furent écraſés ſous le poid des deux Puiſſan-ces réunies. Quand les Princes furent moins dociles aux volontés de leurs Prêtres, ils furent souvent détrônés ou affaſſinés. Cependant les Tyrans jugerent communément que leur intérêt exigeoit qu'ils fiſſent cauſe commune avec le Sacerdoce, qui, pour ſon intérêt particulier, arma leurs bras vengeurs contre ceux qui refuſoient de plier ſous ſon autorité. Cette politique inſenſée produiſit mille fois les plus affreux ravages dans la Societé: des Sujets utiles furent immolés à la vengeance ſacerdotale, à la paſſion de dominer, à la ſuperſtition des Rois. C'eſt à ce zêle aveugle que pluſieurs Nations ſont redevables de leur dépopulation, de leur décadence, de l'aggrandiſſement de leurs ennemis.

La ſaine Politique ne ſe croit point en droit de fouiller dans la conſcience de ſes Sujets; elle leur permet de penſer comme ils veulent, pourvu qu'ils ſe conduiſent en Citoyens. Elle empêche les interpretes des Dieux de prendre ſur les Peuples, un aſcendant qui ſouvent traverſeroit ſes vues les plus honnêtes. L'ambition, la foibleſſe ou la lâcheté des Souverains finiſſent par les aſſervir eux-mêmes, ainſi que leurs Sujets, à des hommes révérés, trop ſouvent tentés d'oublier qu'ils ſont des membres de l'Etat. De bonnes loix, une éducation fondée ſur la raiſon, les lumieres d'une morale ſociable, des récompenſes, des châtimens équitables, voilà les vrais moyens de faire de bons Citoyens.

On demandera peut-être à quels ſignes l'on peut reconnoître ſi une ſuperſtition eſt nuiſible à la Société & doit être contenue. Je réponds qu'elle ne peut être que funeſte, lorſqu'elle mettra des obſtacles à la population, lorſque ſon cul-

te fuſpendra trop fréquemment les travaux de la
Société, lorſqu'elle fera un mérite de l'inutilité;
lorſqu'elle excitera des animoſités & des querelles;
lorſqu'elle donnera au nom de Dieu, le ſignal
de la révolte ; lorſqu'elle dépouillera l'homme
laborieux pour enrichir le fainéant dangereux;
lorſque ſes Miniſtres voudront ſe ſouſtraire aux
Loix & refuſeront d'obéir à l'autorité des hommes ſous prétexte d'obéir à l'autorité divine.
C'eſt alors que la Politique, au lieu de la ſoute-
tenir, doit affoiblir la ſuperſtition & diminuer ſon
influence ſur les eſprits. Quelques ſoient les opinions des Souverains, ſi la raiſon les éclaire & ſi
l'humanité les touche, ils ſentiront que la volonté divine ne peut jamais ordonner ce qui eſt évidemment contraire au bien de la Société. Si ces
Princes ſont vraiment religieux, c'eſt à dire,
ſoumis à un Dieu ſouverainement équitable &
bon, à un Dieu qui s'intéreſſe au bonheur des
mortels, on ne leur perſuadera jamais que ce
Dieu puiſſe approuver des tyrannies, des violences, des perſécutions, des rigueurs, des cruautés
& des crimes, qui devroient bien plutôt allumer
ſa colere que les opinions flottantes des habitants de ce monde. Tout Souverain conſéquent
regardera les maximes intolérantes & ſanguinai-
res des prêtres & leurs conſeils pernicieux, comme des blaſphêmes contre la Divinité, comme des
ouvrages de l'impoſture, comme des conſpira-
tions contre la Société; s'il ne les punit pas ſé-
vérement, il les mépriſera, & il contiendra des
hommes qui ſe font un jeu de troubler la concorde & l'harmonie deſquelles dépend le bonheur
des hommes en Société.

§. XLVII. *Remedes du Fanatifme.*

QUOIQUE la vraie Politique n'ait point à fe louer des avantages que lui ont jufqu'ici procurés les opinions religieufes, elle doit les tolérer & les empêcher de nuire. Combattre de front les erreurs dont les Peuples font imbus, feroit un projet auffi infenfé que téméraire. Un Souverain éclairé ne peut fe propofer de guérir tout d'un coup fes Sujets de leurs folies. Les hommes chériffent leurs préjugés, fur-tout lorfqu'ils y croient leur bonheur attaché. Ce feroit une entreprife vaine, que de vouloir de vive force déraciner la fuperftition; c'eft une maladie dont l'homme ignorant & craintif apporte les germes en naiffant. En vain la Politique voudroit-elle l'anéantir tout d'un coup.

C'EST à force de bienfaits fenfibles, de vertus réelles, d'inftructions raifonnables, que l'on peut détacher les Peuples de leurs préjugés dangereux; c'eft par des foins paternels que le Souverain peut s'attirer la confiance que fes Sujets en enfance accordent à des guides qui les égarent & qui les empêchent de s'éclairer. Un bon Prince, dont la conduite prouvera qu'il ne veut que le bien de fon Peuple, fera bientôt plus écouté que les Prêtres. Les récompenfes préfentes & fenfibles d'un Souverain de ce monde, feront toujours plus efficaces, que celles de l'autre monde: les châtiments inévitables des loix en impoferont bien plus que les fupplices de l'autre vie, que des pratiques dévotes peuvent faire éviter.

D'UN autre côté la fuperftition, & fon fanatifme ne font vraiment à craindre que lorfque l'Autorité en eſt elle-même enivrée. Ce ſont les perſécuteurs fanatiques qui font des ſectaires opiniâtres & rebelles. Un Gouvernement ſenſé permet à tous ſes Sujets de penſer ou d'errer à leur maniere. Si des entouſiaſtes diviſés ſe décrient réciproquement, jamais le Souverain ne prendra part à leurs querelles frivoles, qui ne deviennent importantes & dangereuſes, que lorſqu'il veut s'en mêler. Enfin la ſaine Politique permettra que la raiſon les combatte avec les armes du bon ſens : elle affoiblira par là le délire de ſes Sujets.

§. XLVIII. *De la Tolérance Civile.*

La Tolérance civile eſt l'effet d'une ſage Politique : occupée à veiller ſur la conduite des Citoyens, elle ne s'arroge pas le droit de régler leurs penſées. Ramener tous les hommes aux mêmes idées religieuſes, eſt un projet auſſi extravagant que tyrannique. Que des Théologiens oiſifs s'occupent de leurs hypotheſes merveilleuſes ; que des Docteurs diſputent en liberté ſur des queſtions ſubtiles qu'ils n'entendent point eux-mêmes ; ces querelles puériles & profondes ne ſont pas faites pour intéreſſer le repos des Nations, ni pour détourner les regards d'un Gouvernement des objets importans dont il doit s'occuper. Tout Souverain qui veut ſe mêler de diſputes théologiques, ſe dégrade & ſe rend mépriſable ; dès qu'il perſécute, il ſe rend le complice & l'eſclave de quelques Entouſiaſtes ridicules, ou de quelques frippons ambitieux. Quel rôle indigne pour un Roi, que de ſe faire le champion, le chevalier errant de quelques inſenſés, ou l'inſtrument des vengeances de quelques charlatans! Ce fut bien plus pour agir que pour penſer, que l'homme ſocial fut deſtiné : dès qu'il ſe rend utile à ſa Patrie, il doit lui être cher; la Politique doit préférer tout Citoyen qui la ſert, à celui qui eſt inutilement orthodoxe.

RIEN n'égale donc l'aveuglement & la folie de ces prétendus Politiques qui, dupes eux-mêmes de la ſuperſtition, permettent au Sacerdoce de tyranniſer chez eux: la juriſdiction qu'il exerce au nom du ciel, fut toujours nuiſible à la terre; fondée ſur un intérêt ſordide, elle fut atroce. Le ſort des Citoyens eſt-il fait pour dépendre de quelques rêveurs fanatiques ou fourbes toujours également ſourds au cri de l'humanité? Juge dans ſa propre cauſe, ombrageux, inquiet, le Prêtre eſt toujours cruel. Si l'affreuſe *Inquiſition* a maintenu dans quelques pays l'uniformité de la doctrine, elle en fit diſparoître la ſaine morale, la ſcience, la vertu. Par-tout où cet odieux tribunal ſubſiſte, les hommes n'ont que des mœurs utiles aux Prêtres, & nuiſibles à la Société. Les Portugais & les Eſpagnols ont été les Peuples de l'Europe les plus méchants, les plus cruels & les plus ſoumis au clergé. Leur morale ſe borne à des pratiques qu'ils croient ſuffire pour expier les crimes les plus grands. Leur obéiſſance pour le Monarque eſt toujours prête à diſparoître, dès que le Prêtre l'ordonnera. Dans une Nation ignorante & crédule, il n'eſt aucun pouvoir qui puiſſe balancer celui des organes du ciel: chez un Peuple ſuperſtitieux, le Sacerdoce eſt le vrai maître de l'Etat; il diſpoſe à ſon gré du Souverain & des Sujets.

Les effets de la Religion ne se bornent pas toujours à l'intérieur des sociétés; la diversité des opinions religieuses fait naître quelquefois entre des Peuples indépendants les uns des autres, un mépris, une haine & des inimitiés très durables; tandis que la conformité d'opinions devient souvent l'unique lien qui en réunit d'autres. La Politique est alors ridiculement subordonnée à la Théologie, dont les vues ne peuvent avoir rien de commun avec les siennes. Les Princes trop dévoués au Sacerdoce ne travaillent jamais que pour lui; en croyant servir Dieu, ils ne servent réellement que les passions de ses Ministres.

§. XLIX. *Résumé.*

Résumons en deux mots les principes établis dans ce discours. L'esprit d'une Nation en fait toujours la force; il n'est que la volonté où sont tous les Citoyens de mettre leurs facultés en commun. Plus l'Etat rassemblera d'hommes animés de cet esprit, plus il sera puissant. Mais pour les faire entrer dans ces dispositions favorables, il faut que l'éducation les prépare & que le Gouvernement les rende heureux. Point de population sans bonheur: point de bonheur sans liberté; point de liberté sans Loix. Les Loix ne seront point observées sans mœurs & sans vertus: sans justice, il n'est plus de propriété; sans police, il n'est plus de sûreté; sans chatiments, le crime n'est plus effrayé; sans récompenses, le mérite n'est plus encouragé.

La sûreté extérieure d'un Etat se fonde sur la force des armes; la sûreté intérieure sur la force

des Loix. Toutes les branches de l'adminiſtration doivent ſe prêter les mains: la population
amene l'agriculture; l'agriculture amene le commerce, les manufactures & l'induſtrie; toutes
ces cauſes procurent des richeſſes; ſagement réparties, ces richeſſes ſont un bien; mais leur abus
devient le plus dangereux des maux. La Politique eſt inſenſée, lorſqu'elle permet que ces cb-
jets ſe croiſent & ſe contrarient; ou lorſque,
ſubordonnée à la ſuperſtition, elle ſouffre qu'elle
anéantiſſe ſes vues les plus ſalutaires.

SOMMAIRE DU HUITIEME DISCOURS.

DISCOURS

DE LA
POLITIQUE
EXTÉRIEURE.

DE LA GUERRE, DE LA PAIX,
DES TRAITÉS, &c.

§. I. *La morale & les devoirs font les mêmes pour*
les Nations que pour les Individus.

APRÈS avoir parcouru les principaux objets
qu'une Politique éclairée doit envifager relativement à l'intérieur d'un Etat, & la conduite qu'-
elle doit tenir à l'égard de fes Sujets, examinons
maintenant celle qu'elle doit fuivre rélativement
aux autres Etats avec lefquels elle peut avoir des
liaifons ou des rapports. Tout devroit nous convaincre que les fociétés dans lefquelles le genre
humain eft partagé, peuvent être regardées comme autant de grands individus dont l'affemblage
forme la grande Société du monde. Les mêmes
devoirs que la Nature d'un être fociable & raifonnable impofe à chaque homme, elle les impofe à chaque Peuple. Elle a mis entre les Nations
la même inégalité qu'entre les membres d'une af-

fociation particuliere. Les Peuples ont les mêmes rapports, les mêmes befoins les uns des autres, & par conféquent doivent être foumis aux mêmes regles. Enfin dans la vafte Société du genre humain, il eft des liens qui uniffent auffi étroitement un Peuple à un autre Peuple, que le Citoyen dans une fociété particuliere eft uni à fes Concitoyens. Si l'homme doit quelque chofe à l'homme, une Nation eft foumife à des devoirs envers les autres Nations; fi la Nature prefcrit les devoirs de l'un, elle prefcrit auffi ceux de l'autre; l'expérience & la raifon font connoître les regles qui réfultent de ces devoirs, & leur affemblage forme un code univerfel, fait pour commander également à toutes les Nations du monde, mais malheureufement méconnu, méprifé ou arbitrairement interprêté par la plupart des Princes qui décident de la conduite des Peuples.

Ainsi, n'écoutons plus les maximes corrompues de cette Politique inhumaine qui perfuade aux Nations & à leurs Chefs qu'il n'eft point de loi pour les Souverains, que nuls devoirs ne les lient, que l'intérêt eft l'unique regle de leur conduite, & que la force doit être la feule mefure de leurs droits. Ces idées que la Nature & la Raifon défavouent, fondées fur des paffions, fur des avantages paffagers, fur des vues rétrécies, ne font faites que pour en impofer à des fpéculateurs qui confondent fans ceffe le fait avec le droit, ce qui eft avec ce qui devroit être, la force avec l'équité. Ces opinions ne conviennent qu'à des Souverains qu'une ambition démefurée ou que la perverfité du cœur aveuglent au point de méconnoître les devoirs qui les lient même envers les fociétés dont ils ne font pas les Chefs. Si l'homme injuste brise les nœuds qui l'unissent à la Société dans laquelle il vit, le Politique injuste rompt ceux qui l'attachent à la Société universelle.

Si l'on doutoit de cette vérité, que l'on considere les sentimens que font naître dans les Nations voisines ces Souverains perfides, ces guerriers turbulents, ces conquérants ambitieux que le sort ne place que trop souvent à la tête des Empires. N'excitent-ils pas dans les Etats qui les entourent, les mêmes jalousies, les mêmes défiances, la même horreur qu'inspirent les criminels dans la société particuliere? Les Peuples ne font-ils point des efforts pour contenir un pouvoir qui leur fait ombrage, pour réprimer des excès qui les inquietent, pour détruire les objets de leurs justes allarmes? Le sang des Nations gouvernées par des politiques injustes, n'expie-t-il pas sans cesse les forfaits de leurs Souverains corrompus?

§. II. *Source de la corruption politique.*

Par une pente fatale & naturelle, les Peuples & ceux qui les commandent sont sujets à des passions, à des frénésies plus ou moins durables qui les rendent sourds à la voix du devoir, aux loix éternelles de leur Nature, ferment leurs yeux sur les besoins, les intérêts & les droits qui leur sont communs avec les autres Peuples: l'homme ignorant ou sans expérience n'envisage que l'intérêt du moment; incapable de porter ses vues sur l'avenir, il trouve plus court de céder à la passion qui le presse; il faut pour le contenir, ou une force qui lui en impofe, ou une raifon exercée qui lui montre les dangers auxquels fes paffions l'expofent. La raifon des Peuples & des Princes qui les gouvernent, n'eft fouvent rien moins que développée; quand ils ne voient aucune force qui puiffe les arrêter, ils fe livrent imprudemment aux faillies de leurs défirs, excités par des avantages fuppofés, par l'ambition & fouvent par une fotte vanité qui fuffit quelquefois pour mettre l'univers en combuftion. Alors ils n'entendent plus l'équité qui leur crie que, jouiffant eux-mêmes, ils doivent laiffer jouir les autres; qu'ayant eux-mêmes des befoins, ils doivent fe prêter à ceux des autres: ils ceffent de voir les avantages qui rendent, un Etat néceffaire à un autre: ils renoncent à la juftice qui fervant de rempart mutuel entre les hommes, doit affûrer & diftinguer leurs poffeffions réciproques.

Trop fouvent l'intérêt méconnoît ces vérités: la force & l'adreffe deviennent les feuls juges entre les Princes; tout eft juftifié par l'avantage qui réfulte d'une démarche; la violence, la fraude, le parjure fe changent en titres légitimes; les Nations les plus puiffantes profitent cruellement & fans rougir de l'infériorité des autres, pour les opprimer impunément. Des guerres iniques font fuivies de traités auffitôt rompus que faits, le vainqueur impofe au vaincu les Loix les plus dures; celui-ci revient, fouvent avec raifon, contre des engagements que la violence lui avoit arrachés. La force devient le feul frein pour des Nations qui femblent difputer d'injuftices entre elles. Quelle différence alors entre un Peuple vainqueur ou un Brigand qui défole une fociété particuliere? Un conquérant n'agit-il pas comme un affaſſin qui détruit ſes ſemblables, qui ravit leurs biens & trouble leur tranquillité?

Que l'on ne diſe pas que la vertu eſt incompatible avec le Gouvernement des Etats; que, néceſſaire aux individus, elle eſt inutile aux Nations, que la juſtice qui maintient l'ordre dans chaque ſociété, ſeroit nuiſible & déplacée dans la ſociété du genre humain. Non; les Loix éternelles de la Nature & de la Morale ſont faites pour obliger tous les Peuples & leur ordre violé eſt tôt ou tard ſuivi de châtimens néceſſaires.

§. III. *La Probité en Politique ne peut pas nuire.*

Mais, dira-t-on, une probité ſcrupuleuſe, une équité ſévere ne deviendroient-elles pas infailliblement contraires aux intérêts d'une Nation qui ſe trouve entourée d'autres Nations qui méconnoiſſent ces vertus? Un Etat, victime de ſa bonne foi, ſuccomberoit perpétuellement ſous la force, ſous la fraude, ſous les crimes d'un Etat plus puiſſant, plus ruſé, plus corrompu que lui.

Ne croyons point que les Princes ſoient toujours les victimes de leurs vertus. Il eſt rare qu'un Souverain dont la conduite eſt guidée par une Politique ſage au-dedans, vertueuſe & juſte au-dehors, ne s'attire l'eſtime, la confiance & les ſecours des Nations étrangeres. Souvent elles ne ſe bornent point à une admiration ſtérile: intéreſſées à ſa conſervation, elles maintiendront ſes droits, elles s'uniront à lui pour repouſſer la force qui tenteroit de lui nuire. L'ambition d'un tel Monarque aura lieu d'être ſatisfaite de la ſupério-

rité que fa conduite lui donnera fur les autres; il
en deviendra l'arbitre : la vertu eft refpectée de
ceux-mêmes qui l'abandonnent.

§. IV. *De la Morale des Princes.*

CES maximes fi vraies font entiérement mé-
connues de la plupart des Princes qui fentent rarement combien la vertu feroit utile à leurs intérêts véritables & à la profpérité durable de leurs
Etats à laquelle leur propre bonheur eft lié. L'i-
gnorance, comme tout le prouve, eft la fource
unique du mal moral; les hommes ne font mé-
chans, que parce qu'ils ignorent l'intérêt qu'ils ont
d'être bons, & les avantages ineftimables attachés
à la pratique de la vertu. Les Souverains deftinés à faire pratiquer aux autres les devoirs de la
Société, devenus eux-mêmes des êtres infociables
par leurs paffions que, ni l'éducation, ni la raifon,
ni la force publique ne leur apprennent prefque
jamais à contenir, s'y livrent tête baiffée, leur
facrifient les Peuples, fe ruinent pour acquérir,
& n'ont aucune idée de leurs vrais intérêts. Par
une fuite de cette fatale ignorance, la Politique
n'eft qu'un commerce de perfidies : les Princes
font perpétuellement occupés à fe furprendre par
la rufe, ou à s'arracher par la violence, les avantages qu'ils s'envient réciproquement. Ainfi
qu'entre les Particuliers, il s'excite entre les Nations des jaloufies, des haines, qui fouvent dégé-
nerent en guerres. La profpérité, l'abondance,
l'induftrie des unes font ombrage à d'autres. Incapables de réuffir à fe nuire par la force, elles
ont recours à l'artifice. Eprifes du frivole avantage de dominer, d'obtenir des prérogatives chi-

mériques, des richeſſes ſouvent funeſtes, elles cherchent à ſe traverſer, & croïent avoir des forces réelles à meſure que leurs voiſins ſont affoiblis. Delà ces guerres, ces traités inſidieux ſi ſouvent violés, ces inimitiés cruelles & ridicules qui ſe perpétuent preſque ſans intervalle entre les habitans de ce monde; delà ces animoſités & ces fureurs, pour ainſi dire, innées qu'ils ſe tranſmettent d'âges en âges, juſqu'à ce que la deſtruction des parties contendantes vienne enfin les terminer.

ON diroit que les Princes ne regnent ſur leurs Sujets, que pour ſe mettre en état de nuire aux Sujets des autres; la Politique extérieure abſorbe communément tous les ſoins qu'ils devroient donner à la Politique intérieure. Enivrés de l'idée vaine de jouer un grand rôle aux yeux de l'univers étonné, on ne voit la plupart des Souverains occupés qu'à écraſer leurs propres Nations dans la vue d'écraſer enſuite les Nations étrangeres ou de ſe défendre contre elles. Ils vivent entre eux dans un Etat que l'on nomme *Etat de Nature*, mais qui eſt en effet un état contraire à la Nature de l'eſpece humaine, un état ſauvage, inſociable, un état inquiet & troublé, un état miſérable d'où la raiſon ſeule pourroit les dégager. Juſqu'ici elle n'a·pu leur faire ſentir qu'ils ſont les membres d'une même famille, qu'ils devroient vivre en ſociété, que leur intérêt l'exige, qu'ils ſe nuiſent à eux-mêmes en voulant nuire aux autres. Ces vérités leur paroiſſent pédanteſques & ridicules.

TROMPÉES par l'ambition & les vues bornées de ceux qui les gouvernent, les Nations ſe croient obligées de se haïr réciproquement. Leurs Souverains mettent à profit ces dispositions fatales ; ils s'en servent pour faire valoir leurs frivoles intérêts qui rarement sont ceux de l'Etat. Ainsi, sans savoir pourquoi, l'homme hait l'homme qu'une riviere sépare de lui ; le Sujet d'un Souverain devient l'ennemi né du Sujet d'un autre ; un Peuple stupide se rend le champion des délires & des iniquités de ses Maîtres ; il devient injuste, parjure, turbulent, parce que ceux qui lui commandent ont mérité ces noms odieux.

§. V. *De la Guerre.*

AINSI la guerre, cet Etat de violence & de trouble si contraire au bonheur de toute société, s'allume entre les Nations souvent sans-cause, & devient, par la déraison des Princes, l'objet le plus important de leur Politique. C'est sans doute cet acharnement à se détruire qui a porté un philosophe atrabilaire à supposer *que l'homme étoit né dans un état de guerre avec ses semblables.* (*) Eh ! qui ne seroit tenté de le croire, en voyant la frénésie qui anime à tout moment les Peuples à leur destruction réciproque ? En considérant l'imprudente facilité avec laquelle les Souverains répandent le sang de leurs Sujets, sous les prétextes les plus frivoles, & pour des intérêts souvent si puériles, comment ne pas supposer que les hommes n'ont été placés dans ce monde que pour s'égorger les uns les autres ? Pour peu qu'on jette les yeux sur les annales du genre humain, tout être raisonnable est consterné à la vue des guerres atroces & continuelles & des inutiles carnages qui, de tout tems, ont fait nager la terre dans le

(*) Thomas Hobbes,

fang de fes enfants. S'il eft un crime affreux, c'eft fans doute celui de ces Rois qui, pour les objets les plus futiles, s'engagent dans des guer-. res, & facrifient à la fantaifie du moment, des Sujets dont la vie eft la richeffe la plus réelle d'un Etat. De quel front peut-on louer ces Monarques ambitieux, ces Conquérants féroces qui, peu foigneux de rendre heureufes les contrées que le deftin leur a foumifes, veulent porter ailleurs la défolation & la mort? Comment des Poëtes adulateurs ofent-ils chanter ces guerriers inhumains qui, au prix de l'élite d'une Nation, achetent une gloire inhumaine contre laquelle l'éloquence & la fatyre devroient lancer tous leurs traits? Loin de flatter ces Monftres farouches & ces fléaux du genre humain, l'hiftoire ne devroit-elle pas les couvrir d'opprobre & d'infamie? Périffe à jamais la mémoire de ces Conquérants déteftés qui fe font fait un jeu de la deftruction des hommes! Périffent ces Miniftres perfides qui confeillent à leurs Maîtres la dépopulation de leurs propres Etats! Périffe la gloire de ces Généraux qui, pour un moment de gloire, facrifient fans pitié des milliers de victimes! Les guerres les plus heureufes joignent les lauriers aux cyprès: le fang du Citoyen fe confond toujours avec celui de l'ennemi; les terres acquifes par la conquête ont été communément payées de la vie d'un plus grand nombre d'hommes, que la victoire n'en foumet.

Quoi de plus déshonorant pour l'efpece humaine, que cette honteufe joie que les Nations font éclater à la fuite de leurs fanglantes victoires? De quoi vous réjouiffez-vous, Peuples infenfés? De quoi remerciez-vous vos Dieux? Eft-ce de ce qu'une bataille a fait périr des milliers de vos

Concitoyens? Eſt-ce de ce que votre Monarque a augmenté d'une ville détruite ſon malheureux Empire? En ſerez-vous plus fortunés vous-mêmes? Votre ſûreté en eſt-elle augmentée? Jouirez-vous plus tranquillement du fruit de vos travaux? Allez-vous être ſoulagés du poids de vos impôts? Non, dites-vous; eh bien! vous vous réjouiſſez donc comme des inſenſés de voir redoubler vos maux.

§. VI. *Folie des Conquêtes.*

· Si l'on conſidéroit ſans préjugé la conduite de la plupart des Princes, on feroit tenté de croire que leur projet n'eſt que de régner ſur des champs déſolés. Sans ceſſe occupés à étendre les bornes de leurs Etats, ils ne ſongent preſque jamais à les rendre plus heureux. On diroit qu'ils ne veulent que de la terre & des miſérables. Le Conquérant ſacrifie les vainqueurs & les vaincus à ſon aveugle frénéſie. Qu'eſt-ce qu'une terre inculte & inhabitée? Quel avantage réſulte-t-il d'être le maître d'une ſolitude? Quelle force peuvent donner des Etats démembrés, éloignés les uns des autres, & que leur poſition rend ſouvent plus onéreux qu'utiles? Les poſſeſſions éparſes de la Monarchie Eſpagnole ne furent-elles pas la ſource de ces guerres ruineuſes qui l'épuiſerent à la fin & d'hommes & d'argent?

Les Rois veulent toujours plus de Sujets qu'ils n'en peuvent gouverner; peu contents de rendre malheureux ceux que la Nature leur à ſoumis, ils vont par des conquêtes porter l'infortune à ceux qu'elle avoit ſouſtraits à leurs Loix. La

pareſſe, l'incapacité, l'ignorance de l'art de régner, ainſi que l'ambition, ſont les mobiles du
Conquérant; un Prince juſte, laborieux, appli-
qué rend ſon Etat floriſſant; le Conquérant féroce trouve bien plus court de s'emparer du fruit
d'un travail dont lui-même eſt incapable. La
conquête, ainſi que les grands crimes, en impoſe
aux hommes, & finit par exciter leur admiration;
les Rois les plus deſtructeurs ſont les plus admi-
rés. Ces Héros dont les Poëtes nous chantent
les victoires, ſont un objet d'horreur pour le Sage & le Citoyen.

Loin de la ſaine Politique cette impétuoſité
criminelle ſi nuiſible aux Etats! Les Princes occupés du bonheur des Nations qu'ils gouvernent,
doivent ſonger que rien ne met de plus grands
obſtacles à leurs vues, que ces armées nombreuſes qui arrachent aux champs leurs cultivateurs,
qui n'en font que des deſtructeurs, & dont l'effet
eſt de livrer au vice & à l'oiſiveté, des hommes
dont le courage, utile pendant la guerre, devient ſouvent nuiſible après le retour de la tranquillité. La licence, le mépris des Loix, la
corruption des Mœurs, ſont les conſéquences
fatales auxquelles eſt expoſée une Nation belli-
queuſe. Les grandes armées furent toujours funeſtes à la liberté & aux mœurs des Citoyens.

§. VII. *De la Guerre juſte.*

Malgré ces terribles effets, la Politique la
plus ſage eſt ſouvent obligée de recourir à la
guerre; c'eſt le dernier remede qui lui reſte pour
réprimer les entrepriſes des Peuples injuſtes &
déraiſonnables; c'eſt toujours à regret qu'elle ar-

me les mains de ſes Sujets; c'eſt toujours avec
empreſſement qu'elle les déſarme pour les rendre
à la Patrie; elle n'ignore point que la guerre eſt
pour eux une maladie convulſive dont la durée
les accable & les conduit à la mort.

La guerre n'eſt juſte & néceſſaire, que lorſqu'elle repouſſe un aggreſſeur injuſte, lorſqu'elle
réprime les fureurs d'un Peuple effréné, lorſqu'elle a pour objet de contenir un Conquérant,
un Brigand féroce & turbulent, lorſqu'elle étouffe dans leur naiſſance, les complots des voiſins
jaloux. Ainſi une guerre n'eſt juſte, que lorſqu'elle ſe propoſe la défenſe de l'Etat ou le maintien des avantages que la Nature & l'induſtrie lui
procurent; elle eſt très légitime lorſqu'elle empêche un voiſin puiſſant, dont on craint la puiſſance
exceſſive, ou dont on a déjà éprouvé les excès,
de prendre un aſcendant funeſte à l'indépendance
des autres.

Si nous examinons ſans préjugé les motifs de
la plupart des guerres qui ſe font ſous nos yeux,
nous verrons que preſque jamais elles n'ont véritablement pour objet le bien-être ou la ſécurité
des Nations qui ſe combattent; le ſang des Peuples coule de toutes parts, pour aggrandir le
pouvoir d'un Monarque incapable déjà de gouverner les Etats qu'il poſſède; l'Europe eſt miſe
en feu pour l'intérêt d'un Miniſtre inhabile, par
la ſotiſe d'un Négociant ignorant, pour l'avan-
cement d'un Courtiſan ſans mérite, pour contenter l'avarice de quelques marchands avides. C'eſt
dans le ſein des Nations, que ſe trouvent communément leurs véritables ennemis. Ce ſont leurs
Chefs, conſeillés par un petit nombre de mauvais

Citoyens , qui les mettent aux prifes pour des objets qui n'intéreſſent nullement, ni la ſûreté, ni la félicité publique.

Tous les Souverains prétendent néanmoins avoir de juſtes motifs de faire la guerre, lors même qu'ils ne ſont guidés que par l'ambition la plus avérée ou par l'avidité la plus honteuſe. Qui eſt-ce qui peut alors décider entre eux ? Au défaut de la raiſon, il ne reſte que la force. En un mot, une Nation n'eſt en droit de faire la guerre, que lorſqu'elle n'a pas pour elle-même la ſécurité néceſſaire; elle doit ceſſer, du moment où elle acquiert cette ſécurité & commence à la ravir à l'ennemi. Telle eſt la juſtice univer-ſelle.

§. VIII. *Des Droits de la Guerre.*

On demandera , peut-être , quels ſont les droits que donne la Guerre, & juſqu'à quel point il lui eſt permis de porter ſes fureurs? Donner des Loix au déſordre, fixer des limites à la cole-re d'un Conquérant & du Soldat effréné, c'eſt ſans doute vouloir ſoumettre le délire à la raiſon, la paſſion à la réflexion. Il eſt pourtant des bor-nes que la Nature preſcrit à l'impétuoſité des hommes; la raiſon les trace d'après l'expérience, & la fougue s'habitue à les reconnoître au ſein même du déſordre. Les hommes, ſans renoncer à leurs folies, en ſentent les inconvéniens, & conſentent à modérer ſes effets. Telle eſt l'ori-gine de ce *Droit des gens* fondé ſur des conven-tions réciproques par leſquelles les Peuples, pour leurs intérêts mutuels, s'accordent à uſer avec quelque modération du pouvoir que la force leur donne. Le cri de l'humanité, de l'intérêt des hommes se fait donc quelquefois entendre, même au milieu du bruit des armes ! Il apprend aux vainqueurs les plus farouches, que leurs ennemis font des hommes ; que, s'il est juste de les réprimer, il est injuste de les détruire dès qu'ils cessent d'être à craindre ; il montre aux Conquérants, que leurs conquêtes sont infructueuses pour eux - mêmes, quand, par un carnage inutile, ils exterminent ceux dont ils vouloient faire des Sujets. Enfin, tout leur annonce que les armes étant journalieres, le Soldat, victorieux aujourd'hui, peut devenir demain la victime de la cruauté qu'il a montré lui-même. C'est ainsi que l'intérêt & le besoin ramenent toujours, malgré les hommes, les plus inconsidérés aux devoirs de la morale & de l'équité. Le *Droit des gens* est la morale des furieux qui mettent des limites à leurs folies. Cette morale est imparfaite & peu sûre, parce qu'elle dépend souvent des caprices d'hommes déraisonnables & dépourvus de prévoyance.

La vraie Politique n'est ni destructive ni cruelle ; contente d'abaisser & d'affoiblir ses ennemis, de déconcerter leurs complots, de réprimer leurs excès, elle ne veut point les écraser sous le char de la victoire ; elle se souvient toujours que c'est s'exposer à tout perdre, que de pousser ses ennemis au désespoir. Si ses succès n'ont point répondu à son attente & à la sagesse de ses mesures, elle cede au tems & consent plutôt à commander à des Peuples moins nombreux, à des Etats moins étendus, que d'exposer par une opiniâtreté très inutile, sa Nation à une ruine totale.

POUR un Gouvernement éclairé, la guerre n'eft jamais que le chemin de la Paix ; une fage adminiftration la préfere, même défavantageufe, à la guerre la plus heureufe, qui coûte toujours à l'Etat fes tréfors, fes Sujets ; fes biens les plus précieux. Les armes ne font faites que pour conferver aux Nations, ce que la tranquillité leur a fait acquérir : les Etats font toujours affez grands, dès qu'on ne fonge qu'à les rendre fortunés.

§. IX. *Caufe des Guerres fréquentes.*

RIEN de plus rare que des Rois magiftrats ou citoyens. Prefque tous les Empires ont été fondés par la force des armes ; il eft des Nations que des guerres réitérées ont rendu belliqueufes ; l'habitude leur fait alors une néceffité du trouble ; l'inaction & le repos font des Etats violents & incommodes pour un Gouvernement Militaire, dont le tumulte eft l'élément ; les armes feules y conduifent à la confidération, aux récompenfes, aux honneurs. Le Prince, quand même il n'aimeroit pas la guerre, y eft continuellement entraîné par le préjugé dominant ; il peut rarement tenir une jufte balance entre fes différens Sujets : il oublie qu'il eft bien plus le Souverain du Laboureur, de l'Artifan, du Commerçant, qui tous ont befoin de la paix ; il ne fonge pas que ce n'eft que pour eux qu'il doit faire la guerre ; la voix des Soldats qui l'entourent, eft plus forte que celle de tous les Citoyens réunis ; elle étouffe pour l'ordinaire les cris d'une Nation entiere, toujours intéreffée au repos, toutes les fois qu'elle n'eft point réellement en danger. Les guerres qui défolent l'univers feroient bien moins fréquentes, si les Princes ne prenoient les armes, que lorsque la nécessité & la sûreté de leurs Peuples les forcent de recourir à ce fatal remede. Les guerres seroient moins longues qu'elles ne sont, si, contents d'écarter le danger, ils consentoient à faire cesser le mal dès qu'il est inutile. Une guerre sans motifs raisonnables & sans fruit, est une double calamité pour la Nation. Si la paix amollit les Sujets, la guerre les conduit à une destruction certaine. Une sage Politique sait maintenir la paix, en se tenant toujours prête à la guerre. Une Nation trop belliqueuse ressemble à un blessé qui rouvre continuellement ses plaies, avant qu'elles soient cicatrisées: elle se détruit avec plus de promptitude, que la Nature ne la répare: par la folie des Souverains, la paix n'est communément pour elle qu'un Etat de langueur & de convalescence de trop peu de durée pour pouvoir se rétablir.

UNE Nation prévoyante & sensée ne devroit-elle pas s'imposer la Loi de ne jamais s'aggrandir, de ne point faire d'acquisitions nouvelles? En augmentant l'étendue d'un Etat, on augmente bien plus sa misere que sa félicité. Les Peuples ne se lasseront-ils jamais de répandre leur sang & de dissiper les richesses qu'ils possedent déja pour obtenir des conquêtes incertaines & couteuses, ou pour faire valoir les prétentions douteuses de leurs Chefs insatiables? Quelles ames doivent avoir ces Conquerants impitoyables qui commencent toujours par ruiner & immoler les Sujets qu'ils ont, dans l'espoir incertain d'en aquérir d'autres? Tout Prince n'a-t-il pas assez d'affaires, quand il veut sagement gouverner son pays?

§. X.

§. X. *De l'Esprit Militaire.*

COMME les malheureuſes circonſtances & la poſition d'un Etat le forcent à tourner ſouvent ſes vues du côté de la guerre, il ſeroit important que ſes inſtitutions, ſes loix & l'éducation publique entretinſſent dans ſes Sujets l'honneur, l'enthouſiaſme de la gloire, l'eſtime pour la valeur, l'amour pour la Patrie; une éducation martiale devroit donc apprendre, dès l'enfance, le métier de la guerre à ceux des Citoyens que le ſort deſtine à guider les bras du Soldat qui n'a que du courage: elle formeroit des Généraux beaucoup plus néceſſaires à une Nation, que les armées les plus nombreuſes. L'expérience de tous les ſiecles nous prouve que ce ne ſont point les armées, mais des Chefs expérimentés qui remportent les victoires. Les ſtupides Béotiens n'eurent beſoin que d'un *Epaminondas* pour ſe tirer de l'obſcurité & pour vaincre les Spartiates eux-mêmes. Un Général eſt l'ame de ſon armée; celle-ci, quelque ſoit ſa force, n'eſt qu'une maſſe inerte, ſi ſon Chef ne lui donne le mouvement & la vie.

SI un pouvoir illimité eſt fait pour avoir lieu quelque part, c'eſt ſur-tout lorſqu'il s'agit du commandement des armées. Dès que le Souverain remet la conduite de ſes troupes à l'un de ſes Sujets, la confiance doit être entiere & le bras du Général ne doit plus être retenu. C'eſt une politique puérile dans un Souverain de ſe réſerver le droit de diriger du cabinet les opérations des campagnes. A la guerre, c'eſt l'inſtant qui décide; le Général doit le ſaiſir, il eſt alors le ſeul juge de la conduite qu'il doit tenir.

M A I S pour que les Chefs des armées puiſſent opérer, il faut une obéiſſance profonde dans les Soldats & dans ceux qui leur font exécuter les ordres du Général. Rien de plus néceſſaire, qu'une diſcipline rigoureuſe. Ce n'eſt que dans une armée que le Deſpotiſme peut être de quelqu'utilité. Il eſt bien moins dangereux que cette anarchie licentieuſe qui met, pour ainſi dire, chaque ſoldat en droit d'examiner les ordres de ſes Chefs. Le ſuccès même étoit puni chez les Romains, des qu'il n'étoit pas commandé. Sans ſubordination une armée devient une Démocratie dont les ſaillies ſont toujours funeſtes à la République. Le courage même eſt ſouvent forcé de céder à la diſcipline; la valeur, dès qu'elle n'eſt point guidée, ne produit que déſordre; l'impétuoſité peut bien quelquefois procurer des ſuccès, mais dès qu'elle trouve de la réſiſtance, elle eſt déconcertée; eſt-elle repouſſée? le courage diſparoît & fait place au découragement. La diſcipline ſeule peut apprendre au Soldat à tenir ferme, à ſe rallier, à contempler le danger de ſang froid. Le militaire qui n'a que de la valeur, ne ſait que mourir inutilement; le Guerrier diſcipliné ne périt point ſans profit pour la Patrie. La diſcipline ſeule a rendu les Romains maîtres de l'univers.

§. XI. *Des Forces Maritimes.*

I L eſt des Nations que leur ſituation oblige à entretenir des forces maritimes, ainſi que des armées de terre. Il eſt très important pour elles de maintenir l'équilibre entre ces deux branches de leurs forces; ſans cela la Puiſſance de terre

éclipſera celle de la Mer, ou celle-ci fera négliger ou perdre de vue la premiere. Un Gouvernement fondé par la conquête, a toujours trop
d'égards aux vœux d'une Nobleſſe remuante qui
prefere la guerre de terre. Une Nation commerçante néglige très ſouvent ſes forces de terre
pour s'occuper excluſivement de ſes forces maritimes. La vraie Politique, je le répete, ne
quitte jamais la balance; elle ne ſouffre pas qu'une
branche de l'adminiſtration s'éleve ſur les débris
d'une autre. Plus ſes beſoins ſe multiplient,
plus elle redouble d'attention pour qu'aucune force n'entraîne les autres.

§. XII. *Des Alliances.*

La Nature & les conventions des hommes ont
rendu très inégales les forces des Nations. Un
Etat peut être plus puiſſant qu'un autre; mais
nul Etat n'eſt plus puiſſant que tous les autres.
Pluſieurs Nations foibles, en s'aſſociant, deviennent égales en puiſſance aux plus fortes. La ſituation, les beſoins, les circonſtances, les opinions,
les liaiſons des Souverains, les intérêts des Princes
établiſſent des rapports entre quelques Etats; ces
choſes rendent quelques Peuples ennemis, tandis
qu'elles uniſſent les autres. Entre les Nations
qui ont les mêmes beſoins, les mêmes deſirs, les
mêmes paſſions, il s'établit une rivalité, une inimitié comme entre des individus qui ſe propoſent un
même objet, ou qui ſont animés de la même paſſion.
Deux Nations guerrieres ſeront perpétuellement
en guerre; deux Nations commerçantes ne peuvent être long-tems amies; deux Nations voiſi-
nes ſont ſujettes à de fréquents démêlés.

De même que l'intérêt réunit les Citoyens, il réunit auſſi les Sociétés; chacune d'entre elles s'aime préférablement à toute autre ; chacune tend à ſon bonheur réel ou idéal; en un mot, chacune a ſes projets: mais comme toutes ont des droits égaux & ne reconnoiſſent point de juges, elles ſont forcées de porter leurs prétentions au tribunal de la raiſon. Elle les décide d'après les Loix de la Nature qui commandent aux Sociétés comme à chaque homme: elle leur apprend que leur propre conſervation étant le premier & le plus cher de leurs intérêts, les oblige à ſacrifier au repos & au bien - être du tout, une portion de leur indépendance, de leurs deſirs, de leurs beſoins même. Lorſque la voix de la raiſon n'eſt pas aſſez forte pour ſe faire entendre des Sociétés politiques ou de ceux qui les gouvernent, il ne leur reſte plus que la force pour décider leurs querelles.

§. XIII. *Des Négociations.*

Négocier en Politique, c'eſt chercher à concilier les intérêts de pluſieurs peuples ; c'eſt leur faire entrevoir les moyens qui peuvent tendre à la conſervation mutuelle & au bonheur, réciproque; c'eſt détourner leurs yeux d'un objet chimérique ou d'un avantage momentané, pour les fixer ſur un objet plus réel; en un mot, c'eſt les éclairer ſur leurs intérêts véritables. Les Nations, comme les individus, ſont ſujettes à des paſſions qui ſouvent les aveuglent & les entraînent dans la ruine : par la négociation, la Politique rectifie les idées de ceux qu'elle veut faire concourir à ſes vues; c'eſt en cela ſur-tout qu'elle montre fa capacité. Pour ouvrir les yeux des autres fur leurs propres intérêts, il eſt important de les connoître foi-même : il faut donc que la Politique, non feulement porte les yeux fur les objets qui méritent l'attention de l'Etat qu'elle gouverne, mais encore fur ceux qui doivent intéreſſer les autres Etats. Les paſſions peuvent feules combattre des paſſions ; il n'y a que la vue d'un intérêt plus fort, qui puiſſe en faire diſparoître un plus foible.

On négocie, foit avec des Puiſſances amies, foit avec des Puiſſances ennemies ; on veut s'attacher les unes, on veut défarmer les autres. L'artifice feroit inutile ou nuiſible, lorſque les intérêts font évidents ; perfonne communément ne connoît mieux les intérêts d'une Puiſſance, que cette puiſſance-même. Les Négociateurs éclairés s'entendent à demi mot ; ceux qui prennent la juſtice pour bafe, ne tardent point à s'accorder : une négociation n'eſt compliquée, que par l'incapacité ou la mauvaiſe foi des parties.

Les liaiſons des Peuples, ainſi que celles des particuliers, font fondées fur l'identité des intérêts. Les fecours propres à entretenir l'amitié entre les hommes, la maintiennent entre les Nations & font ceſſer les différents qui s'élevent entre elles. La prudence, la fidélité, l'habitude ciment ent les nœuds des corps politiques ; la paſſion, l'imprudence, l'infidélité les féparent & les briſent. Comme dans la Société particuliere, les foibles font dans la Société génerale communément les victimes de leur foibleſſe ; les Riches & les Puiſſants y infultent avec hauteur l'Indigent & le Pauvre, ou leur font acheter, fouvent aux dépens de la liberté, la protection qu'ils leur accordent.

§. XIV. *De la Bonne Foi.*

PLUSIEURS de ceux qui ont écrit sur le Gouvernement, ont prétendu que la Politique ne pouvoit être franche & vraie, & que le grand art de négocier consistoit à surprendre la simplicité de ceux avec qui l'on traite. Ils ont cru que tout étoit permis aux Chefs des Nations, dès qu'il s'agit des intérêts de l'Etat ; que la force, la ruse, la perfidie même étoient entre leurs mains, des moyens que l'objet justifie. D'un autre côté, des Moralistes plus sévères ont interdit aux Souverains, ces voies obliques & tortueuses que désavoue la vérité. Ils ont voulu que les Princes ne s'écartassent jamais de la droiture. Les premiers ont vu les hommes tels qu'ils sont, les autres les ont vu tels qu'il seroit à désirer qu'ils fussent. Les uns ont fait l'Histoire de la Politique, les autres en ont fait le Roman. Ecartons le voile du préjugé pour examiner, s'il est possible, ces sentiments si opposés ; voyons ce que la raison décidera sur cette importante question.

SI l'amour de notre être est le premier sentiment de notre Nature ; s'il nous est permis d'employer toutes les voies pour conserver notre existence ; si la raison nous accorde le droit de détruire les objets qui la menacent, les Nations, sans doute, jouissent des mêmes privileges. Les Souverains qui les représentent, sont donc indispensablement obligés de travailler au maintien de leur sûreté & de leur bien-être ; telle est leur première Loi ; telle est pour eux la pre-

miere vertu, à laquelle toutes les autres doivent
être subordonnées; jamais il ne leur fut permis
de s'en écarter. La Société elle-même ne peut
renoncer au bonheur; elle ne peut perdre de vue
sa conservation; elle ne peut se priver de ses besoins. Lorsque ces objets sont visiblement me-
nacés, la Politique est toujours en droit d'employer tous les moyens imaginables pour écarter le
danger. Mais quelle est la Nation dont le bien-
être soit véritablement menacé? est-ce celle qui
suit les loix d'un Souverain injuste pour ses propres Sujets; qui, couvrant son ambition des prétextes les plus frivoles, va porter la désolation
& le carnage chez les Sujets des autres? Est-ce
celle d'un Prince qui, peu content des limites de
ses Etats, s'appuie de quelques prétentions injustes ou chimériques pour les étendre aux dépens
des autres? Dira-t-il que le bonheur de ses Peuples le force d'employer les détours d'une Politique ténébreuse, lorsque réellement il ne se propose que de satisfaire son ambition personnelle,
sa propre vanité, l'imprudence de ses Ministres?
Peut-il justifier ses excès, ses violences, ses parjures, sous le prétexte du bien-être de la Nation
qu'il gouverne, lorsqu'exempt de toute crainte
pour elle, il va de gaieté de cœur troubler le repos général, & leur arracher les avantages dont
elles jouissent? Si à ces attentats, la Politique
joint la fourberie, elle unit le crime au crime, le
mensonge à l'injustice, le brigandage à l'infamie.

Il n'en est point de même, si la justice trop
foible, accablée par la force, est réduite à prendre
les seuls moyens qui lui restent pour conserver son
existence. Nous devons la vérité, la bonne foi
aux hommes, mais les devons-nous à des brigands

acharnés à nous détruire ? Le menſonge lui-même, quand il a pour objet le ſalut des Peuples, n'eſt-il pas une vertu ? Oui ; un motif ſi ſublime l'en-noblit ; dès qu'il ſauve l'Etat, il ne peut être honteux. Si l'on attaque ou ma vie ou mes biens, ne puis-je donner le change à celui que la Natu-re me permet d'exterminer ? qui doutera qu'une Nation n'ait les mêmes droits ? Qui blâmera la Politique de procurer le ſalut de la Société, de la même maniere que l'on trouve légitime dans l'un de ſes membres ? Qui aura le courage de refuſer à ceux qui gouvernent les Peuples, les mêmes droits dont jouit le dernier des Citoyens quand il eſt attaqué ?

GARDONS-NOUS donc de preſcrire à la Po-litique, ces vertus ſuperſtitieuſes & romaneſques dont la pratique rigoureuſe deviendroit quelque-fois la ruine d'une Société. Les vertus qui nuiſent au genre humain, ſont des fauſſes vertus. Les ſcrupules qui la mettent en danger, ſont des foi-bleſſes ; la ruſe devient eſtimable, dès que la Po-litique l'emploie véritablement pour le ſalut de l'Etat. Lorſque je-dis *véritablement*, je ne fais point dépendre la conſervation de l'Etat d'une entrepri-ſe injuſte échouée, d'une Province démembrée dans une guerre imprudente & malheureuſe, de quelque branche de commerce ou de luxe, enlevée par des mains plus habiles, de quelque défiance malfondée, de quelque inquiétude frivole. Les Souverains mettent preſque toujours leurs Na-tions en danger, & compromettent leur vrai bon-heur pour des objets plutôt nuiſibles qu'utiles, dont un enthouſiaſme paſſager les enivre ! Le bon ſens eſt ſouvent forcé de rougir des ſujets ridicules qui arment les mains des Maîtres de la terre. Des titres vains, des préféances puériles, des soupçons & des ombrages, des prétentions chimériques & obscures, font les motifs ordinaires des guerres, des négociations, des alliances & des ligues; objets futiles que les Princes voudroient sans cesse faire passer pour nécessaires & importantes à la conservation de leurs Peuples.

§. XV. *Le Bien Public est la regle de la Politique.*

POUR que les voies de la Politique soient justifiées & ennoblies aux yeux de la raison, il faut que le bien public & la nécessité les tracent aux Souverains. Disons la même chose de la fidélité qu'ils doivent à des traités, à des engagements que nous leur voyons perpétuellement enfreindre ouvertement, lorsqu'ils en ont la force, ou éluder sourdement, lorsque la foiblesse les empêche de réclamer. Des conditions imposées par la violence & l'injustice, ont-elles droit de nous lier? Le Peuple qui impose à un autre Peuple des loix trop dures & destructives pour lui, a-t-il cessé d'être son ennemi? n'est-il plus permis à la Politique de rompre des engagements, lorsque la fidélité à les remplir entraîne infailliblement la perte de l'Etat? Des circonstances plus heureuses ne mettent-elles pas en droit de réclamer contre une destruction imminente à laquelle l'inhumanité, la cruauté, la barbarie, le glaive à la main, nous auront fait souscrire? Gardons-nous de le croire; dès qu'on veut nous détruire, soit par les armes, soit par un traité, il ne subsiste entre le destructeur & nous, que le rapport de l'inimitié, & tout devient légitime pour se soustraire à ses injustes loix. Pour être en droit d'exiger de la bonne foi, il faut montrer de l'équité. Si un Peuple est forcé de subir la Loi d'un vainqueur inhumain, que lui importe qu'il périsse par son glaive ou par la loi cruelle qu'il lui impose?

§. XVI. *De la fidélité dans les Traités.*

Tous les Moralistes s'accordent à regarder les traités comme des engagements inviolables & sacrés. Ils ont, sans doute, raison, lorsque les traités ont l'équité pour base. Mais les Princes lésés par l'infidélité souvent nécessaire de leurs alliés ou de leurs ennemis réconciliés, leur en font indistinctement un crime, & ne cessent de les couvrir d'opprobre & d'infamie. Si, dégagés d'intérêts & de préjugés, nous examinons la conduite des Rois, peut-être trouverons-nous que les infracteurs des traités font quelquefois plus excusables que ceux qui les leur ont imposés: l'injustice & la tyrannie de ceux-ci justifient souvent les infractions des autres. D'ailleurs il ne peut y avoir pour les hommes d'engagements éternels; les besoins & les circonstances des Nations subissent des changements continuels; par quel privilege voudroit-on que leurs intérêts ne changeassent jamais? les traités, les alliances, les pactes ne peuvent être fondés que sur des intérêts réciproques. Des conventions avantageuses dans un tems deviennent ruineuses dans un autre. Dira-t-on que le Peuple lésé ne peut jamais réclamer contre des engagements qui lui font devenus funestes? Prétendra-t-on qu'il a voulu s'immoler sans réserve à un autre Peuple, qui seul en tirera les fruits? Les traités ne peuvent être que conditionels; ils ne peuvent subsister qu'autant qu'ils n'entraînent point la ruine de l'une des parties contractantes. D'ailleurs les Souverains, tuteurs, protecteurs & administrateurs des Peuples, qui sont toujours mineurs, sont-ils en droit de signer leur perte? Ce seroit le comble de la déraison que de prétendre qu'un Peuple pût être sacrifié par un Souverain à qui l'imprudence ou le caprice ont fait prendre, en son nom, des engagements destructeurs. Tout traité suppose des avantages réciproques; en leur faveur on peut, sans doute, renoncer à quelques droits; mais il n'est point d'avantages assez grands pour se priver de ceux qui sont essentiels à la sûreté, à la nature & à la conservation de la Société dont ils sont des droits inaliénables. Les Carthaginois que les Romains privent par un traité de tous les moyens de se défendre, font ce qu'ils doivent, lorsqu'ils violent un traité fatal par lequel des vainqueurs injustes leur ont fait signer leur arrêt de mort.

§. XVII. *S'il est permis d'y manquer.*

La probité des Souverains seroit souvent un crime, si elle n'étoit réglée par la justice ou par ce qu'ils doivent à l'Etat. Un Citoyen, quand il s'engage, dispose des choses dont il est le propriétaire; néanmoins lorsque par un contract il se trouve trop lézé, la loi lui fournit des remedes, & lui permet de revenir contre ses engagements précipités. Il n'en est point de même des Monarques: dépositaires du pouvoir des Nations, chargés de veiller à leur bonheur, conservateurs de leurs biens, ils n'en sont point propriétaires; & lorsque par leurs engagements imprudents la Société se trouve évidemment lézée, ſon bonheur anéanti, ſa ſûreté détruite, la Loi de la Nature, qui veut que tout tende à ſe conſerver, les autoriſe à rompre les engagements qu'ils ont pu contracter.

Au-lieu donc de faire de vains efforts pour plier les traités à leurs déſirs, au lieu de leur donner des interprétations arbitraires, au lieu d'inonder l'univers de manifeſtes inintelligibles, les Monarques ſeront pleinement juſtifiés aux yeux de la raiſon, lorſque le ſalut réel & la conſervation de leurs Etats les forceront de rompre des engagements que le changement des circonſtances & des tems rendent inſupportables à leurs Sujets. Les actes des hommes ſont momentanés, imprudents & paſſagers comme eux; les loix de leur Nature ſont toujours ſages, prudentes & immuables; c'eſt à la raiſon à rectifier les défauts des circonſtances.

On dira, peut-être, que ces maximes, dont la mauvaiſe foi pourroit abuſer ſous prétexte du bien de l'Etat, tendent à briſer les liens qui uniſſent les Peuples, ou du moins ébranlent la ſolidité de leurs traités. Je réponds que l'homme injuſte ne peut point acquérir le droit de lier l'homme juſte & foible. Quelques ſoient les ſpéculations des Souverains & des Peuples, c'eſt ainſi que la néceſſité les force à ſe conduire dans la pratique; ſouvent ils en abuſent ſans doute, mais jamais on n'aura le courage de blâmer de bonne foi un Souverain qui violera un traité viſiblement deſtructeur pour ſa Nation.

§. XVIII. *Les Traités injustes ne peuvent lier.*

LES Souverains injustes pour leurs Sujets, ne tardent pas à le devenir pour les autres Etats. Si les Chefs des Nations étoient, comme ils le doivent, sincérement occupés du bien public, s'ils ne le sacrifioient point sans cesse à leur propre ambition, à leurs passions, à leur intérêt personnel, communément très distingué de celui de leurs Peuples, on ne verroit pas un si grand nombre de traités dictés par l'imprudence, le délire & l'incapacité, qui souvent heurtent de front le bien-être des Peuples & contre lesquels la Nature, la Raison, la Nécessité forcent de s'élever. Mais par une étrange dépravation, ce n'est communément que lui-même que le Souverain envisage dans ses traités, dans ses guerres, dans ses aliances; il ne consulte que ses intérêts présents, que les vues souvent bornées de ses Ministres, que les caprices de ceux qui sont à portée de lui donner des conseils. Les intérêts d'une Nation ne sont point aussi mobiles que ceux de l'homme qui la gouverne: mais le bien de l'Etat ne sert que de prétexte aux volontés injustes & changeantes de leurs Chefs; ceux-ci violent leurs engagements avec autant de légéreté, d'imprudence & d'injustice, qu'ils les avoient contractés. Lorsqu'une Nation libre est en droit de parler, de stipuler ses propres intérêts, de s'occuper de sa politique extérieure, elle peut veiller à sa sûreté, & peser les conséquences des engagements qu'elle prend. Sous un maître absolu, ce n'est jamais que le Despote qui s'engage, ses volontés varient à tout moment, celles de la Nation ne sont point écoutées. Nul Peuple sur la terre n'est

intéreſſé que d'autres Peuples vivent dans l'eſclavage.

En examinant ces principes, on verra qu'ils
ne doivent déplaire qu'à ceux que des intérêts
préſents ou des préjugés aveuglent. Le Conquérant le plus injuſte veut s'aſſûrer par des traités,
le fruit de ſes violences; il prétend lier par des
engagements ſolemnels, ceux que ſa force a déjà
accablés; il croit avoir acquis des droits ſur eux
en les rendant en quelque ſorte les complices &
les artiſans de leur propre ruine. Il fait valoir
comme des titres, des avantages qui ne lui viennent que de la force; il nomme obligation, la
néceſſité où il met le foible de conſentir à ſa propre perte. Si un raviſſeur me contraint à force
ouverte de lui céder ce qui m'appartient, ac-
quiert-il par là des droits? Si par la violence il
arrache mon conſentement, devient-il un poſſeſſeur légitime? ne me ſera-t-il plus permis de
revenir ſur des engagements formés le poignard
ſur la gorge? Il faut de l'équité, de la bonne foi,
pour mériter de la bonne foi: les actes de l'injuſtice ne peuvent être légitimés par la foibleſſe; &
la Loi du plus fort n'eſt point un titre qui puiſſe
jamais lier des êtres raiſonnables.

§ XIX. *Ces principes ſont fondés en raiſon.*

Que l'on ne croie donc pas que ces principes
tendent à bannir la bonne foi des traités; ils tendent ſeulement à prouver que, pour acquérir le
droit d'exiger l'accompliſſement d'un traité, il
faut que la juſtice ait approuvé ce traité. Il eſt
vrai qu'un vainqueur, quelque ſoit ſon injuſtice,
fait toujours colorer ſes violences, ſes uſurpa-

tions, sa tyrannie, de quelques lueurs d'équité. On dira, peut-être, que, si les Souverains adoptoient ces maximes, les vainqueurs, persuadés qu'ils ne peuvent acquérir le droit de lier les vaincus, ne s'arrêteroient qu'après les avoir détruits tout-à-fait. Je réponds que les Conquérants qui tant de fois ont ravagé la terre, ne se sont communément arrêtés qu'après la destruction, ou la conquête des Empires. Dans les guerres qui n'ont point précisément la conquête pour objet immédiat, mais dans lesquelles un Peuple se propose seulement d'en abaisser, d'en affoiblir un autre, en un mot, de le priver de quelque avantage dont il jouit, le premier s'efforce toujours de faire au second tout le mal dont il est capable; il le détruiroit même s'il croyoit pouvoir y parvenir. Qu'arrive-t-il pour l'ordinaire? Le vainqueur, souvent épuisé lui-même, cherche à réparer ses pertes par un traîté; alors il met en usage la ruse & l'adresse pour soumettre le vaincu aux conditions les plus dures; communément il ne consent à la paix, que lorsqu'il se sent incapable de continuer la guerre; s'il lui restoit assez de force, ou s'il ne craignoit de faire ombrage à d'autres Puissances jalouses, le vainqueur ne manqueroit pas de pousser les malheurs de son ennemi vaincu aussi loin que le Conquérant ou le brigand avéré. Mais la paix procure des avantages aux vainqueurs ainsi qu'aux vaincus; ils consentent de part & d'autre à mettre bas les armes, parce qu'ils en ont besoin; l'un consent à perdre quelque chose pour se sauver, l'autre se contente des avantages qu'on lui cede.

PEUPLES & Souverains qui voulez que vos traîtés obligent, n'entreprenez que des guerres juſtes. Si vous exigez de l'équité, montrez vous-mêmes de la bonne foi; ſi vous demandez de la fidélité, n'impoſez point des loix déraiſonnables. Pour vous, Princes avides, injuſtes & turbulents, les moyens de lier les hommes ne ſont point faits pour vous. Deſpotes aveugles, qui ne ſuivez que vos volontés déréglées, vos engagements ne peuvent lier des Peuples dont vous ne conſultez jamais les intérêts; les puiſſances qui contractent avec vous, ont droit de ſe défier d'une volonté que rien ne peut rendre ſtable & que la ſeule fan-taiſie dirige. Les uſurpateurs & les tyrans ſont toujours lâches & ſans foi: après avoir violé les droits des leurs Sujets, comment craindront-ils de violer les droits des autres, lorſqu'ils le pour-ront impunément.

§. XX. *Des conditions qui rendent les traîtés ſacrés.*

Il n'y a donc que des actes légitimes, approu-vés par la juſtice & la raiſon, conformes à la Na-ture de l'homme, qui puiſſent conférer des droits véritables. Ce que la force arrache, peut être arraché par la force; ce que l'artifice fait obtenir, peut être éludé par l'artifice; ce que la ruſe en-leve, peut être enlevé par la ruſe. Pour qu'un droit ſoit acquis, il faut un conſentement. Mais, dira-t-on, les Souverains ne conſentent jamais à la diminution de leur pouvoir. L'aggreſſeur le plus injuſte, le Conquérant le plus ambitieux, le Souverain le plus méchant renoncent difficilement au butin qu'ils ont ravi. Je réponds que la juſti-ce, aidée de la force, confere des droits légiti-mes. Une guerre juſtement entrepriſe donne des

droits

droits très réels. Le vaincu eft alors un criminel qui fubit malgré lui le châtiment naturel qu'il a juftement encouru pour avoir violé les droits de la Société univerfelle. Quelque foit fa volonté, il eft forcé de fe foumettre à perdre des avantages dont il avoit abufé; la juftice le condamne, ainfi que la voix de la grande Société, dont les individus, fouvent injuftes eux-mêmes, veulent pourtant la juftice & approuvent que, pour le bien de tous, un membre nuifible aux autres foit puni par la privation des moyens de nuire. L'intérêt général lui défend de revenir fur les engagements que la juftice lui impofe & que le bien public exige; la force qui pouvoit le détruire, eft autorifée à lui faire obferver des conditions onéreufes, mais devenues néceffaires à la fûreté de tous. C'eft alors un malfaiteur à qui l'on ôte les moyens de faire du mal en lui laiffant la vie; il peut bien ne pas confentir intérieurement aux facrifices qu'il eft forcé de faire, mais ils n'en font pas moins juftes pour cela.

§. XXI. *Nul pouvoir inftitué pour contenir les Souverains.*

DANS la grande Société, dont les Princes & les Peuples font membres, il exifte une Loi; elle eft le réfultat des volontés de tous les Peuples qui s'accordent à contenir, à réprimer, à affoiblir les membres dangereux au repos du genre humain. La volonté d'une Société particuliere, ou la Loi qui exprime cette volonté, oblige chaque Citoyen à laiffer jouir les autres de la fûreté, de la tranquillité, & à remplir fes engagements avec eux; elle punit les infracteurs, elle réprime & détruit les coupables. La Loi de la grande Société du monde oblige pareillement les Souverains à la juſtice, à la tranquillité, à la bonne foi. Mais il n'exiſte point de force ou d'autorité viſible qui puiſſe contraindre les Princes ou les Peuples à obſerver ſes décrets. Si tous les Souverains réunis formoient d'un commun accord un tribunal où leurs querelles puſſent être portées; ſi leurs volontés exprimées pouvoient, comme dans toute ſociété particuliere, ſe faire exécuter, il n'eſt point de Souverain qui ne fût obligé de ſe ſoumettre à leurs déciſions; les forces de tous rendroient ces loix inviolables & ſacrées. Mais l'inégalité des Sociétés, la diverſité de leurs intérêts, la diſcordance de leurs paſſions ont rendu juſqu'ici chimériques & romaneſques, les projets les plus utiles que la raiſon propoſeroit à cet égard. Les Souverains & les Nations forment une Société ſans chef, ſans principes fixes, ſans loix. Eſt-il donc ſurprenant de leur voir éprouver toutes les fureurs de l'anarchie? Ils reconnoiſſent des Loix que, dans la pratique, ils violent ou éludent ſans ceſſe; chacun ſuit ſon intérêt particulier; la juſtice n'eſt écoutée, que lorſqu'elle eſt appuyée de la force; il faut un pouvoir, pour contraindre des êtres déraiſonnables à être juſtes: où eſt celui qui en impoſera aux maîtres de la terre?

§. XXII. *De la Balance de l'Europe.*

Pour ſuppléer à l'autorité qui devroit contenir les Souverains, les conventions tacites & les traités ont établi en Europe une *balance* propre à maintenir entre les Puiſſances, l'équilibre du pouvoir; cette balance fidélement maintenue aſſûreroit la tranquillité de cette floriſſante partie du

monde; toutes les Nations qui la composent seroient, sans doute, intéressées à entretenir cet
équilibre duquel dépend leur sûreté. L'Europe par
ce systême ressemble à une grande famille dont
tous les membres sont unis par quelques liens
communs. Il n'est point d'événements qui n'attirent l'attention de tous ceux qui composent cette famille de Souverains. Mais sans cesse divisés
d'intérêts, de préjugés, de passions, leur confédération contre l'injustice ne produit aucun effet;
toutes les décisions sont remises à la force ou à
la ruse; sous prétexte de maintenir la balance,
chacun s'efforce de la saisir. Les traités sont
arbitrairement interprétés; la Politique est une
science énigmatique & cachée, une mer de diffi-
cultés. Chacun s'efforce de plier la justice à ses
vues; les Princes les plus injustes en appellent à
la justice; tous prétendent n'avoir pour objet que
le désir de conserver les Nations confiées à leurs
soins; l'avidité, l'ambition, le caprice se cou-
vrent sous les dehors de l'amour du bien public.
Des engagements dictés par l'intérêt personnel
d'un Souverain qui parle au nom de son Peuple,
sont variables & momentanés. La Négociation
n'est plus qu'un art dont la foiblesse se sert pour
endormir la puissance. Les prétentions les plus
iniques sont ornées de couleurs éclatantes qui é-
blouissent très souvent la sagacité la plus exercée;
la paix n'est communément que l'effet de l'épuisement de deux partis également déraisonnables,
mais hors d'état de se nuire plus long-tems: ceux
que la guerre a rendus les plus misérables cedent
pour un tems à des vainqueurs plus heureux; &
pour rompre leurs engagements, ils n'attendent
que les occasions de le faire avec impunité. Des

vainqueurs criminels font trompés par des vaincus qui réclament, souvent sans fondement, des avantages puérils & imaginaires qu'ils regardent comme essentiels & comme des droits inaliénables. Des alliances fondées sur l'incapacité de quelques Ministres, sur la fraude, sur le desir de se surprendre réciproquement, ne font d'aucune durée. Les garants dont la bonne foi & la force sembloient devoir assurer l'exécution des engagemens les plus solemnels, changeant eux-mêmes de principes, renversent leur solidité, & favorisent l'infraction des traités qu'ils devroient faire observer. Une jurisprudence barbare, inconnue de la justice & de la raison, s'introduit parmi des peuples qui ne semblent vivre que pour se détruire les uns les autres. La *raison d'État* mal entendue, la *convenance* deviennent des droits; elles autorisent le plus fort à opprimer le plus foible, à l'attaquer à l'improviste, à le dépouiller des avantages les plus légitimes, & celà sur des soupçons & sous des vains prétextes. La possession, l'usurpation heureuse, de vaines formalités, des interprétations arbitraires deviennent autant de titres dont chacun cherche à se prévaloir; & font les objets importants dont les Négociateurs sont occupés. Le sort des Peuples dépend d'un mot douteux que chacun explique à sa façon; delà ces disputes puériles qui ne laissent pas d'être communément suivies par des guerres cruelles. Les Nations paient de leur repos, de leurs trésors, de leur sang, l'ineptie, la vanité & les bévues de ceux qui négocient pour elles. Entre des Peuples & des Souverains également injustes & déraisonnables, la raison interdite ne sait souvent quel parti prendre; la force seule décide leurs querelles; & leurs traités ne sont que des tissus de parjures, de mensonges & de supercheries.

IL n'eſt point ſurprenant de trouver tant de fourberies & ſi peu de bonne foi dans la conduite de la plupart des Princes; les avantages de leurs Peuples n'entrent, comme on a vu, communément pour rien, ſoit dans leurs guerres, ſoit dans leurs traités; ils ne regnent que pour eux-mêmes; dans leurs démarches, ils ne conſultent que leur propre ambition, leur vanité, le deſir d'aggrandir leurs familles, les vues perſonnelles de leurs Miniſtres; les Nations ne ſervent qu'à faire réuſſir des projets totalement étrangers pour elles. Il ſembleroit que la Nature n'a formé tous les Peuples, que pour être les jouets des paſſions d'un petit nombre de Princes, qui, ſans conſulter leurs Sujets, diſpoſent de leur ſort, de leur perſonne, de leurs biens, de leur vie, & ſans ceſſe les ſacrifient à leurs propres folies.

TELLES ſont les ſources de ces démêlés ſanglants, de ces diſputes obſcures & interminables qui déchirent preſque ſans relâche tous les Peuples de la terre. Guidée par la paſſion, le délire & l'intérêt préſent, la Politique fauſſe & inſenſée des Princes fait qu'ils s'occupent toujours bien plus du ſoin de nuire aux ſociétés qui les entourent, qu'à faire du bien à celles que le deſtin leur confie; ſans ceſſe empreſſés à ravir aux autres ce qu'ils poſſedent, ils négligent de jouir des avantages qu'ils ont entre les mains; acharnés à détruire leurs voiſins, ils oublient de rendre leurs ſujets heureux. Par là les Nations ſont dans une lutte continuelle; c'eſt la voie qui d'ordinaire les conduit à la deſtruction, dont ceux qui devroient les conduire au bien-être ſont les cauſes immédiates ou les auteurs véritables.

Sommaire du Neuvieme Discours.

DE LA
DISSOLUTION
DES
ÉTATS.

§. I. *Comment les Etats se dissolvent.*

LA Nature par une marche constante mene
tout ce qui existe à sa destruction ; les êtres phy-
siques & les êtres moraux exécutent plus ou moins
lentement cette loi inévitable. Les Sociétés
humaines, leurs Gouvernements, leurs Loix,
leurs institutions, leurs opinions, leurs demeures
mêmes s'alterent & disparoissent quelquefois. Les
hommes, ces êtres mobiles, sont dans une action
& dans une réaction perpétuelles ; le Citoyen
agit contre le Citoyen ; les différents corps d'un
Etat luttent presque sans interruption les uns
contre les autres. Les Souverains & les Sujets
sont dans un combat continuel ; les Nations sont
des efforts constants contre les Nations ; les passions, communes aux sociétés comm eaux individus, sont les forces motrices qui font naître les

mouvements divers dans le monde moral : de
cette collision perpétuelle résulte à la fin la dissolu-
lution des Corps Politiques.

Les Etats, comme les corps humains, portent en eux les germes de leur destruction : comme eux, ils jouissent d'une santé plus ou moins
durable ; comme eux, ils sont sujets, soit à des
crises qui les emportent avec rapidité, soit à des
maladies chroniques qui les minent peu-à-peu,
en attaquant sourdement les principes de la vie.
Ainsi que les malades, les Sociétés éprouvent des
transports, des délires, des révolutions : un embonpoint trompeur couvre souvent leurs maux
cachés ; la mort elle-même suit de près la santé
la plus robuste. La Nature toujours agissante
fait naître quelquefois tout-à-coup des hommes
qui guérissent un Etat de ses maux, & le font,
pour ainsi dire, renaître de ses cendres ; plus souvent elle fait éclorre du sein des Nations, des
Etres destructeurs qui les précipitent en un clin
d'œil dans l'abîme.

Un Etat se dissout, dès que les vices accumu-
lés de son Gouvernement le privent de la sûreté,
de la force, des mœurs nécessaires au maintien
de l'ensemble. Cela posé, un Corps Politique est
menacé de dissolution, lorsque ses Souverains
négligent d'entretenir en lui l'esprit qui doit l'animer relativement à ses besoins ; lorsque, oubliant
de tenir l'équilibre entre ses forces, ils permettent
qu'une branche de l'administration absorbe toutes
les autres ; lorsque, par quelque vice interne, une
Nation cesse de jouir de la puissance, du rang, de
la considération qu'elle devroit avoir parmi les
autres, d'après les avantages que la Nature lui a

donnés: ces avantages font déterminés par le nombre de fes habitans, par leur induftrie & leurs talents, par leurs richeffes & leurs reffources, par la bonté de leur fol, par fon étendue & fa pofition. Une Nation fe diffout, lorfque les principes de fon Gouvernement font corrompus; lorfque les Loix font mauvaifes & fans vigueur; lorfque l'Autorité eft méprifée; lorfque l'Anarchie s'empare de tous les ordres de l'Etat; lorfque les Citoyens s'ifolent & fe détachent de la Patrie; lorfque des guerres civiles les arment les uns contre les autres; lorfque la violence change la forme de fon Gouvernement; lorfqu'une force étrangere vient la démembrer, la détruire & lui ravir fon indépendance; enfin une Nation eft dans un Etat de diffolution & de ruine, quand les refforts du Gouvernement font ufés, & quand le luxe plonge tous les efprits dans l'apathie pour tout ce qui eft utile, dans l'indifférence pour le bien public, dans le mépris pour la vertu: l'Etat alors n'a plus de Citoyens, il fe remplit d'êtres vicieux, détachés de leur Patrie qui ne font animés que d'une paffion défordonnée pour les richeffes, les plaifirs, les frivolités.

§. II. *Chûte des anciens Empires.*

QUE font devenus ces Peuples fameux dont nous lifons avec étonnement les annales? Quel fort ont eu les inftitutions fi fages du laborieux Egyptien, les richeffes & les forces fi vantées de l'Affyrien, du Perfe & du Mede, les conquêtes du Macédonien, le commerce étendu du Tyrien & du Carthaginois? Enfin que refte-t-il de ce Peuple vainqueur de tous les autres Peuples qui

finit par engloutir tous les Empires du monde, &
dont les Citoyens commandoient à tant de Rois?
Hélas! leurs Gouvernements ont été renversés,
leurs inſtitutions abolies, leurs demeures & leurs
dépouilles partagées par des barbares: de toute
leur grandeur, il ne reſte que des monuments in-
formes dont les ruines impoſantes nous impriment
encore une vénération ſtérile pour une Puiſſance
qui n'eſt plus.

Les Loix & les noms même des *Solon*, des
Lycurgue, des *Numa* ne ſont plus connus des barbares qui occupent aujourd'hui l'ancienne Patrie
de la liberté & de la gloire! Les inſtitutions les
plus ſages n'ont pu garantir les Peuples de leurs
propres folies, de la fureur des factions, des
guerres, du fanatiſme des conquêtes, du poiſon
du luxe plus deſtructeur encore que tous les autres fléaux. Que le paſſé ſoit pour nous un mi-
roir fidele de l'avenir; il nous apprendra que les
Nations les plus puiſſantes & les plus belliqueu-
ſes, que les Gouvernements les plus ſages, que
les établiſſements qui ſembloient devoir braver le
tems & l'inconſtance des hommes, ont été tôt ou
tard forcés de ſuivre la Loi d'une Nature qui veut
que tout finiſſe.

§. III. *Objection levée.*

Mais, dira-t-on peut-être, ſi toutes les
Nations ſont forcées de ſubir leur deſtinée, ſi
victimes des loix du ſort & des révolutions du
globe, elles ſont toujours entraînées par une pente
fatale vers la ruine, qu'eſt-il beſoin de s'occuper
de maux qui doivent avoir leur cours? A quoi
bon diſputer ſur la préférence que mérite un Gou-

vernement fur un autre? Que peuvent produire ces loix fi fages, ces établiffements fi vantés, cette politique fi prudente, ces vertus mêmes que l'on regarde comme les foutiens des Empires? Ne fongeons point triftement à nos peines; laiffons nous entraîner le plus doucement qu'il eft poffible par la force irréfiftible de la néceffité, & n'allons pas par des réflexions affligeantes aggraver des malheurs auxquels nous ne voyons point de remedes: contents de jouir du préfent tel qu'il eft, ne portons plus nos regards fur un avenir qui n'eft propre qu'à troubler.

C'est ainfi que parlent des hommes corrompus & frivoles, en qui le vice éteint l'amour de la Patrie, toute tendreffe pour leur poftérité. C'eft ainfi que s'expriment des efclaves indolents en qui le defpotifme a totalement étouffé jufqu'au defir de voir changer leur fort. Mais les maux des Nations font-ils donc fans remede? De ce que l'homme doit périr un jour, en concluera-t-on qu'il faut l'abandonner à fon fort, lorfqu'il eft accablé par quelque maladie? Les loix, la liberté, la douceur du Gouvernement en font-ils moins des biens, parce que leur durée ne peut-être éternelle? La fanté eft-elle un bien à dédaigner, parce que tôt ou tard elle eft fuivie d'infirmités & de douleurs? La raifon, la prudence, la vertu, la liberté font-elles des chofes méprifables, parce que fouvent elles oppofent des barrieres impuiffantes à la force, au délire, au crime, à la tyrannie? Gardons-nous de le croire. Si les Nations ne font point deftinées à jouir d'une félicité inaltérable, le bonheur n'eft pas moins fait pour être l'objet conftant de leurs defirs; leur bien-être, même paffager, doit occuper le législateur, le politique, le citoyen qui penſe, l'homme de bien qui s'intéreſſe à ſa Patrie.

CELÀ poſé, examinons quelles peuvent être dans les différents Gouvernements les cauſes ſenſibles de leur diſſolution: remontons, s'il ſe peut, juſqu'à la ſource de la corruption des Etats; de ce que juſqu'ici l'inexpérience des hommes les a preſque toujours empéché d'oppoſer aux maux qui les aſſiegent, des remparts aſſez forts, n'allons pas en conclure que l'eſprit humain, retenu trop longtems dans une enfance perpétuelle, ne pourra jamais s'évertuer. Ne déſeſperons point de ſon activité; attendons un ſort plus doux du progrès des lumieres; s'il ne nous eſt pas permis de changer nos propres deſtinées, ſemons pour la Poſtérité; montrons lui les écueils où ſes peres ont échoué; expoſons lui les ſuites de leurs Gouvernements imprudents, de leurs légiſlations vicieuſes, de leurs préjugés dangereux, de leurs uſages inſenſés, de leurs vices deſtructeurs; traçons lui le tableau des folies qui les ont conduits à la ruiné: faiſons des expériences pour cette poſtérité dont tout homme de bien doit tendrement s'occuper, & flattons nous de l'eſpoir conſolant que nos deſcendans, aidés des circonſtances & de nos réflexions, ſeront un jour plus ſages & plus heureux que nous.

§. IV. *Cauſes de diſſolution des Monarchies abſolues.*

LA Monarchie paſſe dans l'eſprit de bien des gens pour avoir des avantages marqués ſur les autres formes de Gouvernement. Moins une Monarchie eſt compliquée, plus ſon jeu ſemble avoir d'aifance. Il eft vrai que dans la Monarchie, la puiffance de la Nation, remife entre les mains d'un Chef qui gouverne fans partage, fe porte avec facilité par-tout où le befoin l'exige; mais d'un autre côté, une force trop grande confiée à un feul homme, devient propre à fubjuguer une Société, qui ne préfente jamais à fon Souverain que des forces divifées & des volontés peu d'accord. Ainfi la Monarchie dégénere prefque toujours en defpotifme & en tyrannie. D'après l'exemple de tous les âges, on a pu voir les fuites des affreux abus d'un Pouvoir par lequel toutes les forces de l'Etat font facrifiées aux fantaifies d'un Defpote.

Lors même que la Monarchie ne dégénere point dans ces honteux excès, l'inégalité & la diverfité qui fe trouvent néceffairement entre les talents, les caractères & les paffions des Monarques qui fe fuccedent, doivent produire des variations continuelles dans ce Gouvernement. La volonté du Chef étant la feule regle de la Nation, doit produire à tout moment des révolutions dans les loix, dans les établiffements, dans les principes de l'adminiftration, dans les idées. Il ne peut y avoir rien de fixe par-tout où le caprice peut tout changer d'un jour à l'autre; fi le même homme n'eft pas toujours d'accord avec lui-même dans les différents intervalles de fa durée, que fera-ce lorfque l'Etat paffera fucceffivement entre les mains de Princes ou de Miniftres, qui n'auront rien de commun avec leurs prédéceffeurs?

D'où l'on voit que par fon effence même un Etat Monarchique doit être dans une ofcillation continuelle, & que le maître de tout peut aifément par son imprudence, conduire sa Nation à sa perte. Presque toujours les rênes de l'Empire sont placées en des mains peu capables de les soutenir. Ainsi le sort de tous dépend presque uniquement des qualités d'un seul homme ; s'il possede par hasard le génie, la capacité & les vertus nécessaires au Gouvernement, le plus souvent il est remplacé par un successeur dont l'indolence, l'incapacité, la folie ou la méchanceté détruisent en un moment, tout le bien que les soins de tous ses prédécesseurs auront fait à son Peuple. Si la Monarchie n'est point limitée par les Loix ; si la Nation n'est point représentée par quelque corps qui tempere le pouvoir suprême, le poids de l'administration roule, pour ainsi dire, sur un seul pivot qui venant à manquer, met l'Etat en danger. L'injustice, l'ineptie, l'imprudence d'un seul sont plus communes que celles d'un grand nombre ; une Nation ressent sur le champ les effets des mauvaises dispositions de son Chef ; lorsqu'il est corrompu, ses vices, fidélement copiés par les Grands qui l'environnent, se propagent avec célérité dans les ordres inférieurs : une cour dissolue ne tarde point à rendre une Nation vicieuse ; un Gouvernement peu fixe ne donne point de fixité à l'esprit de ses Sujets. Des maîtres fastueux & vains répandront le goût du faste & de la frivolité dans tout un Peuple.

Le Prince est-il indifférent, dissipé, incapable de gouverner par lui-même? la Puissance Souveraine tombe entre les mains de quelques favoris, de quelques femmes, d'un petit nombre d'hommes élevés par la cabale & l'intrigue qui, continuellement aux prises entr'eux, sont bien plus occupés du soin de le maintenir en place & en faveur, & de détruire leurs rivaux, que des travaux pénibles de l'administration. Comment sous des Princes de cette trempe, l'Autorité divisée pour de vils intérêts, dépourvue de système, occupée du moment, mettroit-elle de la suite dans ses opérations & pourroit-elle veiller au bien public ?

LE Monarque est-il remuant ? c'est vers la guerre que tous les regards se tournent; le sang des Peuples coule pour charmer ses ennuis; il se fait un jeu cruel du malheur de ses Etats; il s'applaudit de la désolation qu'il porte chez ses foibles voisins. Ainsi la vie & les biens des Sujets sont follement prodigués; & souvent il ne leur reste de leurs victoires, qu'un long épuisement. Les malheurs des Peuples causés par les délires des Rois sont écrits dans les Annales du monde, & les caractères de sang qui nous le montrent, se renouvellent à tout moment. Les Monarques, pour la plupart, ne se croient puissants, qu'en raison du pouvoir qu'ils ont de faire du mal aux habitans de la terre.

FAUTE d'avoir des idées vraies de la grandeur & de la gloire, les Rois croient qu'elles consistent dans la pompe & le faste qui sont identifiés avec la Monarchie. Rien de plus rare qu'un prince économe & ami de la simplicité. On ne parle sans cesse à un Roi que de la splendeur du trône. Sous un Prince fastueux, la substance de ses Peuples est sans cesse consumée en fêtes dispendieuses, en amusements frivoles, en dépenses inutiles, en édifices somptueux qui retracent aux yeux de la Nation l'orgueil d'un Maître qu'elle est forcée d'entretenir. Elle a la douleur de voir élever des monuments qui l'appauvriffent; plongée dans l'indigence, elle a fous les yeux le fafte d'une cour infolente qui nage dans l'opulence dont elle jouit à fes dépens. Les tréfors confumés pour repaître la vanité de quelques Monarques fuffiroient très fouvent pour rendre heureux un peuple entier.

Du rang trop élevé où le Monarque eft placé, il ne peut voir d'affez près les befoins de fes Peuples: tout ce qui l'approche vit dans la diffipation & l'abondance; ceux qui le confeillent, complices des malheurs publics, font toujours intéreffés à les lui diffimuler & à les faire durer. De lâches complaifants lui exagerent la félicité dont on jouit fous fes loix; des Flatteurs, des Courtifans, des Miniftres voudroient-ils attrifter fon ame par le fpectacle de la mifere? Non. L'intérêt veut qu'on lui cache des maux que l'incapacité ou la corruption ont fait naître. Exiger que l'homme de cour foit véridique, c'eft exiger qu'il fe dénonce lui-même. Un Monarque ne peut jamais connoître la vérité, il peut tout au plus la deviner: mais bientôt étourdi par le tumulte de fa cour, elle s'efface à fes yeux.

Gouverner un Etat eft une occupation férieufe & pénible, dont communément les Rois ignorent l'importance ou dont les détails leur paroiffent effrayants. Engourdis dans la pareffe, nourris dans les plaifirs, bercés par la flatterie, les Princes ne font pour l'ordinaire que des enfans robuftes, étrangers aux affaires, peu fufceptibles d'une attention fuivie, à qui le travail & la réflexion paroiffent odieux. Il faut des hommes, il faut de l'expérience, de la force & du génie

pour

pour régler un Etat, & trop souvent ce sont les plus foibles des mortels qui gouvernent les Empires! Ainsi peu-à-peu, & à l'insû du Monarque, les maux d'une Nation jettent de profondes racines, & il n'est averti de ses malheurs, que par sa propre chûte.

L'INTERVALLE presqu'immense que le trône met entre le Souverain & son Peuple, lui dérobe toujours le mérite humble & les vertus modestes qui se tiennent dans l'obscurité. Sous un Prince forcé de voir par les yeux des autres, les talents sont écartés par des Courtisans jaloux; l'incapacité, toujours effrontée, usurpe les faveurs & les récompenses: le découragement s'empare de la Nation; personne ne se donne le soin d'acquérir des connoissances qui seroient inutiles dans un Etat où les emplois ne sont le prix que de la ruse, de la bassesse, de l'audace. Une injuste préférence accordée continuellement à la naissance, aux richesses, à la faveur, à l'intrigue, empêche les talents de se faire jour au travers d'une foule de Courtisans qui croient toujours que les bienfaits du Monarque leur appartiennent à l'exclusion de tous les autres.

COMME dans la Monarchie, plus que dans tout autre Gouvernement, la vanité accompagne l'autorité; comme elle ne s'annonce que par un faste inutile qui, d'abord imité par les Courtisans, est suivi par les différents ordres de la Nation, tout le monde veut ressembler au Souverain ou à ceux qui l'approchent; il s'établit une rivalité de faste & de dépenses; il s'allume dans tous les cœurs une passion exclusive pour les richesses, connue sous le nom de *Luxe* qui, comme nous le verrons bientôt, est un ver rongeur qui dévore l'Etat. Le luxe est, pour ainsi dire, un mal inhérent à la Monarchie, où la faveur, la naissance, les richesses mettent une disproportion trop grande entre les Citoyens. Chacun veut se donner l'air de la grandeur, parce que le pouvoir suit la grandeur. Sous un Roi, la vanité est plus contagieuse, que sous un Gouvernement Républicain, où l'égalité établie par la liberté & les loix rend l'appareil de la Puissance beaucoup moins nécessaire.

§. V. *Causes de la dissolution des Monarchies limitées.*

MÊME dans une Monarchie limitée, le Monarque conserve toujours un ascendant très marqué sur les Corps qui concourent au Gouvernement, quand, dépositaire unique de la Puissance exécutrice, qui demande plus particuliérement l'unité, il tient dans ses mains les forces militaires; quand il reste le maître & de la distribution des graces & de l'emploi des deniers publics; ces deux ressorts, dirigés par une volonté fixe contre des volontés discordantes & divisées, doivent parvenir tôt ou tard à les dompter. La force intimide, les récompenses séduisent, & le Souverain finit par subjuguer tous ceux dont il peut acheter les suffrages. Un Monarque prend un ascendant nécessaire sur une Nation vénale qui consent à lui vendre sa liberté; il en devient indubitablement le maître absolu, quand la soif de l'argent l'a corrompue; l'amour des richesses, devenue la passion dominante d'une Nation, applanit toujours la route au Despotisme. Les

Citoyens qui veulent être chargés de repréſenter la Nation ; ne regardent plus leurs places que comme des moyens d'acquérir des richeſſes, des titres, des emplois lucratifs ; ils acheteront alors d'un Peuple avide & corrompu lui-même, le droit de le revendre au Souverain, qui peut les enrichir, les décorer, les appeller aux grandes places. La liberté ſera toujours précaire dans les pays où le Monarque ſera le poſſeſſeur excluſif de tout ce qui peut exciter la vanité & la cupidité des hommes ; elle ne peut être aſſurée qu'en ôtant au Souverain les moyens de ſubjuguer & de ſéduire, & en rendant tout homme, reſponſable de ſa conduite à la Nation. Rien de plus illuſoire qu'une liberté que ſes défenſeurs peuvent attaquer ou aliéner ſans craindre d'être punis par leurs Conſtituants : rien de moins durable qu'une liberté que ces Conſtituants confient ſans examen à des Citoyens qui les ont achetés eux-mêmes à prix d'argent.

Sous une Monarchie mixte, le Peuple & ſes Repréſentants, en poſſeſſion de faire connoître leurs deſirs, font ſouvent la loi au Souverain & à ſes Miniſtres ; mais le Peuple ſuſceptible d'ivreſſe, de fanatiſme, de paſſion, & communément dépourvu de prévoyance, entraîne ſouvent le Gouvernement dans des démarches ruineuſes & précipitées. L'Autorité Souveraine ne peut toujours oppoſer une digue aſſez forte à la déraiſon du Peuple & de ceux qui le repréſentent ; ſa prudence eſt obligée de céder quelquefois au torrent d'une multitude imprudente. Si la Nation eſt commerçante, ſon avidité portera uniquement ſes vues du côté du commerce : elle négligera ou dédaignera l'agriculture, elle n'emploiera ſes forces qu'à ſatisfaire ſon avarice & ſa paſſion pour des richesses, dont tôt ou tard le poids ne peut manquer de l'accabler, sur-tout lorsque le luxe aura achevé d'anéantir le patriotisme & les vertus nécessaires au soutien d'un Etat.

Le Gouvernement mixte, quand il n'a pas ôté au Peuple la faculté d'exercer la licence, é-prouve très fréquemment les inconvéniens du Gouvernement Populaire. Des enthousiastes, des imposteurs, des charlatans politiques auront, comme dans la Democratie, le pouvoir d'allarmer le vulgaire, d'exciter sa fureur, de lui rendre suspectes les démarches & les entreprises les plus justes, les plus utiles, les plus sensées, en un mot, l'animeront contre ses intérêts les plus vrais, lors-que leurs propres passions n'y trouveront point leur compte. Ainsi la Nation se déchirera en partis, en factions, en cabales dont les suites sont les mêmes, que celles qui amenent la ruine d'un Gouvernement Populaire. Il est dans les Mo-narchies Mixtes des Orateurs, des Démagogues, des fourbes qui par la faveur du Peuple s'éle-vent jusqu'aux conseils des Rois qu'ils tyrannisent au nom de la Nation, & qui, revêtus de l'auto-rité de ce même Monarque & distributeurs mal-gré lui de ses graces, s'en servent pour abattre la Nation; pour l'acheter, pour la diviser, pour établir leur propre pouvoir. Un Monarque plus habile & plus avisé, éludant adroitement les loix qu'il ne peut violer ouvertement, ou même fai-sant usage de ses prérogatives trop grandes, pro-fitera des dissensions publiques, & parviendra peu-à-peu à trouver des complices de ses entre-prises & à mettre sa Nation aux fers.

L'esprit de parti & les factions, dans les

Monarchies tempérées, en divifant les Sujets,
fourniffent au Monarque, des occafions fréquentes
de ruiner la liberté. Les factions ont rarement
le bien de l'Etat pour objet véritable ; il ne s'agit
communément que de l'ambition de quelques
mauvais Citoyens qui ne cherchent qu'à fe difputer le pouvoir, à fe décrier, à faire échouer
leurs entreprifes réciproques. La Nation fe partage entre des champions dont le zèle impofteur
n'a pour objet que de fe détruire réciproquement ;
les efprits ne s'occupent que de leurs combats
inutiles au bien public, l'on ne fonge aucunement
à la Patrie, à réformer les abus, à perfectionner
les Loix. Les Chefs des factions s'attirent tous
les regards ; leurs combats deviennent pour les
Citoyens, des fpectacles qui les empêchent de
penfer à leurs propres intérêts ou au bien de l'E-
tat. Faute de connoître les vrais principes du
Gouvernement, de remonter aux droits naturels
de la Société, les hommes ne connoiffent d'autres
droits que ceux de leurs peres, de l'exemple, de
l'autorité ; ils font perpétuellement les dupes de
ceux qui font fonner dans leurs oreilles, les mots
emphatiques de loix, d'ufages, de patrie, de liberté, auxquels très peu de gens favent attacher
des idées.

Pour défendre la liberté, il faut des lumieres, de la droiture, de la vertu, & fur-tout
des ames nobles & défintéreffées. Des hommes
fans talents, remplis de vanité, entêtés de privileges futiles & fouvent injuftes, infectés d'avarice, feront perpétuellement divifés d'intérêts &
ne s'occuperont que foiblement du bien public.
Prefque toutes les affemblées nationales fe paffent
en vains débats entre des hommes vains qui s'ob-

servent ou qui cherchent à se détruire ou se combattre sans profit pour leur pays. A la faveur de ce conflict entre des champions imprudents, le Despotisme survient pour les mettre d'accord. C'est ainsi que se dissolvent les Gouvernements qui passent pour les plus sages, & qui, faute de vertus, sont perpétuellement agités. Le Monarque fait continuellement des efforts pour étendre des prérogatives dont les limites le gênent; la Noblesse est quelquefois trop orgueilleuse, pour vouloir confondre ses intérêts avec ceux du vulgaire qu'elle méprise; le Clergé croit voir son intérêt à seconder le Prince dans le projet de ruiner la liberté publique: les Ministres veulent établir leur propre pouvoir aux dépens du Roi & de la Nation; ceux qui guident le Peuple ou qui le représentent, se partagent en factions &, sous prétexte de servir leurs pays, ne servent que les passions des ambitieux qui veulent obtenir des richesses, des titres & du pouvoir. Le mot de bien public, dans la bouche des factieux, n'est qu'un moyen de s'aider de la faveur du Peuple, pour arracher du Souverain les objets que l'on desire.

§. VI. *Principes de destruction dans la Démocratie.*

CHACUN sent aisément les inconvénients attachés au Gouvernement Populaire, qui, par la déraison du Peuple, semble devoir être regardé comme le pire de tous. Pour peu que l'on parcoure l'histoire des Démocraties tant anciennes que modernes, on voit que le délire & la fougue président communément aux conseils du Peuple. La partie la moins raisonnable & la moins éclairée d'une Nation, fait la loi à celle que son expérience & ses lumieres mettroient en droit de commander, & celle-ci souvent par ses hauteurs & son Despotisme, se rend justement suspecte au Peuple. L'homme déraisonnable est toujours envieux. Une multitude jalouse & ombrageuse croit avoir à se venger de tous les Citoyens que le mérite, les talents ou les richesses lui rendent odieux ; l'envie, & non pas la vertu, est le puissant mobile des Républiques : les services les plus signalés sont punis & méconnus par une troupe d'ingrats que le nombre & l'impunité empêchent de rougir de ses crimes. Un Peuple, comme un particulier, devient insolent & méchant quand, sans lumieres & sans vertus, il jouit de la Puissance ; il s'enivre de vanité à la vue de ses forces qu'il ne sait jamais exercer avec prudence ou justice : il méconnoît alors ses vrais amis, pour se livrer à des perfides qui flattent ses passions. Ces Athéniens si vantés ne nous montrent dans leur histoire, qu'un tissu de folies, d'injustices, d'ingratitudes & d'oppressions : on y voit les défenseurs les plus généreux de cette indigne République, obligés de se justifier de l'avoir fidélement servie, ou contraints à se bannir, pour éviter la fureur d'une populace dont ils avoient affermi la licence plutôt que la liberté.

Ainsi, sous la Démocratie, la vertu même devient souvent un crime. Un Peuple aveugle devient à tout moment la dupe des flatteurs, qui font servir ses fureurs à leurs projets : la chaleur de son imagination le livre à des factieux qui le soulevent contre ce qui fait obstacle à leurs propres passions : son délire le rend la proie des ambitieux qui l'égorgent de ses propres mains, &

qui, pour terminer ſes malheurs, l'obligent à
la fin à ſe réfugier ſous les aîles de la tyrannie:
celle-ci acheve de détruire ce que l'anarchie &
la licence avoient pu épargner.

En un Mot, par-tout où le Peuple eſt en
poſſeſſion du pouvoir, l'Etat porte en lui le
principe de ſa deſtruction. La liberté y dégénere en licence, & eſt ſuivie de l'anarchie. Fu-
rieuſe dans l'adverſité; inſolente dans la proſpé-
rité, une multitude fiere de ſon pouvoir, entourée de flatteurs, ne connoît point la modération: elle eſt prête à recevoir les impreſſions de
tous ceux qui veulent ſe donner la peine de la
tromper; peu retenue par les liens de la décence,
elle ſe porte ſans réflexions & ſans remords aux
crimes les plus honteux, aux excès les plus
criants. Si pluſieurs Citoyens oppoſés d'intérêts
ſe diſputent l'Empire, le Peuple alors ſe partage
en factions; la guerre civile allume ſes flambeaux;
les uns ſuivent un *Marius* & d'autres un *Sylla*:
un fanatiſme contagieux s'empare de tous les
cœurs, &, ſous prétexte du bien public, la Patrie
eſt déchirée par des furieux qui prétendent la
ſauver. C'eſt ainſi que naiſſent ces guerres civiles, les plus atroces de celles qui déſolent la terre. L'on y voit le pere combattre contre le fils,
le frere contre le frere, le Citoyen devient
pour le Citoyen un ennemi perſonnel: rien ne
manque à leurs fureurs, lorſqu'aux inimitiés politiques la ſuperſtition donne encore la ſanction
du ciel; alors le Peuple ſe livre ſans remords aux
plus affreux excès, & croit ſe rendre plus agréable à ſes Dieux, à meſure qu'il montre plus de
déraiſon & de cruauté.

§. VII. *Dans l'Aristocratie.*

Sous l'Aristocratie, un petit nombre de Citoyens puissants ne tarde point à faire sentir son autorité à un Peuple qu'il méprise, & dont peu-à-peu il devient le tyran. Dans un Etat Aristocratique ; chaque membre du Gouvernement se croit un Roi. Dans quelques Aristocraties nous voyons la même politique, les mêmes soupçons, les mêmes loix sanguinaires, aussi peu de liberté, que sous les Tyrans les plus ombrageux. La Tyrannie Aristocratique n'est pas moins douloureuse, elle est même plus permanente, que la tyrannie d'un Monarque. Un Corps ne change guerre de maximes ; un Despote peut en changer lui-même, ou du moins être remplacé par un successeur modéré. Sous une Aristocratie illimitée, le Peuple est tyrannisé pendant des siecles par des Maîtres qui ne s'écartent jamais de leur plan. Si quelques Chefs plus rufés ou plus entreprenants que leurs égaux, se disputent le pouvoir, la multitude se partage en factions & paie de son sang, l'ambition de ses oppresseurs.

§. VIII. *Autres causes de dissolution.*

Non seulement la forme du Gouvernement ne garantit point les Nations de la destruction ; les choses mêmes qui dans l'origine étoient les plus salutaires, finissent par se tourner en poisons ; semblables aux aliments les plus sains, l'excès en devient nuisible. C'est ainsi que la liberté, cet unique gage de la félicité publique, dégénere en une licence funeste, lorsqu'elle n'est point retenue par des Loix qui en préviennent l'abus. D'un

autre côté, un respect exceſſif pour les loix &
les inſtitutions de ſes peres, peut devenir très dangereux, lorſque les changements ſurvenus à l'E-
tat les ont rendus inutiles ou contraires à ſes intérêts actuels. Dans d'autres circonſtances, le
mépris de ces Loix conduit à l'eſclavage ou à la
licence, amene tantôt l'Anarchie & tantôt la
Tyrannie. Dans une République, une loi changée produit ſouvent une révolution; ſous le Des-
potiſme, il n'en exiſte point d'autre que l'intérêt
actuel du Monarque ou de ceux qui veulent pour
lui. Une longue tranquillité endort une Nation
dans l'aiſance & la molleſſe, & la prive des moyens d'oppoſer des forces aux entrepriſes de ſes
ennemis. Un Peuple trop belliqueux dévore ſa
propre ſubſtance & finit par expirer lui-même
des coups qu'il porte aux autres. Une Nation
pauvre gémit de ſon ſort & ſeche de jalouſie à la
vue de l'opulence qui regne chez ſes voiſins: une
Nation trop enrichie ne peut qu'abuſer de ſes
richeſſes, & périt au ſein de l'abondance par le
luxe dans lequel elle eſt bientôt plongée.

§. IX. *Du Luxe.*

Nous voici naturellement conduits à parler
du Luxe, cet objet de la déclamation de la plupart des Moraliſtes & des Politiques, & des a-
pologies de quelques autres. Un commerce é-
tendu amene le luxe tôt ou tard, ſi une ſage politique ne le contient dans de juſtes bornes. E-
xaminons maintenant les effets de l'abus des richeſſes, ſuite ordinaire de l'opulence des Etats
comme de celle des particuliers.

Le Luxe eſt la ſituation d'une Société dont la

richeſſe eſt devenue la paſſion principale. Dès que l'argent eſt l'objet excluſif des vœux du plus grand nombre des membres d'une Société, il ne peut y avoir de mobile plus puiſſant que le deſir d'en acquérir. Il n'eſt plus d'enthouſiaſme que celui de l'opulence; il n'eſt d'émulation que pour ſe procurer par les voies les plus promptes, les ſignes qui, de l'aveu de tous, repréſentent le pouvoir, les plaiſirs, la félicité.

Une Nation enivrée de ces préjugés, peu contente d'avoir ſatisfait ſes beſoins réels par un commerce étendu, s'occupe à en inventer de fiĉtifs & de ſurnaturels: la ſatiété l'endort; le changement lui devient néceſſaire; la langeur & l'ennui, bourreaux aſſidus de l'opulence, ſuivent les beſoins ſatisfaits: pour tirer les riches de cette léthargie, l'induſtrie eſt forcée d'imaginer à tout moment de nouvelles façons de ſentir: les plaiſirs ſe multiplient; la nouveauté, la rareté, la bizarrerie ont ſeules le pouvoir de réveiller des êtres pour qui les plaiſirs ſimples ſont devenus inſipides. Tout ſe change en fiĉtion; le luxe comme la féerie ne fait naître que des phantômes: des imaginations malades ne ſe ſoulagent, que par des remedes imaginaires. L'avidité, le deſir d'acquérir des richeſſes, afin de les étaler & de les diſſiper, ſont les paſſions épidémiques: perſonne n'eſt content de ce qu'il a, chacun eſt envieux de ce que poſſedent les autres; perſonne ne peût être heureux, à force de vouloir le paroître. Les biens les plus ſolides ſont ſacrifiés à l'apparence; le ſoin de s'amuſer devient la plus importante des occupations.

Delà tant de dépenſes frivoles, de plaiſirs

couteux, de goûts fantasques, de modes passageres que l'on voit à tout moment paroître & dis-
paroître dans les pays où le luxe a fixé son domi-
cile. Tout est forcé de changer sans cesse, de
se dénaturer, de se dépraver pour plaire à des
hommes, ou plutôt à des enfans, qui demandent
à tout moment de nouveaux jouets, ou qui se
croient malheureux dès qu'ils sont privés de ceux
qu'ils voient entre les mains des autres. La parure, les ameublements, des curiosités, dont la
rareté fait tout le prix, des mêts défigurés & arrachés à une Nature trop lente au gré des desirs,
font l'objet le plus sérieux de l'occupation d'un
tas d'hommes efféminés que l'ennui contraint à
chercher au-dehors, des ressources qu'ils ne trouvent point en eux-mêmes. Tout se remplit d'é-
difices dont l'étendue ne sert qu'à faire sentir au
possesseur sa petitesse, son néant, & à exciter
dans les autres, soit une envie cruelle, soit une
émulation ruineuse. Des parcs immenses, des jar-
dins pompeux entourent ces monuments inutiles;
le champ du laboureur, enfermé dans des murs,
est perdu pour l'Etat; par-tout la Nature qu'on
dédaigne, est forcée de céder à l'art qui se plaît
à la vaincre: les montagnes sont applanies; les
plaines sont changées en montagnes; l'eau, bannie de sa place, est forcée de remonter dans les
airs pour récréer les regards de ces hommes bla-
sés, qui, peu sensibles aux beautés naturelles, ne
trouvent rien d'aimable s'il n'est dénaturé.

Pour satisfaire des fantaisies renaissantes, il
faut sans doute des richesses : quelqu'en soit la
somme dans une Nation, elle est toujours infiniment au-dessous de ce qu'il faut pour contenter
tous ceux qui les desirent. Ainsi le Gouvernement

devient avide pour contenter ses avides Sujets,
dont il ne peut remuer les paffions que par l'appas
du gain, & jamais les tréfors de l'Etat ne fuffi-
fent à tant d'affamés qu'il faut mettre en mouvement. Le Souverain ne peut plus les récompenfer, parce que tous font devenus infatiables; il
eft forcé d'acheter les hommes, tout eft vénal,
le devoir, la vertu, le courage. Mais comment
rempliront leurs devoirs des hommes frivoles qui
n'en ont aucune idée, qui n'ont l'efprit occupé
que d'amufements & de bagatelles, qui fe rendroient ridicules s'ils prenoient à cœur des fonc-
tions férieufes? Quelles vertus publiques rencontrer dans des êtres qui n'ont aucun intérêt à fervir la Patrie, pour qui, hors le plaifir, tout eft
indifférent; pour lefquels tout ce qui en détourne paroit une gêne infupportable? Comment ins-
pirer de la nobleffe, de la grandeur d'ame, de
l'intrépidité à des hommes amollis, énervés eux-
mêmes & dont les travaux ne feroient jamais à
leur gré fuffifament payés? Dans les pays où le
luxe domine, la guerre devient un trafic honteux. L'or étant la mèfure de la confidération &
du bonheur, l'honneur n'eft plus qu'un phantôme
& l'illufion difparoît. Le luxe, bien mieux que
la raifon, détrompe l'homme des préjugés. Rien
de folide finon l'argent; rien de réel que l'opulence; rien de défirable que le plaifir. Le Citoyen aveuglé calcule & pefe tout; dans fa balance, être riche eft le feul bien réel; l'eftime, la
réputation, la gloire, la probité ne font que des
chimeres. D'ailleurs les plus riches ne tardent
point à faire la loi aux autres & font bientôt les
plus confidérés. Alors chacun fe dit ,, qu'im-
,, porte ce que l'Etat devienne, pourvu que je

„ fois fortuné? Que fait l'opinion des hommes,
„ pourvu que mes jours coulent dans les plaisirs?
„ Pourquoi m'embaraffer du fort de mes enfants?
„ L'homme eft-il donc fait pour plonger fes re-
„ gards dans l'avenir? *Il faut vivre pour foi;*
„ n'empoifonnons point notre vie par des cha-
„ grins éloignés." Ainfi le luxe, après avoir fait
perdre toute honte aux hommes, les rend infenfi-
bles, cruels, & brife pour eux jufqu'aux liens
facrés defquels dépend leur félicité domeftique.

§. X. *Le Luxe nuit à la population.*

LE Luxe diminue la population; il ravit aux
campagnes une foule de cultivateurs qui préferent la vie molle des villes opulentes, aux travaux
pénibles des champs. Les villes où regne le luxe,
abforbent l'élite des Sujets; le befoin des plaifirs
y fait accourir de toutes parts, des hommes oififs
que l'ennui tourmente. Dégoûté d'une vie champêtre & uniforme, d'une folitude qui lui déplait,
d'une langueur accablante, le propriétaire opulent fuit l'héritage de fes peres, & va chercher
dans des fociétés plus actives, un mouvement devenu néceffaire à fon ame engourdie. Ses richeffes le fuivent: au lieu de réagir fur ceux qui les
procurent, au lieu de circuler librement parmi les
cultivateurs, elles vont enrichir des parafites,
des complaifants, des faux amis, des femmes
perdues, & font naître une foule de vices & de
défordres. Des befoins imaginaires & toujours
renouvellés empêchent fouvent l'homme riche de
fe multiplier. Il fait qu'une femme peu réglée
augmenteroit fa dépenfe; une famille nombreufe
nuiroit à fes fantaifies; le nom de pere lui fait

peur. L'argent tout puiffant lui procure fans
conféquence, les plaifirs que la Nature attache à
la propagation; il fe voue au célibat, & ne veut
point donner le jour à des êtres qui pourroient
par la fuite diminuer fon aifance.

La navigation & le commerce perpétuellement occupés à chercher dans des pays éloignés,
les marchandifes que les befoins fictifs ont rendu très néceffaires, font périr un grand nombre de
Citoyens arrachés aux campagues, pour être fa-
crifiés à l'intempérie des climats lointains. Ainfi
des hommes fans nombre font indignement immolés aux fantaifies du riche fottement dégoûté des
productions de fon pays.

L'AGRICULTURE, abandonnée aux foins de
laboureurs indigents & fur lefquels encore la main
d'un Gouvernement affamé s'appefantit chaque
jour, ne peut être portée à la perfection dont
elle eft fufceptible; le cultivateur eft découragé
par les impôts; ceux qui par leur opulence pourroient ranimer le zèle du villageois, qui devroient
par des avances, le porter à des entreprifes utiles,
qui par leurs bienfaits releveroient fon courage
abattu & l'aideroient à fupporter les taxes qui
l'accablent, ignorent le doux plaifir de foulager
l'indigence laborieufe : occupés dans des villes
bruyantes à des amufements frivoles, ces hommes
légers ignorent la mifere des campagnes, ils ne
fongent qu'à confumer leur héritage dans une
fplendide oifiveté, & ne laiffent à leur poftérité
que des terres incultes & hypothéquées.

Le commerce lui-même, dont l'abus & l'excès font naître le luxe, fe reffent des caprices de

l'enfant dénaturé dont il repaît l'avidité. Des hommes dédaignent l'induftrie de leur Patrie & de leurs propres manufactures, n'eftiment les chofes qu'autant qu'elles font rares & difficiles à fe procurer. L'argent, cette idole des Nations livrées au luxe, eft lui-même facrifié au caprice, à l'inconftance, à la fantaifie; pour les fatisfaire; on le prodigue fans retour à des Peuples lointains. Le commerce eft encore plus fûrement étouffé, lorfqu'un Gouvernement infatiable le facrifie à des reffources plus promptes & plus propres à fatisfaire fon ardeur impatiente. La paffion des richeffes redouble les impôts fur les denrées, les manufactures, & fur les objets dont le Négoce s'occupe; il ne jouit plus de la liberté qui eft fi néceffaire; il reçoit des entraves continuelles & fouvent eft forcé de fuir aux approches de la finance, bien plus faite pour remplir les vœux d'un Gouvernement prodigue, dont les befoins fe multiplient de jour en jour.

Les manufactures multipliées par l'avidité au-defà des bornes, nuifent à l'agriculture. Les productions de l'Art font alors négliger celles de la Nature. Un travail moins pénible engage le cultivateur à laiffer là fon champ; & lorfque l'inconftance naturelle des Peuples livrés au luxe, rend quelques manufactures inutiles, ou lorfque la rigueur du Gouvernement leur impofe des gênes, l'ouvrier va porter à d'autres Nations fes bras & fes talents; jamais il ne confent à travailler à la terre, dès qu'une fois il l'a quittée.

§. XI.

§. XI. *Il nuit à l'Esprit Militaire.*

DEMANDERA-T-ON des vertus guerrieres à un Peuple énervé par l'abondance, engourdi par le luxe, dont l'argent est l'unique passion? Le soldat, il est vrai, enlevé à une vie laborieuse pourra combattre avec valeur; réduit à une subsistance modique, le luxe n'est point fait pour lui, il voit tout au plus avec chagrin celui des hommes qui le commandent. Mais à quoi peuvent mener la force & la valeur du soldat, sans la capacité de ceux qui le dirigent? Le courage devient nuisible, si la prudence ne le retient, si l'expérience ne le guide. Des Chefs efféminés dès leur enfance, épris des vains amusements des villes, énervés par une débauche précoce, porteront-ils dans les camps & sous la toile cette force cette vigueur que demandent les travaux de la guerre? Est-ce dans le commerce des femmes qu'ils auront appris un métier pénible & qui suppose une longue expérience? Une mollesse, une foiblesse innée résisteront-elles aux fatigues? Ont-ils acquis cette force d'ame qui contemple le danger avec sérénité? ces ressources, ce coup d'œil prompt qui remédient aux événements imprévus? Il n'est qu'un mobile pour ceux qui se destinent à la guerre, c'est l'amour de la Patrie, le désir d'être estimé, la crainte de la honte, en un mot, c'est l'honneur. Dans un pays où regne le luxe, la vanité l'emporte sur la gloire; alors tout l'honneur consiste à posséder des richesses: elles effacent la honte, elles donnent sans travail, l'estime, la considération, les plaisirs & tous les avantages, que dans une Société bien constituée, procurent le mérite, les talents & l'utilité. L'honneur détermine les hommes à facrifier leur vie ; mais l'opulence les attache à cette vie & veut qu'ils en jouiffent. Le luxe a mille liens par lef-quels il rend l'homme pufillanime. Un État eft perdu, lorfque la richeffe eft l'objet le plus efti-mé, & lorfque l'argent feul eft le mobile qui faf-fe remplir fes devoirs.

§. XII. *Il énerve & amollit les corps & les efprits.*

Dans tout pays où le luxe s'introduit, les hom-mes pour s'amufer, ont befoin les uns des autres ; les femmes deviennent plus néceffaires à la Socié-té ; pour plaire à un fexe enchanteur dans lequel l'homme eft fait pour trouver des plaifirs & des agréments, il eft forcé de renoncer à l'énergie du fien, de s'accommoder à fes foibleffes, d'adop-ter fes fantaifies, fes plaifirs, fes idées. Peu-à-peu l'homme d'État, le favant, le guerrier même perdent l'habitude de penfer ou d'agir avec vi-gueur ; les paffions les plus fortes fe contraignent & s'amolliffent, elles prennent le ton de ces dan-gereufes fyrenes. L'amour perd fes emporte-ments, il fe change en galanterie, la jaloufie s'af-foiblit ; tout devient décence, politeffe, défé-rence ; la crainte d'effaroucher des êtres délicats, donne une teinte de molleffe à tout ce qui les ap-proche. A mefure que le luxe augmente, les femmes prennent plus d'empire, elles reglent enfin tous les goûts ; confondues avec les hom-mes, leurs mœurs fe corrompent ; leur propre foibleffe les expofe au défordre. Ainfi peu-à-peu la Nation fe remplit de femmes galantes qui don-nent le ton, & d'hommes aimables & légers qui s'efforcent de leur plaire.

§. XIII. *Le luxe peut-il être utile?*

Quelques Politiques nous diront peut-être qu'un Gouvernement éclairé peut tirer parti du luxe même, & le faire tourner au profit de la Nation. Mais comment rendre utile à l'Etat, une maladie invétérée qui mine tous ses membres? Quels fruits tirer d'une léthargie qui les engourdit totalement, d'une langueur qui les prive de toute énergie? Quelle passion pourroit-on faire servir de contre-poids à celle de la richesse devenue l'unique représentation de l'honneur, des plaisirs, de la félicité? En vain opposeroit-on des loix somptuaires à des hommes pour qui le faste, le desir de se surpasser les uns les autres, les plaisirs recherches & couteux, les marchandises étrangeres sont devenus des objets indispensables: ces Loix éludées ou violées par l'opulence, par le crédit, par la grandeur, ne seroient point exécutées; elles rendroient inutiles, des bras que le luxe ne fait jamais employer. D'ailleurs sous le regne du luxe, l'Autorité ne peut avoir de vigueur; des Souverains, des Ministres, des Courtisans énervés eux-mêmes, seroient les premiers transgresseurs des loix qu'ils auroient imposées: des hommes accoutumés à une vie molle & dissipée, incapables d'application sérieuse, dont l'amusement est l'unique objet, dont le faste & la vanité font toute la grandeur, appliqueront-ils des remedes à une maladie dont ils sont eux-mêmes plus atteints que les autres? En vain nous en flatterions-nous; dans un pays infecté par le luxe depuis le Monarque jusqu'au plus vil de ses Sujets, tout est plus ou moins malade: tous les Citoyens sont tourmentés de la soif des riches-fes, & les Grands endormis dans la fatieté, ne pourront être réveillés de leur fommeil, que par des amufements diverfifiés, par des dépenfes multipliées, par des plaifirs dont la chereté fait fouvent tout le prix.

Des Loix fomptuaires deviendroient donc inutiles; elles ne remédieroient nullement au délire épidémique qui s'eft emparé des efprits; d'ailleurs ces loix feroient ou générales ou particulieres. Si elles étoient générales ou obfervées à la rigueur par tous les Citoyens, le manufacturier rendu bientôt inutile à fon pays, iroit porter fon induftrie aux Nations étrangeres; ainfi l'Etat perdroit & l'homme & les richeffes que fon induftrie attireroit du dehors. Si ces Loix font particulieres ou ne font faites que pour réprimer le luxe de quelques ordres de Citoyens, elles établiffent entr'eux une diftinction d'autant plus douloureufe, que la vanité eft de l'effence d'un pays où le luxe s'eft introduit. D'un autre côté, un Gouvernement frappé lui-même de la contagion, n'a point l'énergie néceffaire pour vouloir fortement & pour fe faire obéir; il devient le complice des infracteurs de la Loi. Les monarchies, encore plus que les Républiques, font fujettes à ces inconvéniens; l'inégalité des rangs, la naiffance, le crédit, la faveur & fur-tout la féduction des femmes rendent inutiles les efforts que le Gouvernement pourroit faire, & défarment fa rigueur. Avec le luxe aucune loi ne peut être férieufe.

Veut-on mettre des impôts fur le luxe? Ils nuiront également aux manufactures qu'ils découragent: d'ailleurs perfonne ne convient que fes dépenfes foient fuperflues; chacun prétend que les objets les plus inutiles, que le fafte le plus outré font effentiels à fon état: le Grand trouve que trente valets lui font indifpenfablement néceffaires, & qu'il ne peut décemment avoir moins d'équipages & de chevaux qu'il n'en a. L'homme du Peuple en dit autant de fa parure & de fes fantaifies; il fe plaint des impôts dont on charge ce qu'il appelle fes befoins, parce qu'il s'eft accoutumé à regarder fes frivolités comme néceffaires à fon bonheur.

AINSI, ceux qui gouvernent l'Etat, ou font complices des maux que le luxe lui fait, ou font incapables d'y appliquer des remedes. C'eft pourtant à ces médecins que l'on renvoie les Nations pour guérir une maladie que leur exemple a fait naître & a répandue. Veut-on que des Miniftres vains, qui ne connoiffent que l'apparence de la grandeur, aillent méditer fur le bien-être de l'Etat & confultent la raifon? Prétend-on que des hommes légers & diffipés qui ne font liés qu'avec des femmes frivoles, avec des flatteurs, des parafites, des fycophantes, aillent péniblement déterrer les moyens de remédier à des maux qu'ils chériffent eux-mêmes?

§. XIV. *Il anéantit les mœurs.*

EN VAIN chercheroit-on des mœurs & des vertus dans une Nation infeêtée par le luxe; envain attendroit-on de l'équité, de la bienfaifance, de la pitié d'une foule d'hommes avides de richeffes & qui n'en ont jamais affez pour eux-mêmes: chacun éprouve des befoins fi nombreux, que fans un facrifice douloureux de lui-même, il ne

pourroit fecourir fon parent, fon ami dans l'infortune. Ainfi le luxe fépare l'homme de fes
femblables, nuit à la bienveillance qu'il leur doit,
intercepte le commerce des bienfaits & des fecours mutuels fi néceffaires à la vie fociale. La
fenfibilité n'eft point faite pour l'opulence endur-
cie. Le cri de l'infortune n'eft point entendu au
fein de l'abondance & dans le tumulte des plaifirs. L'homme le plus opulent trouve à peine
dans fes tréfors de quoi faire diverfion à fes ennuis. Tout ce qu'il donne aux autres, lui paroît
pris fur fes amufements. Un pere prodigue &
diffipé négligera l'éducation de fes enfans; s'il
s'en occupe, dès l'âge le plus tendre il leur apprendra l'art de plaire à des femmes & d'ufer
promptement à fon exemple tous les plaifirs. Incapables de renoncer par la fuite à des penchants
devenus habituels, la mort de ce pere infenfé les
plongera fouvent dans une indigence qu'ils n'ont
point appris à fupporter. Des mariages, des alliances dont l'intérêt formera feul les nœuds, u-
niffent des Epoux également fantafques & déraifonnables: pour foulager les regrets d'un hymen
mal afforti, tous deux feront forcés de doubler
leurs dépenfes & de chercher ailleurs des plaifirs
qu'ils ne trouvent point chez eux. C'eft ainfi
que la Société fe remplit de défordres; on y voit
la licence, la proftitution, l'adultere marcher le
front levé, & ne plus redouter, ni la cenfure
publique, ni les loix. Des grands, plus corrompus que les autres, mettroient-ils donc un
frein à la corruption générale? Ils l'autoriferont
par leur exemple, ils l'encourageront, ils la récompenferont. Les loix ne peuvent rien dans
une Société dont les Chefs font d'ordinaire les

véritables corrupteurs: ils en feront difparoître la décence, la pudeur, la bonne foi, l'équité; ils récompenferont le vice qui leur plait, & rendront les bonnes mœurs ridicules & méprifables.

Avec de tels exemples, que deviendront les mœurs des Citoyens? Des parents vicieux auront-ils des enfants vertueux? Il n'eft plus de liens du fang, il n'eft plus d'amitié, il n'eft plus d'humanité pour des hommes que l'intérêt du plaifir ifole, & à qui la crainte de l'ennui & les befoins factices ne laiffent jamais de fuperflu. Dans une Nation en proie au luxe, toutes les vertus paroiffent étrangeres, & déplacées; la probité n'eft qu'une dupperie; l'enthoufiafme de la gloire eft une folie; la modération eft une foibleffe; l'amour de la liberté eft une chimere; l'exactitude & la fidélité à remplir fes devoirs font des fignes de ftupidité. Le luxe pardonne tout en faveur de l'opulence & de la légéreté; le vice lui paroît aimable, dès qu'il eft amufant; en faveur du plaifir, il fait grace au crime même.

Le luxe fondé fur une paffion défordonnée des richeffes, s'étend toujours de proche en proche, & finit par corrompre tous les ordres de l'Etat. Par-tout il éteint le refpect pour la bonne foi; par-tout il fait naître la fraude & la fupercherie; par-tout il éleve l'argent fur les autels de l'honneur. Avoir des dettes, devient un figne de grandeur; frauder fes créanciers, efcroquer le bien d'autrui, emprunter pour ne point rendre, réduire des Citoyens laborieux à l'indigence pour briller à leurs dépens, telles font les infamies que l'ufage autorife, & qui ne déshonorent aucunement dans des Nations d'où le luxe a banni toute pudeur N'en foyons point furpris; ces crimes font ennoblis par l'exemple des Princes qui fouvent ne rougiffent pas de violer leurs engagements les plus folemnels. Les Citoyens d'un Etat font quelquefois punis par la ruine de la confiance qu'ils ont eue dans la parole facrée de leurs Souverains, à qui le luxe & des prodigalités criminelles font tant de fois jouer le rôle d'un efcroc.

Tout fe corrompt fous des maîtres injuftes & avides. Dans une cour vénale, l'argent difpofe de la faveur; dans une armée, il décide des grades; dans l'Eglife, il tient lieu de fcience & de mœurs. La bonne foi eft bannie du commerce; la bonté & la folidité difparoiffent des manufactures; la valeur réelle fait place à des apparences trompeufes. Chacun veut s'enrichir promptement & fans peine; tout le monde veut des richeffes pour fatisfaire des befoins, que la vanité multiplie & que l'imagination exagere. L'artifan & l'ouvrier font payer chérement à l'opulence ignorante fes fantaifies continuelles; enfin le valet lui-même ne s'occupe que des moyens de piller ou de furprendre un maître qu'il fert avec négligence.

§. XV. *Ses effets fur les talents de l'efprit & les arts.*

Les fciences, les lettres, les arts partagent, comme tout le refte, les influences contagieufes que le luxe fait éprouver à tout ce qu'il approche. L'homme de lettres ne connoît plus cet enthoufiafme défintéreffé qui caractérife le génie: il apprend à calculer, il cherche à s'enrichir & néglige des études pénibles; content des appa-

rences de la science, il quitte son cabinet pour
fréquenter des cercles frivoles plus capables d'a-
mortir son génie, que de lui donner de la vigueur.

LES Apologistes du luxe semblent sur-tout
avoir été touchés des progrès, qu'il fait faire
aux arts. En effet, on ne peut nier qu'il n'excite
une émulation très marquée entre les différents
artistes que l'appas du gain engage à se surpasser
les uns les autres. Mais une Nation peut posséder une foule de Peintres, de Sculpteurs, de
Manufacturiers célebres sans en être plus heureuse. La vanité d'un Despote peut donner aux
arts une impulsion très forte sans qu'il en résulte
aucun bien pour son Peuple: au contraire, ce
Peuple souvent épuisé, est obligé de se ruiner de
plus en plus pour mettre son Tyran à portée de
contenter ses goûts. Sous un mauvais Gouvernement, les chefs-d'œuvre de l'art ne servent
qu'à décorer le sarcophage de la Nation.

D'UN autre côté le luxe anéantit le goût de
la belle Nature; ainsi pour lui complaire, les
arts & les talents renoncent à la vérité, à la simplicité, à l'énergie; ils craindroient d'effrayer
des ames pusillanimes; ils se pretent à ses caprices
bizarres; ils s'amollissent pour se mettre au ton
de la Société. Le desir de s'enrichir & de plaire
fait que l'homme de génie dépouille ses ouvrages
des beautés mâles; il sacrifie honteusement au
mauvais goût, à la foiblesse qui dominent; les
connoissances utiles & sérieuses cedent par-tout
aux talents agréables: ceux-ci sont faits pour
obtenir la préférence dans des pays frivoles où
l'on ne veut que s'amuser.

§. XVI. *Eſt un mal difficile à déraciner.*

D'où l'on voit que le luxe, ſous quelque face qu'on l'enviſage, eſt un état funeſte pour une Nation. Il eſt l'avant-coureur de ſa ruine. Il n'eſt guere de remedes pour un mal entretenu par-ceux mêmes qui devroient le guérir. Que ſera-ce ſi une adminiſtration inſenſée ou tyrannique ſe joint encore à ces maux? Nulle puiſſance humaine ne peut alors rétablir le reſſort d'une Nation. Le luxe eſt une maladie ſi étendue, ſi compliquée, ſi enracinée, ſi opiniâtre, qu'elle exige des ſoins dont un Gouvernement négligent ou pervers eſt totalement incapable. Lorſque cette contagion s'introduit dans un Corps Politique déjà affoïbli par une adminiſtration imprudente, ſes progrès ſont rapides & bravent tous les remedes. Le luxe endort les Souverains bien plus encore que leurs Sujets; alors ils ſe repoſent de tout ſur la richeſſe, & ſe flattent vainement que l'argent rétablira leurs Etats. L'argent ne fournit que l'inſtrument de la puiſſance ; il eſt vrai qu'il procure des bras, des armées, des vaiſſeaux, mais il ne donne point l'eſprit patriotique, le génie, les talents, la vertu qui ſeuls ſoutiennent ou relevent les Empires.

EN VAIN voudroit-on pallier les maux que le luxe a fait naître; en vain la Politique tenteroit-elle de ſuſciter des paſſions rivales à l'amour de l'argent, il n'en eſt point qui puiſſe le contrebalancer. Le plaiſir & l'inertie retiennent pour toujours ceux qu'ils ont une fois aſſervis: pour en détruire le goût, il faudroit qu'une génération entiere conſentît à ſouffrir & fût enſuite remplacée par des hommes nouveaux que la con-

tagion de leurs peres n'eût pas encore infectés.
Ne nous y trompons pas, lorſque le luxe s'eſt
introduit dans un Etat, il rend tous les Sujets
inſenſés & malheureux par le déréglement qu'il
met dans leurs deſirs. Veut-on le bannir ? la
privation des plaiſirs paroît inſupportable; mille
voix élevent des cris perçans contre la réforme
qu'on redoute. Perſonne ne conſent à renoncer
à des chimeres que l'habitude, l'opinion · & l'e-
xemple ont rendus néceſſaires. Des événements
malheureux peuvent accabler un Etat & le conduire ſur le bord de l'abîme: une oppreſſion paſ-
ſagere peut priver pour quelque tems une Nation
magnanime de ſa liberté; s'il leur reſte du courage & des vertus, les Peuples pourront ſe relever;
mais une Nation aſſervie par le luxe devient une
maſſe inerte à laquelle rien ne peut rendre l'activité.

Il eſt bien plus aiſé de créer une Nation, que
de la réformer. Le légiſlateur qui donne des
loix à un Peuple ſauvage & ſans expérience, a
de grands avantages ſur celui qui veut en donner
à un Peuple corrompu. Le premier trouve une
table raſe; le ſecond trouve des impreſſions déjà
faites : le premier commande ſoit par la force, ſoit
par la perſuaſion, à des hommes non prévenus &
diſpoſés à recevoir les regles qu'il veut preſcrire;
le ſecond eſt obligé de combattre une multitude
d'opinions, de loix, d'uſages, de préjugés, d'habitudes, de caprices auxquels les hommes ſe font
de longue main accoutumés; quelque ſoit la force
de ſon génie, il eſt bien difficile que le Légiſlateur lui-même oſe attaquer tous les abus; d'ailleurs n'eſt-il pas ſouvent la premiere dupe des erreurs qu'il ſeroit fait pour combattre?

PLATON refuſa de donner des loix aux Cyré-
néens, parce qu'il les voyoit trop attachés aux richeſſes, & qu'il ne croyoit pas qu'un Peuple ſi
riche pût être ſoumis à des loix. Nulle paſſion ne peut remplacer celle de l'argent qui ſeul
les ſatisfait toutes. C'eſt donc en vain que les
défenſeurs du luxe prétendent que la prudence du
Gouvernement pourroit le tourner au profit de
l'Etat. Ils s'appuient, ſans doute, ſur l'exemple
de quelques pays libres, dans leſquels une adminiſtration plus ſenſée empêche que la contagion
ne faſſe des ravages auſſi ſenſibles & prompts, que
dans les Etats ſoumis au pouvoir abſolu. Il eſt certain qu'un Gouvernement attentif & éclairé peut
garantir pendant quelque tems une Nation des
malheureuſes influences du luxe; mais quand le
Gouvernement lui-même fait éclore & nourrit
le luxe, ou le croit néceſſaire à ſes vues, comment y porter du remede? Le luxe ſe fait ſentir
d'une façon moins cruelle dans une République
ou dans un pays libre; parce que les fortunes des
Citoyens y ſont, par un effet de la liberté, plus
également réparties; chacun travaille & s'occupe
moins des beſoins imaginaires de la vanité, qui
ſe changent en des beſoins réels ſous un Gouvernement Monarchique, ou ſous le Deſpotiſme
qui, toujours vain & faſtueux lui-même, fait
contracter ſes vices à ſes Sujets ſtupides ou frivoles.

§. XVII. *Le Luxe inhérent à la Monarchie.*

EN EFFET, ſi l'on remonte à la ſource des
choſes, on ſentira que le Deſpotiſme eſt le vrai
générateur & le fauteur du luxe, & qu'il eſt le

complice de tous les maux qu'il fait à la Société. Le Defpote eft toujours vain; il ne connoît de grandeur que dans une pompe puérile, un fafte éblouiffant, une repréfentation impofante; il infecte fa cour des mêmes vices dont il eft la dupe. La paffion de briller, de fe montrer avec éclat fut & fera toujours la maladie de ceux qui eurent le droit d'approcher les Divinités de la terre. Faute de talents, de bienfaits, de vertus, les Princes, & les Grands voulurent, par une grandeur factice, fuppléer à la grandeur réelle. Les Citoyens tâcherent de s'affimiler, autant qu'il leur fut poffible, aux hommes favorifés defquels dépendoient leurs deftinées. La vanité eft la paffion des Cours & des Nations foumifes au Gouvernement d'un feul homme. Le luxe eft plus rare dans une République, ou dans un pays libre, que dans un pays afservi; mais lorfqu'il y eft une fois établi, il ne tarde point à l'afservir, & à le foumettre au joug de quiconque eft en état de fatisfaire les defirs multipliés qu'il entraîne.

§. XVIII. *Moyens de le modérer.*

RIEN de plus ridicule que les moyens communément employés par les Chefs des Nations livrées au luxe; rien de plus contradictoire que les efforts qu'ils font pour fe tirer de l'indigence qui les accable au fein même de l'abondance. L'économie leur paroît toujours le remede le plus impraticable. Elle n'eft point compatible avec une adminiftration qui ne connoît plus d'autre mobile que l'argent; fon avidité fubfifte; fes dépenfes s'accumulent, trop de gens font intéressés à les perpétuer. Songera-t-elle à faire renaître l'agriculture? La rigueur des impôts, l'oppression, la négligence ont déja découragé le Cultivateur, les campagnes sont désertes. Veut-on ranimer le commerce? il ne peut être libre avec les chaînes dont il est accablé par la rapacité des publicains. Le Luxe & le Despotisme également avides & déraisonnables, deviennent cruels, parce que la fantaisie est la seule mesure de leurs besoins; tous deux veulent la fin sans adopter les moyens; ils veulent recueillir sans jamais avoir semé; ils veulent tirer des richesses du sein même de la pauvreté; ils exigent de nouveaux impôts de ceux qui en sont déja accablés; ils demandent du courage à un peuple qu'ils ont énervé; ils veulent guérir des maux sans en détruire la cause; jamais ils ne consentent à régler leurs caprices & leurs dépenses, parce que leurs besoins imaginaires augmentent de jour en jour & finissent par n'avoir plus de bornes; de ce qu'ils ont été satisfaits autrefois, ils concluent qu'ils pourront les satisfaire toujours.

§. XIX. *Le luxe a causé la ruine de tous les anciens Etats.*

Pour réformer les mœurs d'une Nation, il faudroit commencer par réformer les volontés & les idées de ceux qui la gouvernent; pour en bannir le luxe, il faudroit d'abord le bannir de la cour qui donne toujours le ton au reste des Citoyens. Pour remédier aux maux produits par le luxe, il faudroit une sage économie. C'est du concours très-rare de toutes ces circonstances, que pourroit résulter la régénération d'un Corps Politique, sa réforme dans son chef & ses membres. Rien de

moins ordinaire, que des Souverains équitables,
éclairés, fenfibles aux miferes publiques, amis
des bonnes mœurs & de la fimplicité. Des Cours
frivoles & vaines s'oppofent toujours au bien
public; des Citoyens vicieux ne veulent point fe
réformer, & communément les Princes fe croiroient dégradés, s'ils retranchoient quelque chofe
de leur fafte & de leurs profufions. Il n'y a que
la voix puiffante de la néceffité qui les réveille
de leur affoupiffement ; fouvent la deftruction
totale avertit les Rois & les Peuples de leur danger, trop tard pour pouvoir l'écarter.

Ne foyons donc plus étonnés, quand nous
voyons, dans l'hiftoire, les Nations les plus floriffantes périr fucceffivement par le luxe. Il n'eft
gueres de reffources pour des malades qui chéris-
fent leurs maux: il n'y a que des charlatans qui
puiffent par de vains palliatifs entreprendre de
guérir des ulceres invétérés que le fer & le feu
pourroient feuls faire difparoître. Les opérations
les plus douces allarment & font déjà frémir
des hommes dont la délicateffe eft révoltée de la
moindre douleur. Ils périffent donc, & leur
chûte ne fert point à détromper les Nations;
l'enthoufiafme des richeffes les faifit fucceffivement, le vice, la corruption, la frivolité étouffent communément en elles jufqu'au fentiment de
leurs maux. Sparte, la fiere Sparte elle-même,
après avoir réfifté fi long-tems aux armes de la
Perfe, fuccombé fous fon or; *Agis* trouva la
mort lorfqu'il voulut la réformer. Le luxe avoit
defféché les vertus femées par l'auftere Lycurgue.
Rome, maîtreffe des Nations, s'affaiffe fous le
poids de fes richeffes, & ne perdit fon luxe qu'a-
vec l'Empire du monde.

AINSI, par l'ignorance opiniâtre des Peuples & de ceux qui les gouvernent, ils marchent à la ruine. Des Nations pauvres travaillent à s'enrichir ; elles y parviennent par la conquête ou le commerce : elles occupent quelque tems dans la grande Société du monde, un rang envié des autres ; elles répandent un éclat passager qui éblouit quelques instants ; elles jouissent d'un pouvoir imposant ; mais enfin leur richesse, leur grandeur même amènent leur abaissement & leurs miseres ; leur opulence les enivre ; le vice les corrompt, le luxe les endort ; & ce sommeil est suivi d'une léthargie profonde qui les conduit à la mort. Une Nation est morte, lorsqu'elle n'a plus l'activité qui lui convient, lorsque ses mouvements sont obstrués par le défaut de liberté, lorsqu'asservie au Despotisme, elle languit sans énergie, lorsque dépravée dans son intérieur par des vices, elle n'a plus de vertus pour la soutenir. (*)

LA Politique véritable doit avoir la vraie morale pour base, & ne peut jamais s'en séparer. Les Souverains vertueux & sages formeront seuls des Nations grandes & florissantes dont le bonheur subsistera ; des Princes dépourvus de vertus & de lumieres, ne régneront que sur des Peuples légers, abrutis, corrompus ; leur pouvoir peu sûr & leur grandeur éphémère ne pourront long-tems durer. En un mot, par une loi constante de la Nature, il n'est point de vice sur la terre qui ne se punisse lui-même.

§. XX.

(*)   *Ubi non est pudor*
Nec cura juris, sanctitas, pietas, fides
Instabile regnum est.
    SENEC. IN THYESTE.

§. XX. *De la Réforme des Etats.*

RIEN ne feroit plus inutile & plus défolant pour les hommes, que d'expofer à leurs yeux le tableau fâcheux de leurs miferes fans leur en montrer les remedes. Mais quels remedes oppofer à des maux dont la fource primitive eft fous le trône? Comment arrêter les influences d'une contagion toujours répandue par des cours empeftées dont le foufle infecte les Nations? Quelle puiffance affez forte pour foumettre à la raifon la puiffance irréfiftible qui fubjugue la Société? Pour opérer ce miracle, la vérité fuffit: elle feule eft affez forte pour triompher des obftacles que l'impofture, la tyrannie, l'opinion oppofent partout à la félicité publique. Tant de Princes ne gouvernent fouvent d'une façon fi violente, que parce qu'ils ignorent la vérité; ils haïffent la vérité, parce qu'ils n'en connoiffent pas les avantages ineftimables. Ils perfécutent la vérité, parce qu'ils la croient contraire à leurs intérêts.

MAIS quels font les vrais intérêts des Souverains? N'eft-ce pas d'être chéris, refpectés, foutenus par des Peuples fideles, fincerement attachés à leurs maîtres, prêts à tout facrifier pour eux? Eh! qu'eft-ce qui, mieux que la vertu, peut exciter ces fentimens dans les cœurs des citoyens? Un bon Roi, défendu par l'amour de tout fon Peuple, n'eft-il pas plus fûr au milieu de ce Peuple, que le Tyran ombrageux, entouré de fatellites turbulents qui doivent à chaque inftant lui retracer fes craintes? Eft-il donc quelque félicité pure pour un Defpote qui s'eft fait le captif d'une troupe mercenaire, deftinée à le garantir des

reſſentiments d'un Peuple dont il s'eſt fait
l'ennemi?

CETTE grandeur fatigante & vaine d'où tant
de Souverains ne ſe permettent jamais de deſcendre, ne finit - elle pas toujours par leur cauſer des
ennuis? Trouvent-ils longtems des charmes dans
une étiquette arrogante qui, les mettant au rang
des Dieux, les prive à jamais des douceurs de la
Société? Quels plaiſirs leur procurent à la longue
ces amuſemens uniformes, ces dépenſes inutiles,
cette ſplendeur & ce faſte qui, ſans pouvoir les
réjouir, ne ſervent qu'à réduire des Peuples à la
mendicité?

§. XXI. *Effets de l'Education des Princes.*

QU'UNE éducation plus véridique enſeigne donc
à ceux que la voix des Nations appelle au trône
en quoi conſiſte la vraie grandeur, la vraie gloire, la vraie ſûreté des Rois: qu'à ce futile appareil de la vanité, l'inſtruction ſubſtitue un cœur
droit, un eſprit d'ordre, le goût de la ſimplicité,
la connoiſſance des devoirs, un attachement inviolable pour l'équité, un reſpect profond pour
les loix, la liberté, les droits du Citoyen, une paſſion forte pour le bien public, une tendre ſollici-
tude pour le bien - être du Peuple, la noble ambition de lui plaire, & la crainte de mériter ſa
haine, un grand amour pour la paix, une exactitude ſévere dans les engagemens. Nourri dans
ces principes, un Prince pourra bientôt ſe pro-
mettre la réforme de l'Etat. Un bon Prince peut
tout ſur l'eſprit de ſes Sujets.

LES hommes ſont toujours dociles aux volon-

tés de ceux dont ils attendent leur bien-être; ils
ne font rebelles & vicieux que par la négligence,
l'injuftice & la méchanceté de leurs Gouvernements. Un Souverain vertueux & détrompé lui-
même des chimeres de la vanité, ne verra bientôt
autour de lui, que des miniftres empreffés à feconder fes vues honnêtes. Si la vertu conduifoit à
la faveur, aux dignités, la vertu ne feroit pas fi
rare dans les cours. Les Rois tiennent dans leurs
mains les cœurs de leurs Sujets; il dépend d'eux
de les rendre vicieux ou raifonnables, faftueux ou
fimples, avides ou libéraux, amis ou ennemis du
bien public, abjects ou vraiment nobles. Les châtimens & les récompenfes, la difgrace ou la faveur, le mépris ou la confidération du Prince
peuvent en un inftant changer la face de fa cour:
les idées fauffes des grands une fois rectifiées, ne
tarderont pas à influer fur des Citoyens, empres-
fés d'imiter les vertus, comme les défauts, de
ceux que le deftin a placés fur leurs têtes.

§. XXII. *De l'Inftruction des Citoyens.*

S i la bonne éducation du Souverain eft capable de produire une réforme fi favorable dans fa
cour, quels effets heureux n'auroit pas une éducation bien dirigée fur tous les Citoyens ! Les
hommes ne font fi méchants ou fi peu fociables,
que parce que ceux qui les gouvernent, ou négligent leur éducation, ou les empêchent de s'inftruire, ou cherchent à les divifer & à les pervertir.
L'éducation du Citoyen eft par-tout livrée à des
hommes dont les intérêts font parfaitement détachés de ceux de la Société, à des hommes fans
patrie, à des Defpotes occupés du foin d'étouf-

fer la raifon fous le joug de leur propre autorité, aux miniftres tyranniques de la Divinité pour laquelle ils infpirent une crainte lâche & fervile. Sous de tels inftituteurs, les Peuples ne contractent qu'un efprit de fervitude, que l'habitude de fe laiffer guider fans raifonner, qu'une apathie funeste pour les objets les plus intéreffants de ce monde. Les leçons de ces maîtres ne parlent aux hommes ni de liberté, ni d'amour du bien public, ni de l'ambition de mériter l'eftime de fes affociés, ni de l'activité néceffaire à la vie fociale; elles n'entretiennent les hommes que de leur baffeffe & de leurs infirmités, dont jamais elles n'indiquent ni les caufes naturelles, ni les remedes véritables; elles ne font que décourager l'homme, le rendre infociable, le priver d'énergie; fi elles déploient l'activité de fon ame, c'eft en l'enivrant d'un zéle fanatique très pernicieux à la Société, & fouvent très funefte à ces mêmes Souverains qui fe croient intéreffés à l'aveuglement des Peuples.

La vraie Politique ne connoît point les maximes & les intérêts des Tyrans: elle regne par la raifon, par les loix, par l'intérêt évident de la Société. Elle n'a pas befoin que l'on trompe les hommes pour les dompter, elle veut qu'on leur faffe fentir leur intérêt réel, elle veut qu'on leur infpire l'amour de la patrie qui ne peut fubfifter fans liberté; elle veut qu'on leur montre l'utilité de l'affociation; elle veut qu'on les rende courageux, induftrieux, laborieux, fociables. Elle veut qu'on leur enfeigne des vertus véritables fans lefquelles la vie fociale leur feroit inutile & fâcheufe; elle veut qu'on leur apprenne à regarder comme facrés, les nœuds qui les attachent comme fujets, comme époux, comme peres, comme

affociés, comme amis; elle veut qu'on les éclaire; qu'on leur donne de l'élevation, le defir de
l'eftime publique, la paffion de la mériter. Enfin
elle ne veut pas commander à des efclaves avilis,
dont elle fçait que jamais on ne peut faire des Citoyens. *Il n'eft point*, dit un Ancien, *de cité
pour des efclaves.*

. RAPPROCHER les hommes les uns des autres, les rendre vraiment fociables, les rendre
heureux par la vertu, voilà l'objet de la morale,
à laquelle la politique doit prêter tous les fecours.
Faute de connoître un principe fi clair, les hommes vivent dans la Société comme dans un cachot
que, dans leur humeur chagrine, ils fe rendent
infupportable. La vraie morale fe trouve dans une
contradiction perpétuelle, foit avec leurs opinions
religieufes, foit avec les principes & les intérêts
mal-entendus de ceux qui les gouvernent, foit
avec les ufages, les préjugés, les idées vaines que
l'on trouve établis & maintenus par l'Autorité.

EN VAIN diroit-on aux hommes d'être juftes, bienfaifants, modérés, pacifiques, quand
leurs Gouvernements leur montreront des exemples journaliers de vexations, de cruautés, d'u-
furpations, de fourberies, de conquêtes. En vain
déclamera-t'on contre le vice, le luxe & la vanité, quand tout un Peuple verra la débauche, le
fafte, l'avidité, la diffipation identifiés avec fes
maîtres, avec les grands qui les entourent, avec
les riches qui donnent le ton au Public, avec ces
Prêtres mêmes qui prétendent régler les mœurs.
En vain par des loix fouvent cruelles & barbares
voudra-t-on déraciner des crimes que des Gouvernements criminels font pulluler plus promte-

ment qu'ils né peuvent les détruire. N'eſt-ce pas
la négligence ou la rigueur des Souverains qui
produit la mendicité, la pareſſe, la perverſité de
tant de miſérables dont le vol & le meurtre ſont
devenu les ſeules reſſources? Enfin que peut la
Religion & ſes menaces ſur des cœurs qu'ici bas
tout ſollicite au mal?

§. XXIII. *Elle doit être appuyée par l'Auto-*
rité Publique.

L'ÉDUCATION & les mœurs ne peuvent ê-
tre bonnes, que ſous un bon Gouvernement; la
vraie morale eſt inutile chez un Peuple ſoumis à
la Tyrannie; elle ne peut être efficace, que lorſqu'elle ſe trouve favoriſée, ſoutenue par l'Autorité, fortifiée par la loi, confirmée par l'exemple,
encouragée par les récompenſes & la conſidération. Toute morale véritable deviendroit une
ſatire, un outrage pour un Gouvernement injuſte
& deſpotique, dont l'effet néceſſaire eſt d'anéantir toute vertu.

IL faut un Gouvernement juſte pour rendre
les hommes juſtes, modérés, ſociables. Mais
comment établir un tel Gouvernement? C'eſt en
mettant un frein aux paſſions imprudentes de tous
ceux que leur aveuglement pourroit inviter à
commettre le mal. Tout homme eſt foible; rarement celui qui commande aux autres a-t-il aſſez
de force pour ſe commander à lui-même; d'ailleurs le Prince le plus juſte eſt ſouvent remplacé
par le Tyran le plus injuſte & le plus incapable,
qui peut en un inſtant détruire & les mœurs & la
félicité d'un Peuple.

Ainsi ne fondons pas le bonheur des Nations
fur les difpofitions d'un être auffi changeant que
l'homme. Fondons ce bonheur fur la juftice, qui
n'eft pas fujette à changer; fur la nature de la Société, fur fes droits que rien ne peut affoiblir,
fur fa volonté permanente, fur fa force toujours
redoutable quand elle eft réunie. Que cette force fubfiftante dans des Citoyens animés du même
intérêt préfente une barriere infurmontable à quiconque oferoit attenter contre la volonté générale. Que toutes les claffes de Citoyens, au lieu de
fe divifer pour des prérogatives illufoires & méprifables, s'oppofent aux entreprifes d'un pouvoir injufte, & le faffent rentrer dans fes limites
naturelles. Que tout Membre ou Chef de la Société dépende de la Société & ne s'arroge pas le
droit de la foumettre à fon caprice; lorfqu'il commande ce qui eft jufte, qu'il trouve dans tous les
ordres de l'Etat des Sujets obéiffants; quand il
veut ce qui eft contraire à l'équité, qu'il trouve
dans les volontés de tous les Citoyens, des obftacles invincibles. Ainfi fans révolution, fans paffion, fans troubles, la volonté générale, dirigée
par la raifon, fuffiroit pour contenir tout pouvoir qui tenteroit de nuire à l'intérêt public.

Pour opérer cette heureufe réunion des volontés eft-il befoin d'autre chofe que de la raifon? Ne fait-elle pas fentir à tous les Citoyens
qu'ils ont les mêmes intérêts, que tous ont befoin
d'être libres, d'être protégés par les loix, de
vivre avec fécurité, de ne jamais dépendre des
paffions & des fantaifies? La jouiffance durable
de la liberté pour fa perfonne & fes biens, garantie par toute la Société réunie, n'eft-elle donc
pas préférable à la jouiffance de ces privileges

précaires, de ces titres frivoles, de ces décorations puériles, de ce faste ruineux, & de toutes les vanités dont le Despotisme se servit de tout tems pour séduire les Citoyens imprudents, pour les détacher les uns des autres, pour les subjuguer les uns par les autres? La réflexion la plus légere ne devroit-elle pas convaincre les Grands, si jaloux de leurs vaines distinctions & de leurs prérogatives, qu'il n'est point de grandeur pour des esclaves; que la liberté seule ennoblit l'homme; que la protection des loix est plus stable que celle d'un maître inconstant; qu'une sécurité inébranlable ne doit pas être sacrifiée aux jouets, aux futilités, aux distinctions imaginaires dont la tyrannie se sert pour diviser ses sujets.

O NOBLES; vous ne serez vraiment grands que lorsque, justes & bienfaisants vous-mêmes, vous ne connoîtrez point d'autres maîtres que les loix de l'équité. Guerriers! vous n'aurez un honneur véritable, que lorsque par votre courage à défendre la félicité publique, vous vous rendrez dignes de l'estime de vos Concitoyens. Citoyens opulents! vous ne serez sûrs de vos possessions, que lorsqu'elles vous seront assûrées par des loix que le Despotisme ne puisse enfreindre. Enfin, ô Souverains vous-mêmes! vous ne serez solidement établis sur le trône, que lorsque votre autorité sera fondée sur la vertu, sur la justice, sur des loix équitables, sur l'amour de vos Sujets réunis pour vous obéir & vous défendre. La Nature & la raison vous crient que vos intérêts ne peuvent, sans danger pour vous, se séparer de ceux de vos Peuples. Tout vous démontre que vous êtes intéressés à vous éclairer vous-mêmes, à faire instruire vos Sujets, à bannir le luxe & les défordres qu'il entraîne, à régner fur des Citoyens raifonnables, à donner l'exemple des vertus fans lefquelles un Empire ne peut long-tems fubfifter.

C'est à des vérités fi fimples & fi démontrées que fe réduit toute la fcience politique. C'eft pour les avoir ignorées que les Souverains & les Peuples ont été prefque par-tout corrompus, inquiets, agités, malheureux. C'eft en appliquant ces vérités fi claires, que fans tumulte, fans guerres, fans effufion de fang les Etats réformés montreront à la poftérité le fpectacle de la félicité publique établie fur une bafe affurée.

Que l'on ceffe donc de regarder comme une chimere l'amélioration du fort des hommes; que l'on ne regarde plus la réforme des abus comme une chofe impraticable. Si tant de Gouvernemens jufqu'ici n'ont pu atteindre le degré de perfection dont ils font fufceptibles, attribuons leurs défauts à l'ignorance, à l'inexpérience, à la raifon non encore développée dans les efprits des Souverains & des Nations. La raifon n'eft que la connoiffance acquife par l'expérience, de ce qui eft utile ou nuifible au bonheur, aux intérêts des hommes. Si les hommes font des êtres raifonnables, ils font faits pour connoître leurs intérêts; fi leur nature les pouffe inceffament à chercher le bonheur, ils doivent enfin le rencontrer, fi ce bonheur n'eft pas fait pour fubfifter éternellement, ils en jouiront au moins pendant longtems quand il fera folidement établi.

§. XXIV. *Le Souverain est le vrai réforma-*
teur de l'Etat.

Loin du bon Citoyen cette indolence qui
l'empêcheroit de chercher la fin de ses peines.
Qu'il ne désespere point de rencontrer un sort
plus doux; qu'il cherche la vérité, qu'il la découvre aux autres; quoique ses effets soient lents,
elle réveillera tôt ou tard les Princes & les Peuples
de la fatale léthargie où ils paroissent engourdis.
Alors les Souverains rougiront d'une Politique
destructive, qui ne leur procure qu'une puissance
inquiete sur des esclaves prêts à briser leurs chaînes.   Un Souverain ne concilieroit-il pas la plus
grande gloire possible avec son plus grand intérêt,
s'il renonçoit de plein gré à l'exercice d'un Despotisme qui nuit également à la sûreté du Maître
& des Esclaves? Sacrifier le pouvoir absolu, le
droit absurde de mal faire, n'est-ce pas sacrifier
à sa propre sûreté? Renoncer pour le soulagement
de tout un Peuple à un luxe funeste, à un faste
ruineux, à une vanité stérile, n'est-ce pas se couvrir d'une gloire solide & véritable ? Le vain
étalage de la grandeur, les plaisirs insipides &
couteux d'une cour, des amusements qui ne sont
qu'un ennui diversifié, sont-ils capables de procurer au Monarque un contentement aussi pur,
aussi durable, que les bénédictions continuelles
d'un peuple fidele & sincere? Enfin un Prince
est-il mieux gardé par des légions mercenaires,
par des Grands intéressés, que par la tendresse
d'un Peuple reconnoissant?

Que l'homme espere donc que le progrès des
lumieres, éclairant un jour les yeux des Souverains, leur fera distinguer le pouvoir véritable,

la grandeur réelle, l'autorité défirable, de ce qui n'en eft que l'apparence. La main puiffante du fort conduit les Rois & les Peuples & les forcera de recourir à l'équité, à la raifon, fans lefquelles il n'eft rien de folide en ce monde. Avec quelle promtitude & quels fuccès un Monarque éclairé fur fes intérêts deviendroit le reftaurateur de fon Etat, les délices de fon Peuple, le modele des Souverains, le Héros véritable, l'admiration de la Poftérité! Eft-il une Politique comparable à celle d'un Prince qui travailleroit fans relâche à fon propre bonheur en travaillant chaque jour à celui de tous fes Sujets?

La combinaifon heureufe de l'intérêt des Souverains & des Sujets eft évidemment la bafe de la faine politique : tout dans cet ouvrage a dû faire fentir cette importante vérité. Récapitulons donc les principes qui viennent d'être établis, afin de les raffembler fous un même point de vue.

§. XXV. *Récapitulation Générale.*

Iº. L'HOMME, né dans l'état de Société, y eft retenu par fes befoins & par l'habitude qui la lui rendent néceffaire. Si la Société lui eft utile, il doit de fon côté fe rendre utile à la Société, afin qu'elle contribue à fon bien-être; l'intérêt particulier, pour le bien de chaque individu, doit fe combiner avec l'intérêt général. Les devoirs de l'homme font les moyens qu'il doit prendre pour fe rendre heureux dans la Vie Sociale. Les bonnes loix font celles qui font conformes à la Nature de l'homme focial & qui l'obligent à remplir fes devoirs envers fes affociés: la Morale eft la connoiffance de ces mêmes devoirs : la

Vertu ne confifte que dans l'utilité générale: la Société doit le bien-être à ceux qui lui font utiles; les avantages & les fecours qu'elle procure, font les fondements de l'autorité qu'elle exerce fur fes membres; nulle autorité n'eft jufte, fi elle ne fait du bien.

IIº. Gouverner les hommes, c'eft exercer fur eux l'autorité de la Société, afin de les faire vivre conformément à fon but. Le Gouvernement agit au nom de la Société de laquelle il tient fon pouvoir, ou la force d'obliger tous les membres à remplir les devoirs fociaux & à fe conformer aux loix, qui ne font que les volontés générales. D'où il fuit que le Gouvernement eft la force de la Société deftinée à réprimer les paffions des individus, lorfqu'elles fon contraires à la félicité publique, & à faire remplir les engagements réciproques, contractés par le Pacte Social. En un mot, le Gouvernement eft fait pour obliger les hommes en Société à pratiquer les devoirs de la Morale. Toutes les formes de Gouvernement ont des avantages & des inconvénients. Tout Gouvernement eft bon, lorfque fidele à remplir envers les membres, les engagements de la Société, il les oblige tous à fe conformer à fes intentions.

IIIº. Les Souverains font les dépofitaires de l'autorité de la Société, choifis & approuvés par elle pour exercer fon pouvoir fur fes membres: obéir au Souverain qui gouverne conformément à fes vues & au but de l'affociation, c'eft obéir à la Société de laquelle la Souveraineté eft émanée. Ainfi les droits du Souverain font les droits que la Nation a voulu lui conférer; fon autorité eſt fondée ſur celle de ſa Nation, l'obéiſſance qui lui eſt dûe a pour motif & pour meſure, le bien que cette autorité procure à la Nation, qui ne peut jamais conſentir à ce qui trouble ſon bien-être. L'équité eſt la vertu fondamentale du Souverain; il ne peut s'en écarter ſans danger pour lui-même.

IV°. LE Souverain eſt ſoumis à la loi qui eſt la volonté générale de la Société, & tous les Citoyens ſont ſoumis au Souverain, en tant que ſes ordres ſont conformes à l'intérêt général. Toutes les claſſes des Citoyens ne peuvent avoir d'intérêts ſéparés de ceux de la Société qui, procurant des avantages à tous, a droit de ſoumettre tous ſes membres à l'autorité publique. Chaque claſſe doit concourir à ſa manière au bien général. La diviſion des intérêts eſt la vraie ſource de la foibleſſe des Nations & des abus dont elles ſouffrent.

V°. LE Deſpotiſme eſt l'intérêt particulier de ceux qui gouvernent, oppoſé à l'intérêt général. C'eſt la fantaiſie d'un ſeul homme ou d'un ſeul corps impoſée comme loi à toute la Société. Le Pouvoir abſolu dégénère bientôt en Tyrannie qui eſt un état de guerre entre le Souverain & tout ſon Peuple, état violent, également funeſte pour tous deux, & que pour ſon intérêt perſonnel nul Citoyen ne peut appuyer ou tolérer. Rien de plus contraire au but de la Société, que le Deſpotiſme ou la licence du Souverain; il anéantit tous les liens; il étouffe l'amour de la Patrie, l'activité, l'induſtrie, la vertu; il ſacrifie le bonheur de tous au caprice d'un ſeul ou d'un petit

nombre. Le pouvoir abfolu ne peut jamais procurer aux Nations un bien-être réel & permanent.

VI°. La liberté eft un droit inaliénable de
toute Nation ou Société, vû qu'elle eft indifpenfablement néceffaire à fa confervation & à fa
profpérité. Etre libre, c'eft n'obéir qu'à des loix
tendantes au bonheur de la Société & par elle ap-
prouvées. La licence eft auffi contraire au bien
public, que le Defpotifme ou la Tyrannie. La
liberté ne peut fubfifter fans vertu; il ne peut y
avoir de patriotifme, de grandeur d'ame, d'honneur réel, d'amour du bien public que dans les
Nations jouiffantes de la vraie liberté.

VII°. La Politique doit veiller également fur
tous les objets qui intéreffent le bien-être & la
confervation de la Société. La légiflation doit
fuivre les befoins de l'Etat; elle doit exciter le
Citoyen au travail, régler fes mœurs, femer en
lui la vertu, lui rendre la Patrie chere, favorifer
la population, l'agriculture, le commerce vraiment utile, réprimer le vice & récompenfer les
actions louables & les talents néceffaires à la Société.

VIII°. Le genre humain doit être regardé
comme une vafte Société à qui la Nature impofe
les mêmes Loix, qu'une Société particuliere bien
organifée doit impofer à tous fes membres. Les
Peuples font les individus plus ou moins fages &
puiffants de la Société univerfelle; ils font liés à
d'autres Peuples par les mêmes devoirs qui dans
une cité uniffent des Concitoyens. Le droit des
gens ne devroit être que la morale appliquée à

toutes les Nations de la terre. Les guerres doivent être regardées du même œil que les violences & les affassinats; les conquêtes ne font que des vols. Les alliances & les traités exigent la même bonne foi que les contracts, les pactes, les liaisons entre des particuliers. Faute de sentir ces verités, faute d'une force nécessaire pour faire observer aux Nations les regles de la morale universelle, ou commune à tous les hommes, les Peuples connoissent rarement les devoirs qui les lient réciproquement, & leurs chefs aveuglés par leurs passions insensées se conduisent comme des voleurs & des brigands qui foulent aux pieds toutes les Loix de l'équité. Les folies de ces hommes sans loix conduisent les Nations à la ruine.

IX°. UNE politique injuste ou négligente fait chaque jour des plaies cruelles aux Nations. Les délires & les violences des Souverains, ainsi que leur indolence coupable, font languir & périr les Sociétés : le luxe fut & sera toujours une cause prochaine de destruction pour un Etat : il énerve les ames, il affoiblit tous les ressorts du Gouvernement. Il chasse le patriotisme, il fait mépriser l'honneur, il mine peu-à-peu les fondements de la Société. Pour réformer une Nation infectée de la contagion du luxe, il faudroit une sagesse, une vigueur, un courage opiniâtre dont peu de Souverains sont susceptibles, parce qu'ils vivent communément dans une ignorance complette de leurs vrais intérêts. La restauration d'un Etat une fois corrompu, est un prodige que l'on ne doit pas attendre de la passion, de la démence, des révolutions subites, des attentats, remedes violents qui ne font qu'augmenter la foi-

bleſſe d'un Etat dont le tempérament eſt ruiné;
il faut plutôt attendre cette réforme du progrès
des lumieres, qui en éclairant les Peuples ſur
leurs droits, & les Souverains ſur leurs devoirs &
leurs intérêts évidents, leur feront ſentir que nul
Chef ne peut-être heureux dans une Société malheureuſe; qu'il ne peut y avoir ni bonheur, ni
ſolidité, ni puiſſance dans une Nation ſans mœurs;
que nul Gouvernement ne peut ſubſiſter ſans juſtice & ſans liberté. Telles ſont les vérités ſur
leſquelles tout ſyſtême politique devroit être fondé: elles ont été ſuffiſament démontrées dans
toutes les parties de cet ouvrage, uniquement
entrepris pour le plus grand bien des hommes
& de ceux qui leur donnent des Loix.

F I N.

www.ingramcontent.com/pod-product-compliance
Lightning Source LLC
Chambersburg PA
CBHW070757270326
41927CB00010B/2174